权威·前沿·原创

皮书系列为
"十二五""十三五"国家重点图书出版规划项目

BLUE BOOK

智库成果出版与传播平台

河南省社会科学院哲学社会科学创新工程试点项目

河南蓝皮书
BLUE BOOK OF HENAN

2021年河南社会形势分析与预测
SOCIETY OF HENAN ANALYSIS AND FORECAST (2021)

提高保障和改善民生水平

主　编 / 王承哲
副主编 / 陈东辉　张　侃

社会科学文献出版社
SOCIAL SCIENCES ACADEMIC PRESS (CHINA)

图书在版编目(CIP)数据

2021年河南社会形势分析与预测：提高保障和改善民生水平/王承哲主编．--北京：社会科学文献出版社，2020.12
（河南蓝皮书）
ISBN 978-7-5201-6281-4

Ⅰ.①2… Ⅱ.①王… Ⅲ.①社会分析-河南-2021 ②社会预测-河南-2021 Ⅳ.①D668

中国版本图书馆CIP数据核字（2020）第249136号

河南蓝皮书
2021年河南社会形势分析与预测
——提高保障和改善民生水平

主　　编／王承哲
副 主 编／陈东辉　张　侃

出 版 人／王利民
组稿编辑／任文武
责任编辑／连凌云
文稿编辑／李　璐

出　　版／社会科学文献出版社·城市和绿色发展分社（010）59367143
　　　　　地址：北京市北三环中路甲29号院华龙大厦　邮编：100029
　　　　　网址：www.ssap.com.cn
发　　行／市场营销中心（010）59367081　59367083
印　　装／天津千鹤文化传播有限公司
规　　格／开　本：787mm×1092mm　1/16
　　　　　印　张：21　字　数：311千字
版　　次／2020年12月第1版　2020年12月第1次印刷
书　　号／ISBN 978-7-5201-6281-4
定　　价／128.00元

本书如有印装质量问题，请与读者服务中心（010-59367028）联系

▲ 版权所有 翻印必究

河南蓝皮书系列编委会

主　任　阮金泉　谷建全
副主任　王承哲　李同新
委　员　（按姓氏笔画排序）
　　　　万银峰　王宏源　王建国　王承哲　王玲杰
　　　　毛　兵　任晓莉　闫德亮　阮金泉　李太淼
　　　　李立新　李同新　李宏伟　谷建全　完世伟
　　　　张富禄　张新斌　陈东辉　陈明星　曹　明
　　　　潘世杰

主要编撰者简介

王承哲 河南省社会科学院党委委员,副院长,研究员,马克思主义理论与建设工程首席专家,国家级领军人才。主持马克思主义理论与建设工程、国家社科基金重大项目"网络意识形态工作研究""新时代条件下农村社会治理问题研究"两项以及国家社科基金一般项目1项。著有《意识形态与网络综合治理体系建设》等多部专著。主持省委省政府重要政策的制定工作,主持起草了《华夏历史文明传承创新区建设方案》《河南省文化强省规划纲要》等多部重要文件。参加中央纪念马克思诞辰200周年大会中央领导讲话起草工作、中宣部《习近平新时代中国特色社会主义思想学习纲要》编写工作等,受到中宣部嘉奖。获得省部级一、二等奖励多项。

陈东辉 河南省社会科学院社会发展研究所负责人,研究员,河南省学术技术带头人、全省宣传思想文化系统"四个一批"人才、全省青年社会科学理论"百优人才"。在《光明日报》《中州学刊》等报刊发表论文60多篇,多篇论文被人大复印报刊资料全文转载或被《求是》《新华文摘》摘编;独著《反腐倡廉建设中的窝案串案问题研究》等2部,参与完成《历久弥新的红旗渠精神》等15部著作;独立和参与完成的成果获省部级优秀成果奖10多项;主持完成国家社科基金项目青年课题1项,参与完成国家课题5项;多次参与省委省政府重要文件起草工作和省委省政府组织的省情调研活动以及中纪委、中组部的调研活动;参与完成的10多篇决策建议进入省委省政府决策。

摘 要

本书由河南省社会科学院主持编撰，系统概括了近年来尤其是2020年河南社会建设所取得的主要成绩，全面梳理了当前河南社会发展的特点和形势，剖析了河南社会发展面临的热点、难点及焦点问题，并对河南2021年社会发展提出了对策建议。

《2021年河南社会形势分析与预测》依据党的十九大及十九届三中全会、四中全会、五中全会精神和省委十届十一次全会精神，以提高保障和改善民生水平为主线，对河南全省的民生建设、网络舆情、脱贫攻坚、社会保障、社会治理、乡村振兴等重大理论与实践问题进行了全面深入系统的解读。

全书由总报告、热点篇、专题篇、调查篇四大部分组成。总报告由河南省社会科学院"河南社会形势分析与预测课题组"撰写，代表本书对河南社会形势分析与预测的基本观点。2020年是全面建成小康社会、打赢脱贫攻坚战和"十三五"规划的收官之年。一年来，面对突如其来的新冠肺炎疫情和复杂多变的国内外环境，在党的坚强领导下，全省人民以敬畏之心、战斗姿态、拼抢精神，推动疫情防控的战略成果不断巩固，回稳向好的发展态势不断拓展，社会事业改革发展得到持续推进，"六稳""六保"工作成效显著，民生得到切实保障和改善，为2020年底完成决胜全面建成小康社会、决战脱贫攻坚目标任务，实现"十三五"规划完美收官奠定了坚实基础。但必须清醒地看到，河南社会发展仍面临一系列不容忽视的问题与挑战。比如，疫情冲击下经济社会运行面临诸多困难，就业形势异常严峻复

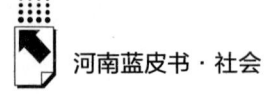

杂，破解深度贫困任务艰巨，城镇化质量不高，人口老龄化压力加剧等。2021年是"十四五"规划的开局之年，河南要坚持化危为机、危中寻机，以百折不挠的气势和只争朝夕的精神战胜疫情和大环境所带来的负面影响，深入推进社会治理机制创新，进一步加强新型城镇化建设，持续加大民生保障力度，加快补齐乡村治理短板，强化生态环境整治工作，努力夺得发展先机，全力促进社会大局和谐稳定和经济可持续健康发展，谱写出新时代中原更加出彩的绚丽篇章。

热点篇、专题篇、调查篇三大板块，邀请省内外专家学者分别从不同视角对河南社会的重大事项进行深入剖析，客观反映了2020年河南社会发展的基本状况、挑战和难题，提出了推动社会事业改革发展、切实提高保障和改善民生水平、推进新时代中原更加出彩的对策建议，展望了2021年河南社会发展的形势趋向。

关键词： 河南　社会建设　民生保障

目 录

Ⅰ 总报告

B.1 推动社会事业改革发展 切实保障和改善民生
——2020～2021年河南社会发展形势分析与预测
………………………… 河南社会形势分析与预测课题组 / 001

Ⅱ 热点篇

B.2 2020年度河南十大社会热点问题分析报告
………………………………………… 河南省社会科学院课题组 / 030
B.3 河南省网络舆情事件分析报告 ……………… 殷 辂 / 045
B.4 新冠肺炎疫情防控舆论引导分析报告
………………………………………… 河南省社会科学院课题组 / 056

Ⅲ 专题篇

B.5 河南省人口形势变化及劳动力结构情况研究报告 …… 周全德 / 070

001

B.6 稳就业视域下提升河南省城乡居民收入水平研究 …… 任晓莉 / 085
B.7 河南省自然灾害风险分析：基于万有风险模型的应用研究
　　　　………………………………………… 王　媛　陈　安 / 098
B.8 河南省相对贫困问题研究 ……………………… 崔学华 / 112
B.9 河南省人口发展研究报告 ……………………… 冯庆林 / 121
B.10 河南省党建引领社区治理创新的探索与实践 …… 张　沛 / 137
B.11 基于民生财政的河南乡村振兴路径研究 ……… 赵　奇 / 152
B.12 河南省新型城镇化建设进程中民生改善问题研究报告
　　　　………………………………………………… 马银隆 / 165
B.13 乡村振兴背景下河南乡村文化建设研究报告 … 刘　畅 / 177

Ⅳ 调查篇

B.14 河南省高额彩礼问题调查报告 ………………… 杨旭东 / 185
B.15 提高保障和改善民生水平的有益探索
　　　——以辉县市裴寨村为例 ………………… 杜焕来 / 199
B.16 河南省个性化养老服务需求调查报告
　　　——基于郑州市的考察 …………………… 闫　慈 / 210
B.17 老旧小区无主管楼院的治理现状及优化策略
　　　——以郑州市为例 ………………………… 潘艳艳 / 221
B.18 党建引领城市基层社会治理的制约因素与创新路径
　　　——以郑州市基层党建实践为例 ………… 李中阳 / 233
B.19 河南省城市社区新冠肺炎疫情防控调查报告
　　　——以郑州市高新区紫竹社区为例 ……… 徐京波 / 246
B.20 新型城镇化背景下河南省外出务工人员的压力与幸福感调查
　　　报告 …………………………………… 谢娅婷　吴　颖 / 258

目录

B.21　县域视角下河南乡村中老年人灵活就业问题调查报告
　　……………………………………… 刘忠魏　王麒梦　余　梦 / 275

B.22　中原旅游扶贫攻坚模式调查报告
　　——基于齐王寨的个案调查 ……………… 陈妍娇　卫润润 / 287

Abstract ……………………………………………………………… / 297
Contents ……………………………………………………………… / 299

皮书数据库阅读 **使用指南**

总报告

General Report

B.1
推动社会事业改革发展 切实保障和改善民生

——2020~2021年河南社会发展形势分析与预测

河南社会形势分析与预测课题组[*]

摘　要： 2020年是全面建成小康社会、打赢脱贫攻坚战和"十三五"规划的收官之年。一年来，面对突如其来的新冠肺炎疫情和复杂多变的国内外环境，在党的坚强领导下，全省人民以敬畏之心、战斗姿态、拼抢精神，推动新冠肺炎疫情防控的战略成果不断巩固，回稳向好的发展态势不断拓展，社会事业改革发展得到持续推进，"六稳""六保"工作成效显著，民生得到切实保障和改善，为年底完成决胜全面建成小康社会、

---

[*] 课题组负责人：陈东辉。执笔人：陈东辉，河南省社会科学院社会发展研究所研究员，主要研究方向为应用社会学；张侃，河南省社会科学院社会发展研究所助理研究员，主要研究方向为应用社会学；潘艳艳，河南省社会科学院社会发展研究所研究实习员，主要研究方向为社区治理；闫慈，河南省社会科学院社会发展研究所助理研究员，主要研究方向为应用社会学。

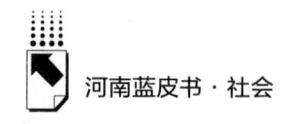

决战脱贫攻坚目标任务,实现"十三五"规划完美收官奠定了坚实基础。但必须清醒地看到,河南社会发展仍面临一系列不容忽视的问题与挑战。比如,疫情冲击下经济社会运行面临诸多困难,就业形势异常严峻复杂,破解深度贫困任务艰巨,城镇化质量不高,人口老龄化压力加剧等。2021年是"十四五"规划的开局之年,河南要坚持化危为机、危中寻机,以百折不挠的气势和只争朝夕的精神战胜疫情和大环境所带来的负面影响,深入推进社会治理机制创新,进一步加强新型城镇化建设,持续加大民生保障力度,加快补齐乡村治理短板,强化生态环境整治工作,努力夺得发展先机,全力促进社会大局和谐稳定和经济可持续健康发展,谱写出新时代中原更加出彩的绚丽篇章。

关键词: 社会事业 社会建设 民生 "十三五"规划

一 2020年河南社会发展形势及特点分析

2020年是全面建成小康社会、打赢脱贫攻坚战和"十三五"规划收官之年,我国即将迎来第一个百年奋斗目标的实现。"十三五"是全面建成小康社会的决胜阶段,是河南基本形成现代化建设大格局、让中原更加出彩的关键时期。在此期间,河南的经济和社会发展经历了诸多严峻挑战。在世界经济复苏乏力、全球性问题加剧,全国经济发展进入新常态,长期积累的结构性、体制性矛盾相互交织,困难和挑战增多的复杂形势下,河南省委、省政府坚持以习近平新时代中国特色社会主义思想统领经济社会发展全局,带领全省人民顽强拼搏、开拓创新,保持了全省经济社会发展的连续性和稳定性,顺利完成了"十三五"规划确定的主要目标任务,全省综合竞争优势大幅提升，经济保持较高速度增长，人民生活水平和质量普遍提高，生态环境质量总体改善，治理体系和治理能力现代化迈出重大步伐，经济社会发展呈现回稳向好的态势。

2020年注定将成为历史上极不平凡的一年，这一年是实现第一个百年奋斗目标的关键一年，也是暴发了新中国成立以来感染范围最广、防控难度最大、对经济社会影响巨大的新冠肺炎疫情的一年。一年来，突如其来的疫情和复杂多变的国内外环境，给河南经济社会发展带来了前所未有的困难和挑战。河南省委、省政府面对压力，迎难而上，以习近平总书记重要讲话和指示批示精神为根本遵循，坚持正确方向，团结带领全省人民以敬畏之心、战斗姿态、拼抢精神，推动疫情防控的战略成果不断巩固，使得回稳向好的发展态势不断拓展，社会大局保持总体稳定，各项工作取得积极进展，社会事业改革发展得到持续推进，"六稳""六保"工作成效显著，民生得到切实保障和改善，为2020年底完成决胜全面建成小康社会、决战脱贫攻坚目标任务，实现"十三五"规划的完美收官奠定了坚实的基础，为谱写新时代中原更加出彩的绚丽篇章做出了新的贡献。

（一）"十三五"规划圆满收官，社会建设成果丰硕

自2016年以来，河南经济社会发展取得了巨大成就，人民生活水平得到了快速提升，社会建设各个领域成果丰硕。

一是经济发展成效显著。地区生产总值由2015年的3.70万亿元增长到2019年的5.43万亿元，年均增长率达到了10.07%；人均生产总值由2015年的39222元增长到2019年的56388元，年均增长率为9.50%。① 2019年全省财政总收入达6187.23亿元，比2015年的4426.96亿元增长了39.76%，一般公共预算收入为4041.60亿元，增长了1.34倍。粮食生产能力不断增强，全省小麦种植面积连续5年稳定在8500万亩以上，粮食产量

---

① 《2019年河南省国民经济和社会发展统计公报》，河南省人民政府网站，2020年3月10日，https：//www.henan.gov.cn/2020/03-10/1302745.html。

由2015年的6067.1万吨增加到2019年的6695.36万吨，年均增长2.49%，为保障国家粮食安全、服务全国大局做出了重要贡献。城镇化率由2015年的46.85%提高到2019年的53.21%，提高了6.36个百分点，城镇化速度高于全国平均水平，2019年的城镇化率与全国平均水平的差距比2015年低了1.86个百分点，河南城镇化率与全国平均水平的差距正在持续缩小（见图1）。

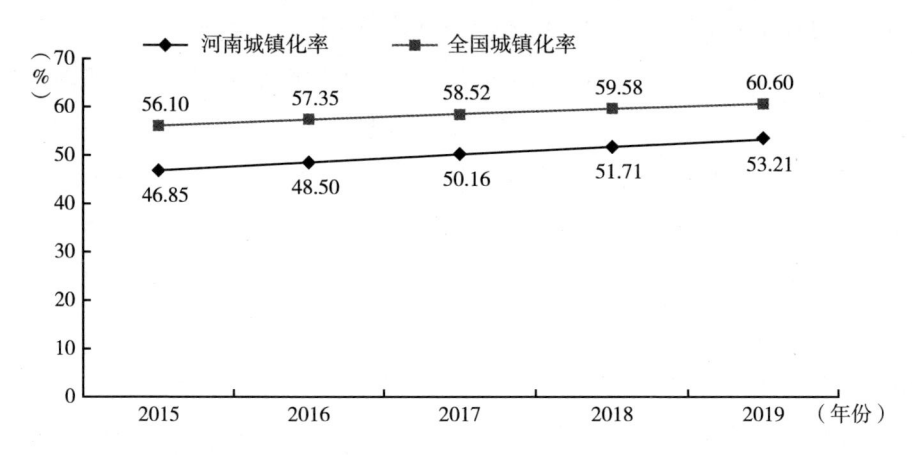

图1 2015～2019年河南城镇化率与全国城镇化率变化趋势对比

资料来源：根据《河南统计年鉴》和2015～2019年《河南省国民经济和社会发展统计公报》数据整理得到。

二是民生建设成果丰硕。"重点民生实事工程"持续实施，到2019年底，财政民生支出累计超2.7万亿元，年均增长率达到7.87%。全省居民人均可支配收入年均增长6.9%，城镇居民人均可支配收入达34200.97元，农村居民人均可支配收入达15163.75元，年均增长率分别为5.98%和6.92%。[①] 伴随收入的不断增加，城乡居民的消费水平稳步提高，2015年农村居民人均消费支出是7887.00元，2019年达到11545.99元，年均增长率为10.00%；城镇居民人均消费支出从2015年的17154.00元增长到21971.57元，年均增长率为6.38%（见图2）。可以看出，农村居民的人均可支配收入和人均消费支出年均增长率都高于城镇，特别是农村居民的人均

---

① 根据2015～2019年《河南省国民经济和社会发展统计公报》数据计算而得。

消费支出增长速度超过了人均可支配收入增长速度，这也反映出作为农业人口大省的河南农村居民生活水平的快速提升和农民消费意识的转变。截止到2019年，"十三五"时期城镇就业累计新增566.85万人，农村劳动力转移就业累计新增226.94万人，省内转移就业人数超过省外输出就业人数，两者基本稳定在1.5∶1。2018年河南学前教育三年毛入园率达到88.1%，比2015年增加了4.9个百分点，高等教育毛入学率达到45.6%，比2015年增加了9.1个百分点。社会治理体系不断完善，平安河南建设扎实推进，社会治安和安全生产形势持续稳定好转。

图 2　2015~2019 年河南城乡居民人均消费支出变化趋势

资料来源：根据《河南统计年鉴》数据整理得到。

三是决战决胜脱贫攻坚取得历史性成就。"十三五"之初，河南的脱贫攻坚工作面临巨大挑战。当时全省有38个国家级贫困县、15个省定贫困县，贫困县占全省县（市）的一半，农村贫困人口有430万，总量居全国第三位。[①] 河南省委、省政府不畏艰难、高度重视，把脱贫攻坚作为重大政治任务、第一民生工程和统揽贫困地区经济社会发展全局的工作来抓，强化责任落实、政策落实、工作落实，抓重点、破瓶颈，交出了一份脱贫攻坚的

---

① 李运海：《精准发力小康路上不落一人》，《河南日报》2017年1月11日，第2版。

亮眼答卷。自新一轮脱贫攻坚战以来,到2019年底,河南已累计实现651.1万农村贫困人口脱贫,9484个贫困村退出贫困村行列,39个贫困县摘帽,贫困发生率下降到0.41%,全省贫困人口全部参保,县域内就诊率达到97%,农村贫困人口25种大病救治率达到100%;贫困家庭义务教育阶段实现"零辍学";"十三五"时期规划搬迁的26.03万贫困人口全部实际搬迁入住,危房改造清零行动顺利完成。① 2020年2月,最后一批14个贫困县通过了省级专项评估检查,正式摘掉了贫困县的帽子。② 至此,河南53个贫困县全部摘帽,河南再无贫困县,曾经是贫困人口大省的河南脱贫攻坚工作取得了历史性的成就。

(二)经济发展回稳向好,新兴行业逆势而起

2020年初的新冠肺炎疫情和复杂的外部环境,给河南经济社会带来了巨大的冲击,经济社会发展面临巨大的困难和挑战。据统计,第一季度全省生产总值11510.15亿元,按可比价格计算,同比下降6.7%。其中,第一产业增加值688.71亿元,下降9.7%;第二产业增加值4745.69亿元,下降8.1%;第三产业增加值6075.75亿元,下降4.9%。③ 面对巨大的压力,全省上下不畏艰难、不惧疫情,坚持"一手牵两头",统筹推进疫情防控和经济社会发展工作,控制了疫情,稳定了发展。在经历了第一季度经济运转的短暂"刹车"后,第二季度按下了全省经济社会发展的"重启"键,主要经济指标增速持续回升,经济发展回稳向好的势头逐步显现。上半年全省生产总值达25608.46亿元,按可比价格计算,同比下降0.3%。1~5月,全省规模以上工业增加值、固定资产投资、进出口总值、一般公共预算收入四项主要经济指标增速分别高于全国平均水平2.2个、7.2个、11.0个、3.5

---

① 归欣、张崇:《决战决胜迈进全面小康——二〇一九年全省脱贫攻坚工作综述》,《河南日报》2019年12月22日,第1版。
② 《万众一心奋力夺取脱贫攻坚全面胜利——写在我省贫困县全部脱贫摘帽之际》,河南省人民政府网站,2020年2月29日。
③ 《一季度全省经济运行情况》,河南省统计局官网,2020年5月8日,http://www.ha.stats.gov.cn/2020/05-08/1373906.html。

个百分点，整体好于全国，呈现加速向常态化回归的态势。①

在传统消费和产业活动因受到较大冲击而大幅收缩的同时，疫情重塑了人们的消费观念与消费习惯，刺激了一些新兴行业逆势而起。一方面，以互联网经济为代表的新消费动能显现出强劲生命力，直播电商"全面上位"，在线办公、在线教育等新兴行业脱颖而出，仅3~5月，河南新增淘宝主播数同比增长924%，增速位列全国第三；②另一方面，以战略新兴产业和高技术制造业为代表的新产业逆势而上，增势良好，上半年战略新兴产业和高技术制造业增加值分别增长5.2%和3.9%，光电子器件、传感器、太阳能工业用超白玻璃产量分别增长2.0倍、51.7%和38.4%。③ 7月，高技术产业增加值增长4.5%，电子信息产业增加值增长8.6%，分别高于规模以上工业增加值增速5.5个、9.6个百分点，光电子器件产量增长12.5倍，太阳能工业用超白玻璃产量增长40.1%，锂离子电池产量增长28.1%。④

（三）就业形势总体稳定，数字经济成稳就业"生力军"

突如其来的疫情冲击，让2020年河南的就业形势变得异常严峻。就业就是最大的民生，就业工作也成为2020年疫情防控中中央和省委、省政府最为关注的工作。2020年以来，河南将稳就业、保就业作为首要政治任务，多措并举，强化落实，千方百计保持就业大局稳定。一是加大政策扶持力度，稳企业保就业。一方面，通过实施社会保险费"免、减、缓、返、补"等一系列优惠政策，有效降低企业生产经营用工成本，切实减轻企业负担，为市场主体创造更好的生存发展环境，保住更多就业岗位。另一方面，大力

---

① 河南省社会科学院课题组：《坚定信心看大势 破疫前行稳增长——2020年河南上半年经济形势分析暨全年展望》，《河南日报》2020年7月16日，第8版。
② 河南省社会科学院课题组：《坚定信心看大势 破疫前行稳增长——2020年河南上半年经济形势分析暨全年展望》，《河南日报》2020年7月16日，第8版。
③ 《2020年上半年全省经济运行情况》，河南省统计局官网，2020年7月20日，http://www.ha.stats.gov.cn/2020/07-20/1742578.html。
④ 《7月份全省经济运行情况》，河南省统计局官网，2020年8月17日，http://www.ha.stats.gov.cn/2020/08-17/1755752.html。

实施更加积极的就业优先政策，多渠道增加就业岗位。政府综合运用财政、货币和就业政策，重点扶持、投资拉动就业能力强的项目，吸纳就业能力强的劳动密集型产业和小微企业，积极鼓励创业。通过挖掘内需带动就业，增加投资创造就业，稳定外贸扩大就业，持续扩大就业增量。

二是多措并举，大力保障重点群体就业。面对2020年应届高校毕业生65.6万人，往届未就业的高校毕业生约3万人，需就业毕业生总量和增量均创历史新高的严峻局面，河南大力实施"321"计划，多措并举，推进30万名高校毕业生通过各类企业实现就业、20万名高校毕业生通过机关事业单位和征兵入伍等实现就业、10万名高校毕业生实现灵活就业创业。对于农民工群体就业采取分类指导、分类施策的办法：已经外出务工的人员，加强与省外劳务输入大省的对接，鼓励引导外出务工失业人员在常住地进行失业登记和再就业，防止回流；对于有迫切返乡需求的人员，则帮助其返乡，积极做好承接和应对工作；对于选择当地就近就业的人员，加大政府投资稳岗力度，鼓励支持农民工就近就业创业。同时大力开展就业创业培训，提高农民工职业转换、再就业的能力和就业竞争力。加大就业援助力度，促进困难群体就业。采取"一对一"帮扶，开发公益性岗位托底安置，确保零就业家庭至少一人就业。加强职业培训和职业指导，帮助长期失业人员、残疾人等困难群体就业。

在省委、省政府的高度重视和有效应对之下，2020年河南就业形势经受住了冲击和考验，保持了总体稳定的发展态势，新的就业增长点正在形成。上半年，城镇新增就业61.7万人，农村劳动力新增转移就业35.5万人，分别完成年度目标的56.1%和88.8%。[1] 在就业结构上，数字经济等新兴行业人才需求旺盛，成为"稳就业""保就业"的一股有生力量，云计算、物联网、5G和区块链等数字技术产业与传统第一、第二、第三产业融合，创造了大量的新兴工作岗位，数字化电商、数字化零售、数字化教育、

---

[1] 河南省社会科学院课题组：《坚定信心看大势　破疫前行稳增长——2020年河南上半年经济形势分析暨全年展望》，《河南日报》2020年7月16日，第8版。

数字化办公、数字化医疗等领域用人需求量较大,其中技术、管理岗位及基础岗位从业人员容纳量大,并呈现覆盖人群广、就业反弹小等特点,为2020年河南人才市场注入了新的活力。①

(四)城乡收入小幅增长,居民消费逐步回暖

2020年上半年,河南全省居民人均可支配收入为11429.60元,同比增长2.6%,比第一季度提高0.3个百分点,高于全国0.2个百分点,城乡收入保持了小幅持续增长。② 其中,城镇居民人均可支配收入增长0.6%;农村居民人均可支配收入增长4.4%,高于城镇3.8个百分点;城乡居民人均可支配收入比值为2.50,比上年同期缩小0.09,比全国城乡居民人均可支配收入比值小0.18,城乡收入差距进一步缩小。③

上半年,河南全省居民消费价格同比上涨4.1%,比第一季度回落1.4个百分点。其中,城市上涨3.8%,农村上涨4.7%。从消费品类别看,上涨幅度最大的三类分别是食品烟酒价格上涨了13.4%,医疗保健上涨了3.2%,教育文化和娱乐上涨了0.6%。可以看出,由于疫情的影响,民众日常生活必需品的价格上扬幅度较大,给居民生活带来了一定的冲击和影响。7月,全省居民消费价格同比上涨2.9%,环比上涨0.6%,比上半年回落了1.2个百分点。其中,食品烟酒价格上涨10.1%,医疗保健上涨3.4%,教育文化和娱乐上涨0.3%。1~7月全省居民消费价格同比上涨3.9%。可以看出,随着疫情防控进入常态化和经济社会发展的逐步恢复,居民消费价格涨幅也在回落,正在逐步回到正常水平。

消费方面,受突发疫情影响,第一季度全省消费出现了断崖式下滑。第

---

① 逯彦萃、杨珂:《数字经济成稳就业"生力军"》,《河南日报》2020年7月16日,第10版。
② 《2020年上半年全省经济运行情况》,河南省统计局官网,2020年7月20日,http://www.ha.stats.gov.cn/2020/07-20/1742578.html。
③ 《2020年上半年全省经济运行情况》,河南省统计局官网,2020年7月20日,http://www.ha.stats.gov.cn/2020/07-20/1742578.html;《2020年上半年居民收入和消费支出情况》,国家统计局官网,2020年7月16日,http://www.stats.gov.cn/tjsj/zxfb/202007/t20200716_1776201.html。

一季度，全省社会消费品零售总额同比下降21.9%。3月中旬以后，随着疫情逐步得到控制，复工复产复市工作稳步推进，特别是各地发放消费券，发展小微经济和其他扩内需、促消费政策措施逐步见效，社会消费品零售总额降幅开始持续收窄，全省消费市场逐步复苏。上半年，全省社会消费品零售总额同比下降11.3%，降幅比第一季度收窄10.6个百分点；其中限额以上单位消费品零售额下降7.6%。限额以上单位按经营单位所在地分，城镇消费品零售额下降8.0%，乡村消费品零售额下降3.1%。按消费类型分，商品零售额下降7.2%，餐饮收入下降15.1%。7月，社会消费品零售总额同比下降1.0%，其中，限额以上单位消费品零售额增长5.2%。2020年1~7月，社会消费品零售总额同比下降9.8%，比上半年降幅收窄了1.5个百分点，其中，限额以上单位消费品零售额下降5.8%，比上半年降幅收窄了1.8个百分点。可见，河南全省消费在第一季度大幅下降之后，伴随疫情防控进入常态化和复工复产的开展，开始逐步恢复平稳，5月社会消费品零售总额增速由负转正，为2.1%，高于全国4.9个百分点，之后又有小幅回落，整体上看，全省居民消费正在逐步回暖（见图3）。

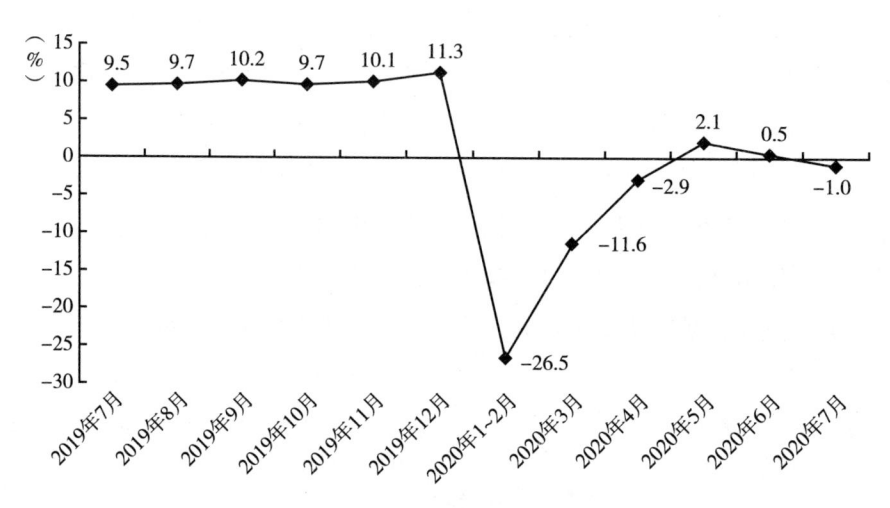

图3 河南省社会消费品零售总额月度同比增速

资料来源：河南省统计局官网，http：//www.ha.stats.gov.cn/。

（五）脱贫攻坚聚焦难点，收官之战胜利可期

2020年是河南脱贫攻坚全面收官的一年，也是受到突发新冠肺炎疫情冲击、脱贫攻坚工作面临巨大考验的一年。2月28日，省政府新闻办召开新闻发布会宣布，经省政府研究批准，计划于2019年退出的嵩县、卢氏县、淅川县等14个贫困县正式脱贫摘帽。[1] 至此，河南省53个贫困县全部实现脱贫摘帽。面对这个历史性时刻，对河南脱贫攻坚工作取得的巨大成功感到欣喜的同时，还要看到，全省目前还有35万贫困人口、52个贫困村需要在2020年底前实现脱贫、退出，这些剩余的贫困人口、贫困村数量虽不多，但都是难中之难、坚中之坚，是最难啃的"硬骨头"。[2] 面对疫情和脱贫攻坚工作最后的"硬骨头"，河南坚定信心、毫不懈怠，坚持疫情防控和脱贫攻坚两场硬仗一起打、完成剩余减贫任务和巩固脱贫成果两手抓，打响了2020年河南实现全面脱贫的终局之战。

一是突出重点两手抓，争取战疫战贫双胜利。面对疫情冲击，河南突出重点、积极应对，坚持"两场硬仗一起打，不获全胜不收兵"。大力支持，不断强化基层堡垒。疫情期间，广大扶贫干部始终坚守在扶贫第一线，成为各地脱贫攻坚的"主心骨"。截至6月底，河南2017年选派的1.3万名第一书记全部坚守岗位、留村工作，2020年选派的1.3万多名第一书记同时在村、开展帮扶。他们主动应对，打出优惠政策"组合拳"。优先帮扶贫困家庭劳动力，大力推进精准扶贫企业贷款优惠等政策，强力实施工作前置、流程简化。2020年上半年，全省返岗务工贫困人口共计190.32万人，超过2019年底外出务工贫困群众总数；扶贫龙头企业复工率达100%，1.78万个扶贫项目开工率达99.59%。[3] 创新破难，消费扶贫"显身手"。为解决疫

---

[1]《河南省新冠肺炎疫情防控专题第十九场新闻发布会》，河南省人民政府网站，2020年2月28日，https://www.henan.gov.cn/2020/02-28/1297921.html。

[2] 归欣、张崇：《决战决胜迈进全面小康——二〇一九年全省脱贫攻坚工作综述》，《河南日报》2019年12月22日，第1版。

[3] 归欣：《慎终如始 决战决胜——2020年上半年全省脱贫攻坚工作综述》，《河南日报》2020年7月18日，第1版。

情带来的农产品"滞销卖难"问题,河南积极开展"互联网+战疫情促销售助脱贫""县长直播带货"等活动,打通贫困地区农产品上行最后一公里。2020年1~6月,全省认定扶贫产品1.68万种,涉及141个县(市、区),销售金额达64.28亿元。①

二是坚持高质量标准,大力巩固脱贫成果。坚决落实"四个不摘"政策,坚定脱贫攻坚工作信心。坚决落实党中央"摘帽不摘责任、摘帽不摘政策、摘帽不摘帮扶、摘帽不摘监管"的要求,保持现有帮扶政策的总体稳定,切实做到"投入不减、项目不少、政策不变、帮扶不撤"。省脱贫攻坚领导小组还把"四个不摘"的贯彻落实情况作为督查暗访、考核评估的重要内容,严格保持政策的延续性、平稳性。大力发展产业、推动就业,构建脱贫防返贫的长效机制。2020年以来,河南将50%以上的财政专项扶贫资金投向产业扶贫,帮助贫困群众融入产业链条,实现稳定增收。截至6月底,已落实产业扶贫项目8855个,带贫427.5万人次。就业扶贫方面,各地已累计建成扶贫车间4032个,吸纳4.03万贫困人口就业,176.16万名有就业意愿的贫困人口全部接受培训。② 强化风险监测,完善社会保障,构建防返贫监测保障机制。为了高质量巩固脱贫成果,杜绝返贫现象发生,河南各地不断落实脱贫监测户、边缘户帮扶措施,在政策支持、社会保险保障完善等方面持续探索、不断创新,各地涌现出许多立足当地、切实有效的成功范例。鹤壁市淇滨区由31个行业部门和帮扶单位主要负责同志分包脱贫监测户和边缘户;汤阴县为贫困户、边缘户提供精准防贫保险;项城市、太康县等探索贫困家庭重度残疾人、贫困老年人集中供养模式。

三是聚焦难点补短板,集中力量打好脱贫攻坚战。首先是聚焦重点区域和特困群体,对大别山革命老区等"三山一滩"深度贫困地区和特殊贫困群体实施集中攻坚。2020年以来,向"三山一滩"地区下达专项扶贫资金

---

① 《万众一心奋力夺取脱贫攻坚全面胜利——写在我省贫困县全部脱贫摘帽之际》,河南省人民政府网站,2020年2月29日。
② 归欣:《慎终如始 决战决胜——2020年上半年全省脱贫攻坚工作综述》,《河南日报》2020年7月18日,第1版。

共65.98亿元，占全省资金总量的78.35%；对未脱贫人口超过5000人的20个重点县（市、区）和未脱贫的52个贫困村，除省市县领导"一对一"分包外，还安排20亿元新增债券和2.3亿元财政扶贫资金。其次是聚焦"两不愁三保障"，大力补齐短板。2020年以来，在全省范围内全面查漏补缺，全力解决"两不愁三保障"落实中的突出问题。截至6月底，全省贫困家庭实现义务教育阶段无辍学学生，建档立卡贫困人口参保率、30种大病救治率达到100%，危房改造工程全面完工，贫困人口饮水安全全面达标。[1] 最后是聚焦特殊贫困群体，做好扶贫兜底工作。针对"病残""孤老""弱小"等困难群体，河南积极实施特殊帮扶政策。截至6月底，全省下拨困难群众救助补助资金共116.5亿元，全省由政府主导的重度残疾人集中托养机构达到592家，托养重度残疾人1.27万人。

（六）大力保障基本民生，兜紧兜牢民生底线

突发新冠肺炎疫情的冲击，给经济社会发展带来极大挑战，也给人民生活、基本民生带来了巨大影响。河南省委、省政府高度重视疫情对人民基本生活的冲击，大力保障基本民生成为2020年度政府工作的重中之重。一是克服疫情冲击下财政收支减少的困难，进一步加大民生支出，为基本民生工作的开展提供坚实保障。上半年全省一般公共预算收入完成2133.3亿元，同比下降0.7%；全省一般公共预算支出5887亿元，下降4.1%，但上半年全省民生支出4510.5亿元，占一般公共预算支出的比重为76.6%，同比提高了0.6个百分点。其中，扶贫、文化、最低生活保障、公共卫生等基本民生支出分别增长了76.2%、28.3%、26.2%、68.4%。[2] 下拨困难群众救助补助资金共109.7亿元，统筹用于低保、特困、临时救助、孤儿基本生活保障以及流浪乞讨人员救助，比2019年增加了近10亿元。新冠肺炎疫情暴发

---

[1] 归欣：《慎终如始 决战决胜——2020年上半年全省脱贫攻坚工作综述》，《河南日报》2020年7月18日，第1版。
[2] 《实录 | 2020年上半年河南省经济运行情况新闻发布会》，河南省财政厅网站，2020年7月21日，http://czt.henan.gov.cn/2020/07-21/1743276.html。

前,省财政拨付了77.1亿元困难群众救助补助资金;疫情发生后,又积极争取中央和省级困难群众救助补助资金共32.6亿元,按要求进行了及时下拨。特困人员集中供养服务质量不断提升,基本生活标准不低于低保标准的1.3倍,达到年人均5538元,有效保障了特困人员的基本生活。

二是进一步扩大农村低保覆盖范围,切实发挥社会救助的兜底保障作用。为了切实兜住民生保障底线,河南进一步扩大农村低保范围,实行就业成本扣减、低保渐退等特殊扶贫政策,对未脱贫建档立卡贫困户中的重度残疾人、重病患者等,参照"单人户"直接纳入低保,创新性地做到了"户保"与"人保"的有机结合。对基本生活受疫情影响陷入困境的建档立卡贫困户等困难群众,通过发放临时救助先行予以保障,确保社会救助兜底保障"不漏一户、不落一人"。2020年第一季度,全省农村低保人数达到276万人,占农村总人口的3.7%,农村低保的保障面进一步扩大,较上年同期增加17万人。全省新增农村低保对象8.5万人,动态管理退出5.5万人,较好实现了"动态管理、应保尽保、应兜尽兜"。目前,河南剩余35.3万未脱贫人口中,低保、特困人员共32.4万人,占91.8%,社会救助的兜底保障作用进一步凸显。

三是不断完善基层社会治理体系建设,落实社区疫情精准防控举措,推动落实"六稳""六保"工作,凝聚民生兜底保障合力。充分发挥城乡社区的社会治理职能,以社区为基本单位开展精准防控,助力民生建设。疫情防控期间全省近30万名城乡社区工作者和38万名机关下沉干部日夜奋战在5万多个城乡社区的疫情防控第一线,构筑起联防联控、群防群控的社区防线。积极引导社会组织参与脱贫攻坚、疫情防控、复产复工。2020年第一季度,全省共有3883家社会组织投入疫情防控,投入人员共计35.5万人次,募集款物达5亿多元。郑州、许昌、焦作、三门峡、驻马店等地通过优化服务流程、规范涉企收费等方式优化营商环境,落实"六稳""六保"工作,推动行业协会商会指导会员企业科学安排复工复产。充分发挥全省慈善、社会工作力量和志愿服务机构的作用。截至6月16日,全省慈善组织(红十字会)累计接受现金捐赠10.6亿元、支出10.1亿元,接受物资捐赠折款共计5.93亿元、支出5.89亿元；实施"三区计划""牵手计划"，支持社会工作服务机构开展41个社会工作服务项目，切实做好困难群众心理疏导、社会融入等服务；全省300多万名志愿者、2800多个志愿服务团体共发布志愿服务项目1.5万个，累计开展志愿服务190万小时，在全省疫情防控、复工复产和民生保障工作中发挥了巨大的作用，做出了重要的贡献。

二 2020年河南社会发展面临的主要问题

2020年是实现第一个百年奋斗目标，为"十四五"规划和实现第二个百年奋斗目标打好基础的重要时间节点。同时，2020年面临国际环境错综复杂、新冠肺炎疫情暴发等宏观背景。在社会发展中，河南面临许多深层次问题。必须科学分析形势、把握发展大势，努力在危机中育新机、于变局中开新局。

（一）新冠肺炎疫情突发，经济社会运行受到不利影响

2020年，突如其来的新冠肺炎疫情和复杂多变的国内外环境，给河南省经济社会的正常运行带来了前所未有的影响与挑战。统计数据显示，2020年第一季度，全省地区生产总值共11510.15亿元，同比下降6.7%，主要宏观经济指标都出现了明显下滑。进入第二季度，随着疫情防控形势的好转，以及在扎实做好"六稳"工作、全面落实"六保"任务后，经济社会发展按下了"重启"键，较第一季度回升6.4个百分点。通过加快推进复工复产，河南省的经济形势已经回稳向好，然而，受国际新冠肺炎疫情"二次冲击"等影响，国内供需循环还没有完全畅通，河南省经济社会运行依然面临诸多障碍。

在居民消费方面，2020年上半年全省居民消费价格同比上涨4.1%，比第一季度回落1.4个百分点。受季节性供求关系变化等因素影响，预计第四季度全省居民消费价格将继续走高，通货膨胀压力增大。总体来看，2020年河南省经济社会正在逐步克服疫情带来的不利影响，经济运行逐步向好。

但也要看到,国际疫情和世界经济形势更趋严峻复杂,外部风险挑战明显增多。必须把统筹推进常态化疫情防控和经济社会发展贯通起来,扎实做好"六稳"工作,全面落实"六保"任务,确保各项政策举措落地见效,这样才能维护全省经济发展和社会稳定的大局。

(二)重点群体就业结构性矛盾突出,就业形势严峻复杂

就业问题一直是民生发展中的重要问题。2020年在从"六稳"到"六保",将就业放在首位的政策执行之下,全省就业形势总体保持平稳,但从受新冠肺炎疫情的影响和作为农民工输出大省的定位来看,河南当前就业形势严峻复杂,不确定因素增多,尤其是重点群体就业结构性矛盾突出。

一是人才流动趋缓,供需出现下降。受疫情影响,第一季度全省就业市场供需呈现下降趋势,人才流动率降低。《2020年第一季度河南省公共人才服务机构才市分析报告》显示,第一季度全省就业岗位供给同比下降1.53%,求职者人次同比下降51.47%,就业意向达成率同比下降35.22%,求职总量同比下降51.47%,简历投递量同比下降8.13%。第二季度就业市场有所回暖,全省求人倍率为1.55,高于往年同期水平。总体上看,上半年由于受新冠肺炎疫情影响,校园招聘缩减,高校毕业生未能完全进入劳动力市场,毕业生的期望行业、岗位、工作地点等发生改变,结构性矛盾突出。

二是重点群体就业任务繁重。首先,高校毕业生就业压力较大。河南省2020年高校毕业生近65.6万人,同比增加4.7万人,加上往年累积的未就业人数,在新冠肺炎疫情影响下,2020年度高校毕业生的就业任务更显繁重。同时,在经济出现下行的情况下,更易出现对高层次人才的极度需求与普通人才需求量负增长对立的现象,导致部分高校毕业生出现"高不成、低不就"的自愿性失业现象,而高层次人才的短缺又成为就业市场高质量发展的短板。其次,转移农村富余劳动力压力巨大。随着全省经济增长方式向健康、持续、高效发展转变,县域经济对劳动力素质提出了新的更高要求,这就给农村富余劳动力的转移带来更大压力。

三是高技能人才短缺加剧。近年来，结构性"招工荒"现象在河南省持续存在，成为影响全省产业升级转型的最大挑战。当前，河南省普通求职者求人倍率为1.0~1.5，而高技能人才的求人倍率一直在3.0以上。"招工难"与"就业难"现象并存，结构性矛盾更为深刻。

（三）扶贫长效机制亟须健全，破解深度贫困问题任务艰巨

河南省作为人口大省，一直是全国贫困治理任务较重的省份之一，随着不断调整和完善扶贫开发政策措施，贫困人口数量大幅度下降。近年来，河南省更是加大对贫困地区的精准帮扶力度，每年保持100万人以上的脱贫进度，贫困群众生活水平明显提高。截至2019年6月，河南省共实现了121.7万农村贫困人口脱贫，2502个贫困村退出贫困村行列，39个贫困县如期脱贫。在看到这些成绩的同时，必须清醒地认识到，即使全面脱贫任务已经完成，也要时刻警惕深度贫困地区的返贫问题。当前，河南省脱贫工作面临的形势依旧严峻，扶贫长效机制亟须健全。

一是决战深度贫困是常态化任务，攻坚难点痛点尚存。截至目前，河南还有35万贫困人口、52个贫困村没有脱贫退出，其多处于深度贫困地区。这些贫困村集中在自然条件差、经济基础弱、贫困程度深的"三山一滩"地区，面临地理位置偏僻、基础设施建设落后、农业生产结构单一、村民社会化能力不足等诸多问题，致使其脱贫难度大、基本需要依靠外力摆脱现状。除此之外，县域产业层级不高、支撑保障能力不足、发展基础不牢等重大制约和易地扶贫搬迁后续管理任务繁重等现实挑战仍摆在深度贫困地区面前。

二是"因疫致贫、因疫返贫"风险大。受新冠肺炎疫情影响，2020年河南省经济社会发展以及脱贫攻坚难度攀升。要完成2020年打赢脱贫攻坚战和全面建成小康社会的目标任务，必须健全产业扶贫长效机制。习近平总书记强调指出："发展产业是实现脱贫的根本之策。要因地制宜，把培育产业作为推动脱贫攻坚的根本出路。"当前，河南省一些地区实行简单分发生产资料的输血式产业扶贫，造成扶贫产业竞争力弱、推动传统农业向现代农

业转移的步伐较慢、不能实现贫困地区自身造血功能等问题。可见,健全产业扶贫长效机制是新冠肺炎疫情防控常态化阶段巩固脱贫成果、防止返贫,成功打赢脱贫收官战的重要任务。

三是脱贫工作质量和问题导向意识不强。在当前脱贫攻坚战收官之时,仍然有一些党员领导干部在思想上和作风上出现问题。首先是"松",在脱贫工作中存在疲倦厌战、坐等收官、骄傲自满等情绪;其次是"躁",个别干部存在急于甩手清零、精力分散转移等急躁心态,导致脱贫后返贫率高,难以实现脱贫工作的长效性和可持续性;最后是"轻",轻视"精神脱贫"的重要性,对贫困地区人民群众自身内生动力的激发力度不够,扶贫不扶志和智。在没有最终"交卷"之前,任何成绩都不保底,只有坚持问题导向、深抓矛盾、有的放矢才能取得最终胜利。

(四)老龄化形势严峻,养老服务体系发展面临挑战

《2019年河南省国民经济和社会发展统计公报》显示,截至2019年底,全省常住人口中65岁及以上的老年人口为1076万人,占常住人口的比重为11.16%,全省人口老龄化趋势明显。随着经济社会的快速发展,河南省所享有的人口红利正在逐渐减少,人口结构问题不断突出,老龄化形势异常严峻。

一是老龄化带来的社会养老负担进一步加重。河南省统计数据显示,2000年,65岁及以上老年人口抚养比为10.4%,即约每10个劳动力人口负担1位老年人;2010年,65岁及以上老年人口抚养比增长1.4个百分点,即约每8个劳动力人口负担1位老年人;2018年,总抚养比为47.2%,其中65岁及以上老年人口抚养比为15.6%,即约每6个劳动力人口负担1位老年人(见图4)。由此可以看出,河南的老龄化速度不断加快,社会养老负担持续加重。

二是老龄化加速与家庭结构变革导致居家养老压力增大。伴随家庭规模和家庭结构小型化,传统的家庭养老模式受到前所未有的冲击。然而,在较长时期内,家庭养老仍然是河南省养老体系主导模式和载体的格局很难发生

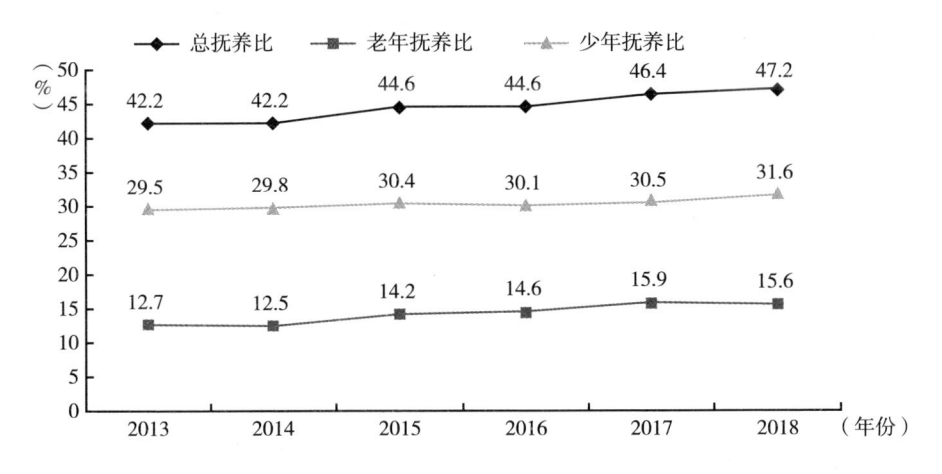

推动社会事业改革发展　切实保障和改善民生

图4　2013~2018年河南人口抚养比变化趋势

资料来源：《河南统计年鉴》。

根本改变。这就造成在人口老龄化日益严重的情况下，家庭将面临巨大的发展压力，特别是对于失能半失能老人的照顾，几乎造成整个家庭发展的失衡。同时，居家养老的多重需求与社会化养老服务的现实能力和水平之间存在较大反差。随着城镇化进程的快速推进，城乡"空巢"老人不断增加，然而，受到财力、物力、人力、配套设施等客观因素的制约，整个社会化养老服务及其能力和水平尚不能满足这一庞大老人群体的多重需求。

（五）城镇化率低且质量不高，严重制约全省高质量发展

新中国成立70多年来，河南的城镇化水平得到长足提升。城镇人口占总人口的比重由1949年的6.3%，提高到2019年的53.21%，不断接近全国60.60%的水平。全省超过一半的人口居住在城镇，这意味着河南已经从一个以农业人口为主的省转变为一个以城镇人口为主的省，标志着河南这个传统农业大省正在向现代工业、服务业大省一步步转变。但是，城镇化的快速发展在不断为河南省带来发展机遇的同时，也带来诸多现实问题。例如，城镇化总体水平落后、区域发展不平衡等。河南省的城镇化还未释放出更多动能，制约着全省的高质量发展。

一是城镇化率始终落后于全国平均水平。河南省作为传统农业大省，城镇化发展步伐略显缓慢，尽管近年来不断加快城镇化进程，甚至2018年城镇化率增幅位居全国第一，但仍与全国平均水平存在一定差距（见图5）。2019年河南省的城镇化率已经达到历史新高，但与全国平均水平依然还有7.39个百分点的差距，在全国31个省区市（不含港澳台）中居第25位，并处于中部六省中的末位。另外，各省辖市由于人口规模、经济发展水平、地域环境等方面的差异，在城镇化的发展速度和发展质量等方面存在较大差距。18个省辖市中有11个城镇化率超过50%，其中郑州市和济源市城镇化率超过62%，高于全国平均水平，而剩余7个省辖市的城镇化率低于全省平均水平，这也是制约全省高质量发展的一个重要原因。

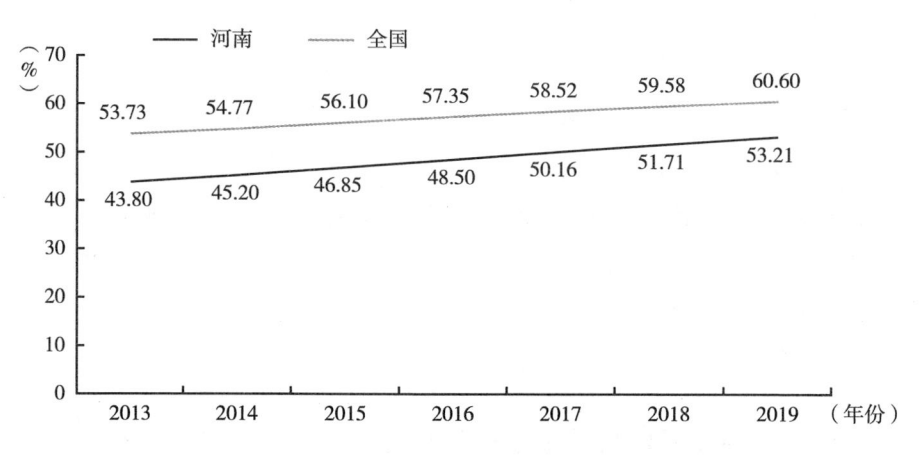

图5　2013~2019年全国及河南省城镇化率变化趋势

资料来源：《中国统计年鉴》和《河南统计年鉴》。

二是城镇化发展质量不高。高质量的新型城镇化尤其体现为实现更高质量的以人为核心的高质量发展，只有始终将"以人民为中心的发展思想"作为推动城镇化发展的核心理念，才能不断释放出新型城镇化的发展动能。然而当前，河南省在户籍管理制度、城乡统一就业制度、土地使用和住房制度、农民工子女教育制度、收入分配制度、社会保障制度等方面还存在较多问题，严重制约着城镇的快速发展。如果不能妥善破解这些难题，选择更加适应河南省情的城镇化发展模式和路径，其将严重制约河南省的现代化建设和高质量发展。

三是城镇发展尚未与产业支撑、就业转移和人口集聚相统一。当前，全省的人力、物力、财力资源都在向城镇和中心城市汇集，部分农村地区呈现人才、教育、医疗卫生等资源匮乏现象。久而久之，各地区差距不断拉大，尤其是城市与农村无法实现协调发展。全省亟须统筹决策，从而实现产业发展、就业机会在区域、城乡等不同空间尺度上的均衡分布，推动传统农业、先进制造业和现代服务业深度融合，同时实现乡村振兴与城镇高质量发展。

三 2021年河南社会发展基本态势分析

即将过去的2020年是极不平凡的一年，新冠肺炎疫情突袭、洪灾频发、国际秩序多变等深刻影响着河南省经济社会发展大局。当前，河南省经济社会发展既面临重大风险和挑战，也面临重要的发展机遇。展望2021年，河南省应化危为机、危中寻机，克服疫情、汛情带来的负面影响，努力夺得发展先机，全力促进社会大局和谐稳定和经济的可持续健康发展。

（一）贯彻中央和省委会议精神，做好"六稳""六保"工作

近年来，面对国内外复杂的经济环境，中央适时提出了"稳就业、稳金融、稳外贸、稳外资、稳投资、稳预期"的"六稳"方针。2020年，为应对新冠肺炎疫情的冲击，中央审时度势，进一步提出了"保居民就业、保基本民生、保市场主体、保粮食能源安全、保产业链供应链稳定、保基层运转"的"六保"任务。扎实做好"六稳"工作、全面落实"六保"任务，是党中央针对当前新形势做出的重大战略决策，是坚持稳中求进工作总基调的主要着力点。为深入贯彻习近平总书记关于统筹推进疫情防控和经济社会发展工作重要讲话精神，全面落实全国两会工作部署，河南省委十届十一次全会审议通过了《河南省做好"六稳"工作落实"六保"任务若干政

策措施》，制定了一揽子"硬核措施"，扩内需、保就业、惠民生，为河南省当下及今后一段时间社会经济发展提供了目标任务和方向指南。

在"六稳""六保"工作中，稳是大局，保是前提，"六稳"是目标，"六保"是底线，只有全面落实"六保"，才能实现"六稳"。河南省委十届十一次全会也强调"抓实'六稳''六保'，要着力在'保'上下功夫，守住经济社会发展的底线"。这就要求河南省坚持积极进取、坚持战略定力，采取超常规措施，扎实做好"六稳"工作、全面落实"六保"任务，推动全省经济持续健康发展。保居民就业，就要抓好重点行业、重点人群的就业工作，多渠道促进高校毕业生就业，有效解决农民工和就业困难人员就业问题，确保全省就业大局稳定。保基本民生，就要做好民生保障工作，建立健全防返贫长效机制，深化巩固脱贫攻坚成果，加大社会保障力度，逐步扩大失业保险范围，适当提高低保救助补贴标准，切实保障居民基本生活。保市场主体，就是要深化"放、管、服"改革，进一步减轻中小企业负担，落实减税降费等优惠政策，为企业发展创造良好环境。保粮食能源安全，就要抓好农业生产和重要副食品保供稳价工作，提升粮食安全保障能力。保产业链供应链稳定，就要促进产业链、供应链协同联动，提升产业链现代化水平。保基层运转，就是要确保基层政府保基本民生、保工资、保运转，提高基层政府财政资金使用效率，重点保障基层公共服务。

（二）经济运行态势逆转向上，育新机开新局潜能仍存

2020年，突如其来的新冠肺炎疫情和风云变幻的国际环境，给我国经济造成了强烈冲击，河南省的经济运行也面临前所未有的困难和挑战。第一季度，河南省经济形势严峻，经济指标出现严重下滑，地方财政收支矛盾加剧。全省地区生产总值为11510.15亿元，同比下降6.7%，其中第一产业、第二产业、第三产业分别下降9.7%、8.1%和4.9%。[①] 第二季度以来，随

[①] 河南省社会科学院课题组：《坚定信心看大势　破疫前行稳增长——2020年河南上半年经济形势分析暨全年展望》，《河南日报》2020年7月16日，第8版。

着新冠肺炎疫情得到有效控制和复工复产有序推进,全省经济逐渐"回暖",主要经济指标增速开始回升,上半年全省地区生产总值共计25608.46亿元,同比下降0.3%,较第一季度回升6.4个百分点,高于全国1.3个百分点。① 然而截至目前,国内外新冠肺炎疫情尚未真正结束,我国局部地区也出现了小幅度反弹,未来全省部分领域和行业仍可能受到一定程度的不良影响,但从总体来看,河南省经济步伐放缓是暂时的,经济长期向好的基本面和内在向上的趋势并没有改变。

习近平总书记强调,要坚持用全面、辩证、长远的眼光分析当前经济形势,努力在危机中育新机、于变局中开新局。河南省作为人口大省、粮食生产大省,正在打造内陆改革开放新高地、构筑中原崛起增长极的路上全力迈进,务必要在当前的困难危机中准确把握发展机遇,变不利为有利,化压力为动力,在实践中牢牢掌握发展主动权。务必要坚持统筹好疫情防控和社会经济发展双重任务,以做好"六稳"工作、落实"六保"任务为抓手,坚决实施扩大内需战略,持续深化改革开放,为稳住经济基本盘、维护社会大局稳定提供强大支撑。

(三)新冠肺炎疫情之下风险隐患"水落石出",更加重视社会大局稳定

2020年上半年,新冠肺炎疫情的蔓延不仅对河南省经济造成重创,也严重影响了社会运行秩序。曾经一段时间内,学校停课、企业停工、交通停运、大型活动停办,人们原有的正常生活被疫情按下了"暂停键",整个社会运转出现了许多问题。新冠肺炎疫情是一面"镜子",映射了河南省在社会治理方面存在的一些短板和不足。一是公共服务供给不足。疫情暴发后,口罩、测温仪、防护服等医疗物资供给矛盾突出,部分贫困地区也出现了"米袋子""菜篮子"等生活必需品短缺问题,基本民生无法

---

① 《2020年上半年全省经济运行情况》,河南省统计局官网,2020年7月20日,http://www.ha.stats.gov.cn/2020/07-20/1742578.html。

得到有效保障。二是网络舆论引导不到位。疫情发展的严重性、长期性和不确定性为网络谣言的快速传播提供了条件，加剧了人们的心理恐慌，对网络空间秩序产生不良影响。三是基层治理能力欠缺。城乡社区是疫情防控的第一道防线和社会治理的基础场域，但基层工作力量薄弱、城乡社区自治水平偏低制约了社区治理的实效性。四是科技支撑能力有限。疫情防控过程中对智慧社区和各类智慧应用的需求加大，但智慧社区建设仍在起步阶段，智慧应用维护成本高、推广普及难，能发挥的效用无法达到预期水平。此外，河南省在就业、教育、社会保障、公共卫生、社会治安等方面也存在不少风险隐患，这些问题既有短期疫情影响的原因，也与长期体制机制积弊有关，如果处置不当、应对失策，将有可能产生连锁反应，甚至酿成重大事件。因此，要坚持将防范化解重大风险、维护社会大局稳定作为当前工作的重中之重，切实落实保安全、护稳定的各项措施，下大气力解决好关乎人民群众切身利益的民生问题，不断提高维护社会稳定的能力和水平。

（四）城市应急管理能力亟待增强，抓好常态化疫情防控工作

应急管理能力是国家治理体系和治理能力的重要组成部分，完善的应急管理体系是实现国家治理现代化的重要基础。2020年的新冠肺炎疫情是对我国治理体系和治理能力的一次大考，这次考验充分彰显了我国国家治理体系中的制度优势和强大的社会动员能力，也暴露出我国城市在应急管理上存在的薄弱环节，具体表现在风险防控意识淡薄、社会协同联动机制不健全、应急准备和应急调度能力不足等方面。当前，我国已取得了疫情防控的阶段性胜利，进入了疫情防控常态化时期，应理性总结"战时"经验和教训，巩固疫情防控的既有成果，加快健全城市应急管理体系。提高应对急难险重任务的能力和水平是做好常态化疫情防控工作、推动社会经济稳定发展的当务之急。2020年3月，在抗击新冠肺炎疫情期间，河南省在召开的全省应急管理系统工作暨"三项建设"视频会议中明确提出"要全力推进应急管理体系和能力现代化"的总目标，这体现了新形势下完善和加强

应急管理体系和应急管理能力的重要性和迫切性。根据会议所做出的工作部署，2020年及今后一段时间，河南省将重点从以下五个方面来推进应急管理现代化。一是全面深化应急管理体制机制改革，明确应急管理部门的综合管理定位，打破部门壁垒，推进议事协调机构职能整合。二是全面推进应急管理体系建设，明确大安全、大应急、大保障定位，建立严密贯通的队伍组织体系、协同高效的调度指挥体系、完备权威的法规制度体系、保障有力的应急服务体系、全面参与的应急责任体系。三是全面加强应急管理能力建设，着力提升监测预警能力、监管执法能力、决策指挥能力、救援实战能力、舆情引导能力。四是全面推进应急信息化建设，加快打造"空、天、地"三位一体，"横向到边、纵向到底"覆盖全省的应急指挥通信网络，形成全省应急管理"一张网"调度指挥通信保障体系。五是全面夯实应急基层基础建设，大力加强市县两级应急管理力量，加快应急队伍规范化建设和基层应急管理能力标准化建设，开展应急安全宣传教育，推进社会共治。

四 2021年推动河南社会发展的政策建议

站在2021年新的历史起点上，河南省要积极适应国内外发展形势新变化，紧扣高质量发展的新要求，坚持稳中求进工作总基调，坚持新发展理念，扎实做好"六稳"工作，全面落实"六保"任务，加快补齐发展短板，着力提升民生保障水平，维护经济发展和社会稳定大局，确保人民群众拥有更多的幸福感、获得感、安全感。

（一）深入推进社会治理机制创新，为基层有序运转注入动力

社会治理成效关乎国家长治久安，关乎社会安定有序。十九大以来，党中央对加强和创新社会治理提出了一系列新理念、新思路、新要求，社会治理的内涵在实践中不断深化和拓展。立足新的历史方位展望未来，河南省的社会治理目标应定位于迈向与经济发展水平相匹配、与推动中原崛起要求相

协调、与国家治理现代化相适应的共建共治共享的社会治理格局。这就要求河南省必须加强和创新社会治理，坚持问题导向，积极回应人民群众关切，破除社会治理体制机制障碍，建立人人有责、人人尽责、人人享有的社会治理共同体，推动社会治理走上良性善治之路。一是加强社会治理制度建设。要突出制度和体系建设在整个社会治理格局中的基础性地位，不断完善共建共治共享的社会治理制度，完善党委领导、政府负责、民主协商、社会协同、公众参与、法治保障、科技支撑的社会治理体系，健全群众利益诉求表达机制、矛盾纠纷化解机制、社会治安联防联控机制、城市应急管理机制等社会治理长效机制，促进社会治理法治化、专业化、社会化水平的提升。二是强化党建引领社会治理。党建引领社会治理是党巩固执政基础的迫切需要，是创新社会治理的必然选择，要坚持各级党组织在社会治理体系中的领导地位，充分发挥党组织密切联系群众和统筹全局、协调各方的组织优势，引领驻区单位、企业、社会组织、群众等主体共同参与社会治理。要优化党组织设置，加强党建创新，健全和完善区域化党建机制、党建联建机制、党员"双报到"机制等，以党建引领凝聚社会治理的最大合力。三是推进基层治理改革创新。基层治理是社会治理的基石，城乡社区是基层治理的重点。在新冠肺炎疫情防控常态化的新阶段，必须进一步加强社区建设和社区治理，要坚持社会治理重心下移，探索社区治理创新模式，引导社会资本参与社区建设治理，不断完善社区网格化管理机制，利用信息化技术大力推进智慧社区建设。要加强社区组织建设，建立以社区党组织为领导、社区自治组织为主体、群众性组织为补充的社区组织体系，理顺各类组织关系，提高社区自我管理、自我服务的能力和水平。要健全民主协商机制、居民议事机制，搭建居民交流沟通桥梁，丰富社区文化活动，激发社区内部活力，努力增强社区认同感、归属感。

（二）进一步加强新型城镇化建设，着力提高城市综合治理水平

新型城镇化是拉动内需的最大潜力所在，是实现社会主义现代化目标的必由之路。李克强总理在2020年的政府工作报告中提出"深入推进新

型城镇化"的任务目标，并将新型城镇化建设与新型基础设施建设，交通、水利等重大工程建设共同纳入了国家重点投资项目。这个重大举措对于推动新型城镇化建设向纵深发展，对于当前做好"六稳"工作、落实"六保"任务、统筹社会经济发展大局有重要的现实意义。近年来，河南省的新型城镇化建设取得了突破性进展，城镇化水平逐年提升，但也面临城镇化发展质量不高、拉动内需的动力不足、农村转移人口市民化水平低等问题。因此应深入推进新型城镇化，以人的城镇化为核心，以城市高质量发展为导向，加强城市短板领域建设，着力提高城市综合治理水平，改善群众生活品质，努力构建城乡融合发展新格局。一是进一步完善城市基础设施建设。针对城市在防疫和防汛、防灾、减灾方面存在的问题，加强城市规划设计，优化功能布局，优先加强公共卫生防治设施建设，改造完善城市河道、堤防、水库、排水管网等防洪排涝设施，增强城市预防和应对重大疾病及防御各类灾害的综合能力。二是围绕群众需求加快推动城市更新改造。继续推进老旧小区改造工程，改善提升城市整体环境。支持社会力量参与环保基础设施、社区公共服务、智能化改造、公共停车场设施等建设，提升群众生活的便捷性、舒适性。三是全力推进以县域为载体的城镇化建设。加快推进城镇环境卫生设施、市政公用设施、产业配套设施、公共服务设施的建设和完善，大力提升县域基础设施的现代化、智能化水平；加快农村转移人口市民化进程，深化户籍制度改革，为农民进城就业安家提供更多便利条件，完善"人、地、钱"挂钩配套政策，推动城镇公共服务向未落户常住人口覆盖。

（三）持续加大民生保障力度，切实增进人民群众福祉

民生是和谐社会之基、治国安邦之本。习近平总书记曾指出，民生稳，人心就稳，社会就稳，强调要牢固树立以人民为中心的发展思想，全力解决好老百姓"急难愁盼"问题，让人民群众拥有更多、更直接、更实在的获得感、幸福感、安全感。2020年以来，受新冠肺炎疫情、汛情的双重影响，河南保障和改善民生的任务更艰巨、责任更重大，这就要求河南把"保基

本民生"摆在更突出的位置,始终把改善人民生活、增进人民福祉作为一切工作的出发点和落脚点,扎扎实实做好民生保障和社会建设等各项工作,切实兜牢民生底线,提高民生保障水平。一是全力保障居民就业。就业是最大的民生,是"六保"的首要任务。要继续实施就业优先政策,认真落实援企、减负、稳岗、扩就业的支持性措施,抓实抓好高校毕业生、农民工、退役军人、受灾群众等重点人群就业;要进一步扩大失业保险覆盖范围,实施阶段性失业保障金政策,更好地保障失业人员的基本生活。二是持续做好新冠肺炎疫情防控工作。坚持"外防输入、内防反弹"方针,将疫情防控常态化和社会经济发展统筹兼顾、共同推进。要加快完善公共卫生体系和公共卫生应急管理体系,加大公共卫生基础设施投入,加强公共卫生人才队伍建设和全科医生培养。广泛开展新时期爱国卫生运动,倡导文明健康的生活方式,努力提升群众健康素养。三是强化困难群众的兜底保障。要加大民生保障的资金投入力度,持续提高城乡低保、抚恤救助的保障标准和救助水平;将受灾、受疫情影响陷入困境的人员纳入救助范围,建立价格补贴联动机制,在受疫情影响严重的地区做好阶段性价格临时补贴工作等。

（四）加快补齐乡村治理短板,推动脱贫攻坚与乡村振兴有效衔接

自十八大以来,党和国家先后做出了打赢脱贫攻坚战和实施乡村振兴战略重大决策部署,为新时期做好"三农"工作提供了根本遵循。当前,我国正处于全面脱贫和乡村振兴战略实施的交汇期,打赢脱贫攻坚战是乡村振兴的基础和前提,实施乡村振兴战略是脱贫攻坚的巩固和升华。[1] 河南省作为农业大省和粮食生产大省,务必完善乡村综合治理体系,高质量打赢脱贫攻坚战,在巩固和扩大脱贫攻坚成果的基础上推动脱贫攻坚与乡村振兴有效衔接,实现农村农业现代化发展和农民生活水平的提高。一是完善农村产业支撑体系。根据各地资源优势和发展实际,因地制宜推进乡村产业发展,在

---

[1] 张改平:《助力脱贫攻坚与乡村振兴有机衔接》,《光明日报》2019年3月11日,第6版。

保护生态的同时重点打造资源节约型、环境友好型产业。构建可持续的产业发展机制，促进第一、第二、第三产业融合发展，有效提升乡村产业的综合效益。二是完善乡村公共服务体系。进一步改善农村基础人居环境，交通、水电暖基础设施条件，建立美丽宜居新农村；吸引各类社会力量投身乡村建设，推动教育、医疗等优质资源向乡村转移，满足不同地区农村农民的差异化需求。三是完善乡村治理体系。加强农村基层党建和乡村组织建设，鼓励群众参与乡村治理，不断深化乡村自治，培育内生动力；深入挖掘农村地区特色文化资源，注重农村优秀传统文化的传承和保护，加强乡村文明建设，持续完善乡村公序良俗，提高农村群众文明素养和道德水平；顺应信息化发展趋势，将物联网、大数据等新技术引进乡村，大力推进"智慧乡村"建设，提高乡村治理现代化水平。

（五）强化生态环境整治工作，夯实经济社会高质量发展基础

习近平总书记曾指出，良好的生态环境是最普惠的民生福祉，生态环境保护是功在当代、利在千秋的事业，要像保护眼睛一样保护生态环境。这些论述强调了保护生态环境的重要性和紧迫性。河南应以习近平生态文明思想为指导，贯彻落实党中央关于加强生态文明建设、保护生态环境的决策部署，坚持以改善环境质量为核心，努力完成打赢防治污染攻坚战的阶段性目标，持续推进生态环境总体改善，全力打造青山常在、绿水长流、空气常新的美丽新河南。一是完善生态环保制度建设。科学严谨、系统完整的生态文明制度是推进生态文明建设的重要保障，要进一步完善制度设计，建立健全生态环境保护制度、资源高效利用制度、生态保护和修复制度、生态环境保护责任制度，注重不同制度之间的整体性、系统性、协调性，形成推动生态文明建设的制度合力。二是加强生态环境综合治理。针对治污攻坚战和生态环境保护工作中存在的体制机制问题，加快推进生态环保领域制度改革，建设覆盖领导责任、企业责任、全民行动、法律政策等方面的生态环境治理体系，构建党委领导、政府主导、企业主体、社会组织和公民共同参与、齐抓共管的生态治理新格局。

热 点 篇

Reports on Hot Spots

B.2 2020年度河南十大社会热点问题分析报告

河南省社会科学院课题组*

摘　要： 社会热点事件生成的背后是群众关切热烈与民意反映集中，舆论作为社会评价的一种情绪集合，一直是透视经济社会发展状况的"直观之窗"。梳理2020年河南十大社会热点问题，可以发现，社会舆论依然以公共利益为基础，集中在社会治理、教育、民生建设等方面，包括河南"硬核防疫"、习近平总书记给圆方集团回信、郭某某出境确诊瞒报、"儿童被埋身亡"与"殴打记者"、贫困治理、"专升本考试泄题"、城镇老旧小区改造、反家暴、城管暴力执法、耕地保护等问题。

---

* 课题组成员：陈东辉、殷铬、张侃、潘艳艳、闫慈、李三辉、刘畅、马银隆。执笔人：李三辉，河南省社会科学院社会发展研究所助理研究员，主要研究方向为城乡社会治理。

关键词： 河南　社会热点问题　社会治理

大数据时代的今天，网络已成为社会大众获取信息、传播交流、表达诉求的重要载体，网络舆论是社会舆情的主战场。2020 年，新冠肺炎疫情防控无疑是社会舆论的最大话题，而社会公众日渐凸显的"关心国家大事"特征在疫情防控舆论场中也得到了充分展示，体现了网络社会舆论的新特点。在本报告筛选的 2020 年度[①]十大社会热点事件中，关于疫情防控的就有两个，即河南"硬核防疫"与郑州郭某某出境确诊瞒报。其他八个社会热点分别是：习近平总书记给圆方集团回信、"儿童被埋身亡"与"殴打记者"、53 个贫困县全部脱贫摘帽、专升本考试泄题、城镇老旧小区改造提升、"女子不堪家暴跳楼"历时一年方"解脱"、城管多次抱摔卖菜老太、占用万亩基本农田建养猪场。

一　河南"硬核防疫"彰显人民战争威力

2020 年 1 月，一场突如其来的新冠肺炎疫情在全国迅速蔓延，在这场"全民战疫"的战斗中，河南抗击疫情行动走在了前面，河南广受赞誉的做法被称为"硬核"。从实践来看，河南为控制疫情扩散风险，及时实施了一系列应对措施，如 2019 年 12 月底就停了班车，2020 年 1 月 21 日就禁止售卖活禽、全面排查武汉甚至外来人口、交通要塞测体温、地铁小区消毒、暂停娱乐设施，以及通过电视直播、广播、短信、公众号推送等进行新冠肺炎疫情信息循环"轰炸"等。在疫情扩散之初，河南就多措并举向民众宣传提示如何科学预防，最重要的是有效强化了民众的防范意识和思想重视，这对取得疫情防控的胜利至关重要。也正因为有全民参与疫情防控的意识，才

[①] 年度时间说明：受限于创研周期，所遴选社会热点事件无法完全覆盖一整个自然年，为保证研究的连续性和完整性，此年度区间由 2019 年的第四季度与 2020 年的前三季度组成。

涌现出一件件疫情防控的鲜活案例，如运营商群发短信、村庄和社区悬挂简单直白标语、村庄社区出入处轮班站岗、劝阻武汉"返回"人员、拒绝春节走亲访友、封路封村等。

不得不说，河南从政府到民众，在积极防控疫情蔓延上都做出了快速有效的反应，不管是构建起省、市、县、乡、村五级贯通的防控指挥体系，还是路口值班死守防止人员流动、大喇叭"暴躁喊话"劝说民众不出门，抑或是为让防疫宣传入脑入心而编顺口溜和悬挂横幅标语，自上而下进行的是防控疫情的人民战，各地民众都在认真做好个人防护、担当个人责任，同时积极配合防疫规则，汇聚各方力量与智慧。当然，应承认疫情防控恐慌之下的一些行为做法有欠合理之处，但结合后续发展来看，当初紧急情况下的一些举措还是非常有必要的。回望新冠肺炎疫情防控历程，更加真切地感觉到，疫情防控战是一场人民战争，打赢疫情防控人民战争，是为人民而战，也靠人民而胜。抗击疫情的最强大力量是人民力量，人民组织起来了就会战无不胜，而人民力量也正是中国特色社会主义事业发展的最终依靠。

二　习近平总书记给圆方集团回信勉励广大劳动群众弘扬劳动精神

2020年4月30日，习近平总书记给郑州圆方集团全体职工回信，并向医务工作者、快递小哥、生产防疫物资的工人等全国劳动群众表达了"五一"国际劳动节的节日问候，①号召广大劳动群众大力弘扬劳动精神，在平凡岗位上续写不平凡的故事。总书记的回信在中原大地及全国范围内的劳动者中产生了强烈反响和热议，广大劳动群众倍感温暖与自豪振奋，纷纷表示要在平凡的工作岗位上坚定工作、以实际行动弘扬劳动精神。正如习近平总书记所说的"伟大出自平凡，英雄来自人民"，我国新冠肺炎疫情防控能在

---

① 《习近平给郑州圆方集团全体职工的回信》，新华网，2020年4月30日，http://www.xinhuanet.com/politics/2020-04/30/c_1125930075.htm。

短期内获得重大胜利，成为当前应对重大突发公共卫生事件的成功典范，关键在于我们开展的是党领导下的疫情防控人民战争，依靠的是各行各业劳动者的劳动奉献和拼搏奋斗。习近平总书记的回信，满载以人民为中心的发展思想，温暖人心、催人奋进，在全社会吹响了弘扬劳动精神的时代号召，发出了崇尚劳动、尊重劳动者的时代强音。

2020年是全面建成小康社会和"十三五"规划收官之年，也是决战决胜脱贫攻坚之年，但一场突如其来的新冠肺炎疫情给经济社会发展带来了更大的不确定性，谱写好新时代中原更加出彩的绚丽篇章，需要持续弘扬劳动精神。一是要更加重视劳动意义与奋斗价值。新冠肺炎疫情给经济社会发展带来了巨大冲击，增添了我们完成既定目标的困难和挑战，越是情况特殊、问题复杂，越要坚持劳动奋斗创造、劳动开创未来、新时代是干出来的。二是要不断优化尊重劳动者、鼓励奋斗创造的社会环境。各级党委政府要始终贯彻以人民为中心的发展思想，坚持崇尚劳动、尊重劳动者，把全心全意为人民服务、依靠人民贯彻到党和政府政策制定执行全过程，做好政策衔接和政策创新，构建尊重劳动创造的政策体制环境。大力弘扬劳模精神、劳动精神、工匠精神，涵养全社会的劳动信仰、劳动情怀和劳动品格，把劳动教育纳入人才培养全过程，让劳动最光荣、劳动最崇高、劳动最伟大、劳动最美丽的劳动者之歌不断唱响。三是夯实劳动者的发展保障。一方面要下大力气提升劳动者整体素质和技术能力，完善现代职业教育、强化技术技能培训，为劳动者更好成长成才搭建平台；另一方面要切实做好对劳动者合法权益的法律保护，构建和谐有序的劳动关系。

三 郑州郭某某出境确诊瞒报事件造成一城恐慌

新冠肺炎疫情作为重大公共卫生事件事关每个人的生命安全，是2020年社会舆论的最大话题，也最容易拨动民众的敏感神经。2020年3月，河南郑州首例境外输入性确诊者郭某某因刻意隐瞒境外旅居史引发关注，多省市不得不紧急寻找密切接触者。官方通报显示，2020年2月29日至3月7

日，郭某某从郑州乘火车到达北京，而后乘飞机经阿联酋阿布扎比中转，先后到意大利米兰、法国巴黎旅行。3月7日，乘飞机从阿布扎比到达北京，乘火车返回郑州。回到郑州后，故意隐瞒出入境情况且未执行隔离规定，次日到单位上班，多次乘坐公共交通工具，出入公共场所。3月11日，郭某某被确诊为新冠肺炎患者，与其密切接触的43人被集中隔离医学观察，其工作单位所在大厦全楼封闭7天。[①] 4月3日，郭某某以妨害传染病防治罪被判处有期徒刑一年六个月。[②] 当其确诊消息被公布时，民众口诛笔伐的舆情被迅速点燃，不少网友斥其为"自私、无底线""缺德"，再加上一些自媒体发布称"郭某某密切接触者有39373人"，引发了一定的舆论恐慌。事件中引发民众最大愤怒的无疑是其出境确诊瞒报行为，主观故意破坏疫情防控形势令人难以谅解，它引起的是普遍的焦虑，不仅给国内多座城市带来恐慌，更直接给河南民众疫情防控心理造成"灾难性"干扰，毁坏了此前河南连续13天、郑州连续20天病例"零增长"的防控局面。犯了众怒的郭某某受到了媒体、民众的一致谴责，被称为"一人之行为，造成一城不安"。

也正是因为郭某某事件的严重危害性，郭某某妨害传染病防治案，被最高检、公安部于2020年4月3日列为涉境外输入型疫情防控典型案件，位列4月15日最高法发布的第三批8个依法惩处妨害疫情防控犯罪典型案例首位。应当从郭某某反面教材中学会警示，正确认识"全民战疫"形势下的个人责任，树牢社会大局观下的公民责任意识，公众参与是公共安全的基础，更重要的是要强化法治思维和法治方式，自觉维护法律规则和社会秩序。从舆情过程看，民众对郭某某的舆情激烈情绪可以得到理解，但夹杂在舆情热点中的网络谣言、虚假消息确也值得警惕，诸如"密切接触者有39373人"等，一方面导致无辜的人被网民深挖受伤，另一方

[①] 《河南郭某某，又成"典型"了…》，澎湃新闻网，2020年4月16日，https：//www. thepaper. cn/newsDetail_ forward_ 7037729。

[②] 《河南郭某鹏，判了!》，澎湃新闻网，2020年4月3日，https：//www. thepaper. cn/newsDetail_ forward_ 6834330。

面也加速谣言四起、增添舆情信息的模糊性和民众疑惑性。之后的警方立案情况与政府官方通报，虽然主动回应了民众关于涉事者如何成功隐瞒、防控机制存在漏洞等的疑问，缓解了网民的焦虑情绪与疑虑，但给民众造成的恐惧氛围、给政府部门招致的舆论压力已成事实。在全媒体时代，针对热点舆情事件的信息传播，媒体与社会公众更要有理有据发声，不妨多等一等官方通报与事实真相，而公信部门也应当在第一时间对舆情事件做出澄清以引导舆论，维护好网络舆论生态。

四 "儿童被埋身亡"与"殴打记者"反映基层治理水平亟待提升

2020年4月，河南小城原阳突然上了热搜，受到全国人民的密集围观，原因在于，4月18日该地4名儿童在小区土方内被埋死亡，事情真相受到社会各界的热烈关切。然而，正当人们在不断追问此等悲剧是如何产生时，而后的4月21日，又传出多名不明身份人员推搡甚至殴打红星新闻、《新京报》、上游新闻等媒体采访记者的消息，进一步诱导了"儿童被埋身亡"事件的次生舆情，引发了舆论的再度聚焦，加重了民众对事情真相的质疑。[①] 从事情的官方通报看，"儿童被埋身亡"属于安全责任事故，该工地未取得施工许可，施工方、开发公司、监管部门负有重要责任，施工负责人被刑拘、监管部门领导被免职。如果单从儿童被埋事件的处理应对看，原阳县的确做到了快速反应、积极处置，在事件发生后及时回应了事故进展和社会关切，有效引导了舆情态势。令人遗憾的是，从事情后续的演化看，对原阳县舆情应对、治理水平的称赞为时过早，因为人们后续等到的不是进一步的真相，而是"殴打采访记者"的种种疑团，加剧了民众对当地政府的不信任感，原阳县公信力深陷舆论漩涡。《人民日报》、人民网等媒体纷纷

[①]《人民网评：既要"儿童被埋"真相，也要严查殴打记者》，搜狐网，2020年4月21日，https://www.sohu.com/a/389972840_100191052。

发声："无论牵涉到谁都要一查到底，严肃追责"，①"既要'儿童被埋'真相，也要严查殴打记者"。②"记者在原阳采访被打，后续追责不能'烂尾'"，③舆论普遍都在质问，为何阻挠甚至殴打记者？打人者是谁？要掩盖什么真相？

事实上，要查清真相难度并不大，积极查清事情原委、理顺责任、依法依规处置是问题解决的第一步，也是较容易实现的一步。难的是，地方政府尤其是治理能力水平低的政府如何正确对待舆论监督、提升治理效能的问题，无论是发生"儿童被埋身亡"重大安全事故，还是殴打记者、抢夺手机、销毁数据，反映出的都是当地法治意识淡薄、信息公开不够、不尊重舆论监督，从根本上来说这是当地治理水平低下的表现。从某种程度上来说，地方对媒体的容纳度与当地的经济社会发展程度和治理水平呈正相关关系，良好的社会理当经得住媒体的监督。此次事件表明，一些基层政府仍然不能正视舆论监督，还不同程度地存在畏惧媒体、怕信息公开透明的问题，仍然没能真正认清社会舆情应对的逻辑是"堵不如疏"，还是习惯性地排斥媒体，未能将舆论监督当成提升治理能力的一个外促力来看待。也正是受限于这样的治理思维，该事件的处理过程暴露了许多治理短板，相关部门受到了社会舆论的一致谴责。事实上，第一时间还原事情真相、及时回应社会关切、呵护公平正义永远是疏导舆情的最有效方式。

五 53个贫困县全部脱贫摘帽宣告河南 进入无贫困县发展阶段

2020年是全面建成小康社会目标实现之年，也是全面打赢脱贫攻坚

---

① 《人民日报评记者采访被打：无论牵涉到谁都要一查到底，严肃追责》，新浪网，2020年4月23日，http://k.sina.com.cn/article_6192937794_17120bb4202001986n.html。
② 《人民网评：既要"儿童被埋"真相，也要严查殴打记者》，搜狐网，2020年4月21日，https://www.sohu.com/a/389972840_100191052。
③ 《人民网舆情频道：记者在原阳采访被打，后续追责不能"烂尾"》，腾讯网，2020年4月28日，https://news.qq.com/a/20200428/002629.htm。

战的收官之年。贫困人口全部脱贫、贫困县全部摘帽是全面建成小康社会的一个核心指标,也是党向人民做出的庄重承诺,是"十三五"收官的战略任务。2020年2月28日,河南省政府新闻办发布消息称,按照贫困县退出相关程序规定和标准要求,河南省嵩县、卢氏、淅川等14个国定贫困县脱贫摘帽,这意味着河南省53个贫困县全部实现脱贫摘帽、退出贫困县序列,标志着逾1亿人口的人口大省实现贫困县"清零"。至此,河南已累计实现651.1万建档立卡农村贫困人口脱贫、9484个贫困村退出,贫困发生率由2013年底建档立卡时的8.79%下降到2019年底的0.41%。[①]

毋庸置疑,进入再无贫困县的发展新阶段,是河南省打赢脱贫攻坚战的一项重大战略成果、一个重要时间节点,但越靠近全面胜利越不能松懈,各级党委政府、各级扶贫力量须继续保持奋战脱贫攻坚,扎实提升脱贫质量。应当看到,脱贫攻坚走到总攻时刻,留下的都是"最难啃的骨头"、难度最大的任务,再加上新冠肺炎疫情带给脱贫攻坚战的不利影响,推进脱贫攻坚还面临诸多不确定因素,一些贫困地区依然面临产业层级不高、支撑保障能力不足、发展基础不牢、易地扶贫搬迁后续管理任务繁重等现实挑战,河南省高质量完成脱贫攻坚任务依然不容松懈。下一步,河南要继续大力帮扶重点区域与重点人口,持续巩固"两不愁三保障",保持脱贫攻坚任务标准力度不减,在全面完成剩余减贫任务、夺取脱贫攻坚全面胜利的同时,及时根据现实发展实际调整贫困治理工作的目标方向,切实认清消除绝对贫困后的2020后减贫治理特点,建立解决相对贫困问题的长效机制,既解决好以生存问题为核心的绝对贫困问题,又解决好以发展、共享为重点的相对贫困问题,在新形势下做好巩固脱贫、防止返贫工作。

[①] 《河南再无贫困县!全省53个贫困县全部脱贫摘帽累计实现651.1万农村贫困人口脱贫》,河南省人民政府网站,2020年2月28日,http://www.henan.gov.cn/2020/02-28/1298045.html。

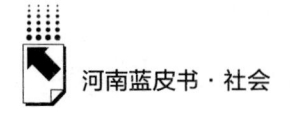

六 河南"专升本考试泄题"拷问教育公平

当今社会，教育越来越成为影响社会分层流动的主导因素，因触及民众利益深，教育事件所引发的关注和讨论也最多，然而国内每年仍爆出教育负面舆情，反映出在维护教育公平公正的道路上还有许多工作要做。2020年7月9日，河南专升本考试结束后，网络上关于考试泄题的消息不断被爆出，有网友不断发布"大量试题被辅导机构押中"的消息以及试题对比截图和聊天记录截图，引发社会各界的普遍讨论。7月10日，不少考生反映，河南专升本考试原题与一些培训机构VIP班的押题卷大面积重复，而且还是培训机构要求学生必须掌握的题。① 涉事培训机构回应说，泄题是不存在的，押中题是因为辅导老师比较专业。然而，7月26日，河南招生办公布的调查结果证实，某培训机构在专升本考试封闭命题前，非法从参与命题人员赵某某处获取部分信息，公安机关已立案侦查。② 这个调查结果的出现是合乎事实的，虽然押题在大大小小的考试前多少会出现，但大面积押中题目的可能性几乎不存在，最多是押中知识点或考题形式。然而，令人震惊的是，河南2020年的专升本考试的确发生了一些辅导机构押中大量原题的事实，让人禁不住追问，培训机构缘何能轻松拿到考题，哪些环节出了问题？专升本考试存在什么样的利益链条，如何来剪断？考试公正何在，想通过专升本提升自己的考生的教育公平何在？

事实上，近年来，"专升本考试泄题"现象在国内多地发生，而各地对此的后续调查处理并不理想。这说明，相关部门和社会各界在对专升本考试的认识上还存在一些偏差，并没有像对待高关注度的高考、研究生考试一样给予重视，思想上没有正视专升本考试泄题的严肃性。试想一下，已很难在

---

① 《凭实力押中题？河南专升本泄题事件公安部门已介入》，凤凰网，2020年7月11日，http://hn.ifeng.com/a/20200711/14293226_0.shtml。
② 《河南"专升本考试泄题"调查结果，出了！》，澎湃新闻网，2020年7月26日，https://www.thepaper.cn/newsDetail_forward_8450347。

短期内实现考试之外教育资源配置的均衡性,如果连最能做到公正客观的考试本身都保证不了,将如何传导教育理念,如何促进勤学上进的社会好风尚。因此,要做的不应只是查清考试泄题事件,更要警醒社会上对待教育公平的分化,必须对所有考试都建立严格的监管制度、保证考试公平,严格规范培训机构运转秩序,强化全员考试刑事制裁和全程全员严格监管机制,让违规者无处遁形,确保教育公平公正,促进社会美好向上。

七 河南全面启动城镇老旧小区改造 助力城市生活更美好

保障和改善民生是我国经济社会发展的出发点和落脚点,也是全面建成小康社会的核心要义所在。2019 年中央经济工作会议明确强调,要做好城镇老旧小区改造工作,解决好人民群众关心的热点问题。2019 年 10 月,省住建厅、省发展改革委、省财政厅、省民政厅、省自然资源厅、省审计厅以及国网河南省电力公司联合发布《关于城镇老旧小区改造工作的指导意见》,表明河南省城镇老旧小区改造全面启动。[①] 2020 年 1 月,省政府办公厅又印发了《关于推进城镇老旧小区改造提质的指导意见》,明确 2021 年 6 月底前完成 2000 年以前建成的城镇老旧小区改造提质工作,实现城镇老旧小区设施配套、功能完善、环境整洁、管理到位的总体目标。[②] 从指导意见的内容看,城镇老旧小区改造提质聚焦完善基础设施、改善人居环境、提升公共服务、优化社区治理等方面,旨在着力促进城镇老旧小区居住条件环境显著改善、功能品质明显提升,不断增强人民群众的获得感、幸福感和安全感。从实施过程看,各地城镇老旧小区改造已经全面铺开,涌现了一些典型案例,老小区逐渐改出了新面貌、老楼居民开启了新生活、老社区增加了新

[①] 《河南省城镇老旧小区改造启动》,新华网,2019 年 10 月 19 日,http://m.xinhuanet.com/ha/2019-10/19/c_1125124653.htm。
[②] 《河南省人民政府办公厅关于推进城镇老旧小区改造提质的指导意见》,河南省人民政府网站,2020 年 1 月 13 日,https://www.henan.gov.cn/2020/01-13/1245710.html。

功能，使居民切实看到了改善变化，获得了群众的普遍称赞。比如，《人民日报》就报道了郑州老旧小区改造，关注园田小区、工人新村社区、棉麻总公司家属院、紫荆社区等地的提质变化，民众普遍反映，改造后的小区在居住环境、公共服务、设施配套等方面都有了显著提升，生活品质、生活质量、居住体验、治理效能都获得了极大改观。

不难发现，实施城镇老旧小区改造提质是重大民生工程，是对民生需求与民生关切的有效回应，不仅能够有效配套改善老旧小区的居住生活条件和质量，还有利于优化城市环境，提升城市公共服务与城市形象，加强和改进基层社会治理。高质量做好老旧小区改造提质工作，必须始终坚持人民城市为人民的基本原则，推行"一区一策""一楼一策"，切实把握百姓需求、充分征求业主意见，前置处理后期管理问题，做好当前小区改造提质与后续治理相衔接工作，使之成为名副其实的民心工程。

八 "女子不堪家暴跳楼"历时一年方"解脱"
揭露反家暴任重道远

家庭是社会的细胞，家庭暴力不仅危害正常的家庭婚姻生活，而且给社会带来不稳定因素。2020年7月，河南商丘一女子不堪家暴跳楼截瘫，历时1年仍未成功离婚的消息引发社会广泛关注，民众愤慨情绪明显。网上流传的监控视频显示，2019年8月13日，被丈夫施以家暴的刘女士为了逃生从2楼跳下，致左眼眶、腰椎胸椎等全身共9处骨折，双下肢截瘫。观看过此视频的旁观者感到极度不适，很难想象当事人刘女士彼时是何等的心境。然而，时隔近一年的2020年7月14日，刘女士起诉离婚案开庭，因其丈夫不愿离婚，法院要求双方私下调解，并未判决。该审判信息爆出后，网上激愤舆情出现多次波动，民众纷纷质疑，法院为何要进行调解而不直接判决离婚？随着网上舆论压力越来越大，当地公检法相继介入，检察院在公诉中把跳楼行为列为加重情节，建议法院从重量刑，而法院也表示，由于双方调解意见分歧较大，不再进行调解，案件将择期宣判。7月

28 日，法院判决刘女士与丈夫窦某某离婚。①

刘女士不堪家暴跳楼事件无疑是一个悲惨案例，事情虽然得到了裁决，但针对家庭暴力的讨论和反思没有结束。在这个事件中，很多人都深感疑虑，为何家暴离婚这么难？家暴受害人维权的法规机制还存在许多要改善的地方，如何来保障家暴弱势方的权益？诚然，诉讼离婚时依据相关法律，的确有调解环节、冷静期，但案件的特殊性在于应当看到当事人是以向死而生的行动在诉讼，维护公平正义的法律应当基于事实做出合理裁决而不是一味地呆板、久调不决，这样反而会让受害方遭受更多的创伤，甚至诱发后续更严重的后果。② 反家庭暴力不仅仅是一个法律问题，还是一个重大的社会问题。虽然法律是维护公民合法权益的最有力武器，但家暴行为往往具有隐蔽性，很难第一时间庇护受害者，这就需要被施暴者不能沉默，摒弃"家丑不可外扬"等错误思想，积极向外界求助、申请法律的保护，同时反家暴不单是当事人的事，从知情人、社区工作人员到妇联、反家暴协会等社会组织，再到司法部门，全社会需共同努力来制止家暴行为的发生，更加有效地干预家庭暴力。值得注意的是，长期以来，社会上惯有"宁拆十座庙，不拆一段婚"的传统，不过，面对家庭暴力，这种观念必须纠正，如果外界再秉持"清官难断家务事"等和稀泥的态度，其恶劣程度与施暴方无异。因此，社会各界都应当直面家庭暴力问题，积极抵制家庭暴力这一违法行为，对家暴"零容忍"，构建多部门"反家暴"联动机制，这既是帮助家庭暴力受害者维护合法权益的现实需要，也是建设法治社会的基本要求。

九 "城管多次抱摔卖菜老太"诘问暴力执法何时休

城管作为城市管理的重要角色，多年来，却因部分城管人员的不文明执

---

① 《"女子遭家暴跳楼致截瘫"离婚案宣判！她在朋友圈写下两个字》，新浪网，2020 年 7 月 30 日，http://k.sina.com.cn/article_1774259814_v69c10e6601900sjmb.html。
② 《马上评丨女子不堪家暴跳楼致残，请保障她的离婚权》，澎湃新闻网，2020 年 7 月 24 日，https://baijiahao.baidu.com/s?id=1673067465442525791&wfr=spider&for=pc。

法行为而广为诟病,其形象被等同于"粗暴",社会指责不断。近年来,从国家到各地都在为建设人民幸福城市而努力,城管规范执法也有明显提升,城管形象正在逐步重塑。令人遗憾的是,2020年8月14日,一段"河南开封4位城管多次抱摔卖菜老太"的视频在网上大肆传播,再次引发人们对城管执法问题的讨论,社会舆论谴责声不断。事后的官方处理通报称,城西办事处工作人员在维持经营秩序过程中,与流动商贩发生肢体冲突,已将相关工作人员停职,公安机关、纪检监察机关已介入调查,并将依据调查结果对相关责任人依法依纪处理。①

分析事件过程通报可知,此次城管殴打老太太的起因是卖菜老太太违规占道经营。占道摆摊的确是违法违规行为,社会同情弱者但也不应一味袒护弱者,要承认占道经营的不合理性。但更需要明确的是,人民的执法者暴力执法更是不对,面对违法违规行为,执法人员履职处理本无可厚非,为民行使权力不等于可以任性为之,执法的得当性必须恪守,更何况是4名执法队员针对一位老太太,也正是如此的力量悬殊深深刺激了大众。让人不禁追问:多大的过错可以招来如此粗暴的对待?虽然有声音说理解执法难,经常会出现一些不讲道理的占道摆摊者严重破坏社会秩序,但应当看到,罔顾人身安全权益的不合理执法什么时候都不应获得支持。城市是人民的城市,需要人民共同维护,小商小贩违规经营确实影响市容市貌,但诉诸武力不是解决之道,不能为了追求城市环境文明而丢失了社会文明。提升城市治理现代化水平,一方面需要不断提高执法人员水平、专业素质等,因为往往是不当执法刺激了舆情事件的发生,公权力行使当谨慎;另一方面,应借助当下支持发展地摊经济的契机,疏堵结合创新城市管理方法,积极寻找商贩生存与城市秩序管理的契合点,不断提升城市管理效能。

---

① 《官方回应4名开封城管抱摔卖菜大妈:相关人员已被停职》,新浪网,2020年8月18日,http://k.sina.com.cn/article_2553604372_9834e91402000ts8b.html?from=news&subch=onews。

十　占用万亩基本农田建养猪场责问耕地保护红线

仓廪实，天下安。粮食安全事关国运民生，耕地安全又是粮食安全的重要保障和基础。维护耕地安全、抓好粮食生产，任何时候都值得高度重视。但是，《中国之声》在 2020 年 8 月报道称，河南南阳的多位群众反映，在产粮大县新野县，有企业以建设养猪场工程为由占用三个乡镇超过 1600 亩基本农田，突破了基本农田保护红线。记者调查发现，在新野县建设的三个养猪场只是牧原集团"百场千万"工程的 3 家分场，该工程计划 2020 年在南阳市 13 个县建设 84 家养猪场，其中 55 家养猪场要占用永久基本农田接近 1.5 万亩。[①] 报道播出后，南阳市委、市政府对此事进行了回应，宣布停止占用基本农田建养猪场相关项目，并成立专项调查组，全面调查核实。[②] 此次事件引发舆论关注和疑惑的是，为何要动用永久基本农田建养猪场？我国法律明确规定，永久基本农田经依法划定后，不得擅自占用或者改变其用途。

从事件的发展过程看，南阳当地并不是不了解"基本农田不能动"，之所以明知有"红线"还敢去触碰，是因为当地自认为符合政策规定。这一政策来源于，2019 年 12 月自然资源部、农业农村部联合发文规定，养殖设施原则上不得使用永久基本农田，涉及少量永久基本农田确实难以避让的，允许使用但必须补划。在此基础上，河南省自然资源厅和农业农村厅发文明确，原则上使用永久基本农田控制在项目用地总面积的 30% 以内。[③] 正是出于对此两项政策的延伸，南阳市认为占用近 1.5 万亩基本农田的工程，如果"除以"南阳市这一大背景，是不违规的。这一解释，乍一听在逻辑上是没有问题的，但是如此"拆东墙补西墙"的打政策擦边球的做法过于明显，

[①] 《河南南阳要占万亩基本农田建养猪场　岂能如此"拆东墙补西墙"?》，搜狐网，2020 年 8 月 27 日，https：//www.sohu.com/a/415103728_362042？p=qq。

[②] 《河南省南阳市停建占用基本农田建养猪场相关项目》，新浪网，2020 年 8 月 29 日，http：//news.sina.com.cn/c/2020-08-29/doc-iivhuipp1385474.shtml。

[③] 《河南南阳占用万亩基本农田建猪场　专家质疑当地宣称的"符合规定"经不起推敲》，搜狐网，2020 年 8 月 28 日，https：//www.sohu.com/a/415267582_362042。

并且新野县 3 家养猪场全部占用永久基本农田的事实无论如何都难以圆说。诚然，养殖业是农业生产不可或缺的一部分，"菜篮子"工程也事关民生福祉，但在权衡"菜篮子"和"粮袋子"的时候，真的要如此取舍吗？耕地保护的红线可以轻易逾越吗？我国的粮食保障能力的确是逐年攀升，但耕地减少、地力退化、灾情时有发生也是现实问题，如今真的到了可以突破耕地保护红线、后置考虑粮食供给的境况了吗？显而易见，新冠肺炎疫情下的国际国内形势让我们更加看清，再怎么强调粮食问题都不为过，粮食安全的重要性越发凸显，耕地保护红线不能碰、基本农田更要守住。

B.3
河南省网络舆情事件分析报告

殷铬

摘 要: 2020年河南网络舆情事件呈现以下特点:新冠肺炎疫情成为全年的舆论焦点;涉官负面事件减少,教育、民生、公共道德类事件增多;背景因素不再主导事件的走向;网络舆情事件的爆发力和持续性减弱。同时,网络舆情事件也折射出一些新问题:"信息瘟疫"干扰抗疫大局,自媒体乱象频出,网络空间的娱乐色彩日渐浓厚,一些基层管理部门的舆情应对注重技巧而轻视本质。网络舆情的正确应对是社会治理的一部分,需要引入治理理念。发挥"舆论共同体"的作用,实现共同治理,彰显事件的是非曲直,是舆情应对的根本。

关键词: 网络舆情 舆情应对 舆论共同体

网络媒介具有即时性、开放性、互动性、去中心化等特点,它在改变传统话语权结构的同时,也改变了风险的传播方式。网络媒介与现实社会相结合,构成了网络空间的舆论生态。现实中的矛盾、问题必然会在网络空间中展现出来,但这种展现不一定是镜像式的映现,也受到网络环境的影响。网络舆情由特定事件(议题)引发,但不是脱离人的外在之物,它是网络公

---

* 本报告为2020年河南省社科规划年度项目"网络舆论'治理式'引导机制研究"的研究成果。
** 殷铬,博士,河南省社会科学院社会发展研究所副研究员,主要研究方向为网络舆情、社会治理。

共空间内围绕事件（议题）而形成的意见、态度、情绪的集合。从网络舆情事件中不但可以看到现实中存在的矛盾和问题，还可以观察民众的思想及心理状况。

一 2020年河南网络舆情事件及舆情特点

2020年是极其特殊的一年，新冠肺炎疫情不但对经济社会造成巨大的冲击，也打乱了人们正常的生活秩序。在物理隔离期间，网络媒介几乎成为获取信息、对外交流的唯一途径，即便在解除隔离之后，微博、微信、抖音等新型社交媒体依旧是人们获取信息的重要渠道。在新媒体作用越来越大的今天，网络舆情已经成为舆论的风向标。2020年河南省网络舆情事件依旧较多，与以往相比具有鲜明的特点。

（一）新冠肺炎疫情是2020年网络舆情的焦点，抗疫成为贯穿全年的议题

新冠肺炎疫情打乱了正常生活节奏，成为网络舆论的焦点，抗疫不但是政府工作的重心，也是民众关注的议题。与此相关的网络舆情事件较多，包括"硬核防疫""打击假口罩""重罚发'疫情财'行为""郭某某隐瞒出境看球经历"等。河南全民"硬核防疫"在网络舆论场引发热议，河南省雷厉风行的抗疫风格受到了广泛好评，但部分基层部门的一些极端做法，比如挖路封门、禁外地车加油等也受到舆论的批评。从舆情爆发力来看，"郭某某隐瞒出境看球经历"事件的强度和烈度最大，影响也最广泛。郭某某被网络舆论称为"一人害一城"，其"家庭背景"也被网民编排和"揭露"，引发舆论的"鞭挞"。这一事件的发酵与郭某某的自私行为有关，但也反映了民众对病毒的恐惧。在新冠肺炎疫情防控时期，人们很容易产生焦虑、慌乱等负面情绪，加上自媒体的过度渲染和随意加工，个体的焦虑很容易演变为社会恐慌，这为虚假信息的传播提供了"土壤"。在新冠肺炎疫情防控常态化之后，身体病毒的危害性大大减弱，由其衍生的另类"病毒"

却不会消失,流言、谣言的泛滥就是这类"病毒"在信息社会的表现。新冠肺炎疫情成为全年的舆论焦点,也在一定程度上弱化了民众对其他事件(议题)的关注,与疫情无关的事件(议题)不再像往年那样被媒介热炒。

(二)涉官负面事件减少,教育、民生、公共道德类事件增多

在以往河南网络舆情事件中,涉官事件往往占据五成以上。这类事件产生的原因有二:一是地方公共部门、官员不作为、乱作为;二是涉事地处置不当而衍生为涉官事件。随着党风政风的改善、社会治理能力的提升,这类事件逐年下降。由于新冠肺炎疫情对其他社会事件的"遮盖",2020年涉官负面事件更是大幅度下降。在2020年河南主要网络舆情事件中,涉官负面事件仅有4件,占22.2%。从舆论影响看,"儿童被埋"事件因为事件本身的震撼性以及后续处置不当而产生了较大的负面影响,事件的持续时间较长,其他涉官事件持续时间相对较短。"投毒杀人案嫌疑人改判无罪"引起人们对司法不公的忧虑,虽然引起网络关注,但舆情一闪而过;"开封城管推倒卖菜老人""占用1.5万亩农田建养猪场"事件的影响在涉事地通报情况、拿出处理意见后也很快消退。在涉官事件减少的同时,教育、民生、公共道德等方面的社会事件增多,与校园欺凌、师德退化、贫富分化等问题相关的个案增长较快。值得注意的是,教育类事件数量近年来上升较快。2016年"王娜娜高考被顶替"事件、2018年"高考考生质疑答题卡被掉包"事件、2019年"幼师投毒"事件、"20年后打老师"事件、"小女孩眼内被塞纸片"事件产生了较大的影响,2020年又出现了"专升本考试泄题"事件等。这说明,教育领域中确实存在诸多问题,网络舆情事件是这些问题的反映。教育公平是民众的基本诉求和期待,成为网络热点话题并不是偶然的巧合。

(三)网络舆情事件进入个案时代,背景因素不再主导事件的走向

网络舆情事件不同于一般的新闻事件,它不是事件与网络的简单结合,而是事件、背景、网络三者交互作用的结果。所谓背景因素,就是事件背后

的社会问题以及相应的社会情绪、预设立场、习惯性思维、先入之见等。贫富分化、社会腐败、环境污染、粗暴执法、强征强拆等问题必然对民众的思想、心理产生影响，形成社会的集体认同、共同感受，一旦出现象征性社会事件，隐藏在背后的思想倾向、立场、情绪就将被激发出来，在网络媒介上形成舆论焦点。特殊事件连带背景因素在网络上聚集、扩散并产生群体性行为，是网络舆情事件的形成轨迹。因此，网络舆情事件并非事件在网络上的直观映现，而是连带了背景因素，正因为有后者，事件变得复杂。在以往的网络舆情事件中，情绪、惯性思维、先入立场、偏见往往掺杂在事件之中，很容易脱离事件本身而向外扩散。比如"天价过路费"事件、"袁厉害"事件、"房妹"事件，事件爆发后形成了"媒介的狂欢"，围绕事件的一举一动都被深入"挖掘"，形成了舆论危机。近年来，这种现象已经很少出现。虽然网络舆情事件的爆发依旧离不开背景因素，但后者已经不再主导事件的走向。从2020年影响最大的"儿童被埋"事件中可以看到，虽然舆论关注热度较高，也出现了衍生事件（"打记者"），但并没有像"袁厉害"等事件那样，被舆论狂轰滥炸，也没有被深度炒作，这是网络舆论场的新变化。这说明，网络舆情事件进入个案时代，个案本身的特性以及后续的政府应对成为决定事件走向的主要因素，背景因素虽然与事件的形成相关，但不再左右事件的走向。

（四）网络舆情事件的爆发力减弱，持续时间缩短

影响网络舆情事件爆发力和持续时间的因素是多重的，除了事件本身的震撼性、冲击性，还取决于背景因素、过程性因素等。外在的偶发事件如果不触及内在的社会风险，其冲击力是有限的，不可能形成持续的群体性聚集。事件背后的社会情绪、政府应对是否得当、网民围观程度、媒介炒作程度都对事件的演变产生影响。网络舆情事件的形成是"事件、背景、网络"交互作用的结果，它不可能像一般的新闻事件那样仅仅被民众热议，而是必然引起相关部门的回应和处置。一旦涉事地相关部门介入，其一举一动将被网络聚焦，政府应对成为重要的可变因素。应对恰当、互动渠道通畅，则网

络围观不会持久,网络炒作难以发挥作用,事态将很快平息。随着社会治理水平的提升以及政府对网络乱象的治理,网络舆情事件的爆发力和持续性开始减弱。2019年,"焦作幼师投毒"、"官员深夜带队拆迁被撞身亡"、"义马气化爆炸"和"南阳水氢燃料车"事件本身有一定的冲击性和震撼性,但在当地政府发布通报后很快就消退,2020年这种现象表现得更为明显,除"郭某某隐瞒出境看球经历"事件、"儿童被埋"事件之外,其他事件的爆发力和持续性都较弱,有些事件甚至转瞬即逝。

二 网络舆情事件折射出的问题

(一)"信息瘟疫"干扰抗疫大局

在新冠肺炎疫情防控期间,各种杀死病毒的"信息"层出不穷,"槟榔抗病毒"、"喝酒抗病毒"和"烟花爆竹能杀死病毒",这些花样翻新的偏方对民众产生了误导。1月31日,武汉病毒所和上海药物所联合发布研究成果,称双黄连口服液能够抑制新型冠状病毒,这种"体外"实验与中医辨证理念完全相悖,但双黄连被视为抗疫神药,一夜之间,双黄连口服液被民众抢购一空,"信息瘟疫"的影响可见一斑,它已经成为影响抗疫乃至公共秩序的严重问题。在新冠肺炎疫情防控常态化时期,病毒的危害性减弱,但"信息瘟疫"并没有消失,特别是在国外疫情暴发的情况下,"信息瘟疫"此起彼伏。"信息瘟疫"由瘟疫衍生而来,其传染性不亚于瘟疫本身,它与谣言类似,但又不是一般的谣言,而是与瘟疫有关的谣言,其传播的原因同样离不开人们对瘟疫的恐惧,因此,比一般的谣言更具传染性和杀伤力。在信息化时代,民众对世界的认知越来越依赖媒介,但媒介对事件的呈现并不是真实和完整的,存在狂轰滥炸、不当加工、随意建构的问题。同时,信息化时代也是资讯泛滥的时代,会带来另类的信息封闭,为"信息瘟疫"的流行提供机会。在新冠肺炎疫情没有完全被控制的时期,个体焦虑与"媒介恐慌"交互作用,信息瘟疫将不断涌出,需要认真对待。

（二）自媒体乱象频出，污染网络环境

2013年下半年以来，政府加强了对网络水军及传谣网络大V的治理，网络敲诈和有偿删帖现象得到了遏制，少数人裹挟大众舆论的状况不复存在。净网行动清除了污染，对营造网络空间"晴朗的天空"发挥了很大作用。随着移动网络时代的来临，各种新型媒介不断涌现，信息传播方式、舆论生态、媒体格局发生了深刻变化，自媒体乱象又以新的形式表现出来，它包括以下几个方面。一是网络直播低俗化。网络主播为了吸粉、获得打赏，进行伤风败俗乃至色情暴力的表演。二是公众号的营销色彩浓厚。公众号与营销号的不同在于前者有公共、公益的内涵，不应该打着公共的旗号谋取私人利益，但在现实中，公众号越来越异化，变成了隐秘的营销号，成为谋取私利的工具。为刷流量、制造话题，强蹭热点，利用民众的焦虑和"义愤"发布煽动性言论；为博关注、赚粉丝，打着"正义"的旗号渲染民粹情绪，进行道德绑架；为吸粉、博取点击率，打着"爱国"的旗号，发布低俗新闻，这些都是公众号异化的表现。在"郭某某隐瞒出境看球经历"事件中，一些公众号刻意利用民众的恐慌情绪制造和传播谣言，毫无根据地将郭某某塑造成"贪官"后代，刺激民众情绪，其背后是通过制造"新闻"谋取私利。自媒体本来可以发挥正面监督作用，但由于流量、关注度与商业利益联系在了一起，许多公众号鱼目混珠，为虚假信息的泛滥提供了可乘之机。三是微信、抖音、新闻App等社交媒介"圈层化"现象严重，侵蚀了人们独立思考的能力。网络时代的标志是信息开放，但技术上的开放并不一定带来认知的开放，反而有可能带来信息的"圈层化"。由于社交圈子化、信息获取定制化，加上一些新闻App根据用户个人喜好选择性发送信息，人们看问题的视野越来越封闭，片面认知不断被强化。大量涉猎和阅读，反而造成独立思考能力的丧失，这是自媒体时代的独特现象。

（三）网民参与公共事务的热情不足，网络空间的娱乐色彩日渐浓厚

网络空间是一个技术构建的新型媒介，它打破了地理空间的封闭性和界

限，实现了互通互联，消解了现实社会中地位、身份、职业的门槛，为不同地域的群体提供了交流、碰撞、沟通的平台。网络技术造就的全新交往媒介改变了社会交往形态，同时也为民众提供了表达诉求、参与公共事件的机会。任何人只要掌握基本的设备和技能，就能进入这个空间进行交流、发表意见。在PC互联网时代，网络空间成为公共交往的平台，民众参与公共事务的热情空前高涨。移动互联网出现后，网民人数呈几何级增长，但网民对公共事务的参与热情没有随着技术的发展而进一步高涨，相反呈现回落态势。手机游戏快速发展，线上娱乐方式不断更新，这占用了人们大量的时间。与此同时，朋友圈交往从主动走向被动，非公共交往成为主流，圈层化现象日益突出，信息接收渠道越来越狭窄，参与公共事务的能力也开始受限，网络空间逐步向生活、娱乐靠拢。网络空间娱乐化色彩日益浓厚，在一定程度上消解了网络舆论的公共性，其突出表现是猎奇式心态开始流行，对怪事见怪不怪，情绪性因素大于理性探究，从2020年河南省网络舆情事件中可以清楚地看到这一点。网络舆情形成后，网民的围观、参与、评论热情都大不如以往，如果没有传统媒介的跟踪报道，舆情将迅速消退，网络舆论的监督效应开始弱化。

（四）一些基层管理部门的舆情应对存在注重技巧而轻视本质的问题

近年来，地方政府在舆情应对上下了很大功夫，应对和处置能力逐渐提升，封、堵、捂、压、瞒的应对方式不再流行，集体为个体买单的情况很少出现，次生舆情也越来越少。然而，由于旧习气并没有完全消失，舆情应对还没有达到应有的状态。政府越来越重视网络舆情，但地方或基层管理部门的舆情应对存在一个误区，即注重技巧而忽视本质。"持续监测、准确研判"、"快报事实、慎报原因"、抓住"最佳48小时"、"统一发布口径"、"找到舆论关切点"、"用好网评队伍"，这些技巧和方法在实际工作中被经常提及，已经成为舆情应对的基本知识，但是在一些具体事件的应对中，知识和技巧并没有被用好，在特定的案例中，技巧和知识甚至成为旧习气的附属物。实际上,舆情应对并不是一个技术问题,如果没有理念的更新,没有直面是非曲直的坦荡态度,不相信民众的良知和智商,而仅仅以消除负面影响为应对的出发点,技巧和方法同样可能被"用歪"。在原阳"儿童被埋"事件中,舆情监测不可谓不完善,信息发布不可谓不快,发布口径也没有不统一,但出现了近年来少有的次生舆情,"打记者"成为影响地方形象的另一个严重事件,对地方政府的公信力造成了二次伤害。这说明,技巧、方法若与本质脱节,舆情应对将不会进入正确的轨道。舆情应对存在应对之本和应对之法,只有在本源确立的情况下,应对之法才能真正发挥作用。

三 网络舆情的应对理念及策略

在风险社会与网络社会重合时期,网络舆情事件频发是一种常态。在社会整体状况没有发生变化的前提下,这种现象不会有大的改变,但舆情事件出现之后的政府应对是一个能动的可变因素。如果应对得当,是非曲直将得到彰显,社会风险将借助事件得到释放,社会负面情绪也将消解;如果应对失当,则会将矛盾引向政府部门,事件将演变为公共舆论危机,造成社会风险和负面情绪的积累,销蚀政府公信力。

网络舆情的正确应对是社会治理的一部分,需要引入协同治理的理念。在协同治理之下,政府与民众的关系不是主体与客体的垂直关系,而是主体间的平等关系。政府是舆情应对的主导力量,但不是唯一力量,不存在只能管理而不能被管理的主体,也不存在只能被管理而不能管理的客体。网络舆情的形成是"舆论共同体"围绕事件(议题)相互作用的结果,其形成原因和社会影响是社会性的,其治理同样应该是社会性的。如果说网络舆情是治理对象的话,那么它需要"舆论共同体"共同的治理。将网络舆论看成民众对公共部门的抗争,将舆情视为公共部门对民众态度和意见的矫治,是把舆论共同体一分为二,无法解决舆情失真的问题。舆情与实情的脱节,并非因为管理者没有控制好被管理者,而恰恰是"舆论共同体"割裂的结果。

如果"舆论共同体"不能共同治理舆论，反而割裂为控制与被控制者，那么，舆情不可能回到正确的轨道上。信息技术架构的网络空间具备开放性、水平性、多元性、互动性的特点，垂直性、单中心、单方向的控制模式已经难以适应这种变化，因此需要构建新的社会机制，适应技术革新带来的变化。如果开放性、水平性、多元性、互动性仅仅停留在工具层面，治理理念、体制机制没有相应的革新，网络媒介的正面效应就难以发挥。以技术革新为契机，以新促新，推动理念和方法的创新，网络公共空间的正面效应就将得到彰显。

（一）以彰显是非曲直、解决现实问题为舆情应对的根本

网络舆情预警、监测与应急管理已经成为地方政府日常工作的重要内容，舆情应对方法也成为必修内容，然而当重大网络舆情事件发生时，应对失当时有发生，其原因不在于没有掌握必要的应对技巧，而在于应对之本的欠缺。舆情应对分为应对之本和应对之术，后者是技术性的手段，而前者是手段、方法的依止之处。应对之本无他，彰显是非曲直、公正解决舆情事件中的问题而已。在网络公共空间中，虽然有身份、角色的外在差异，但事件有本来的是非曲直，这是一切共识建立的基础。网络舆情在一段时间内有可能与实情不相符，但是它不可能长期偏离实情，只要去除私心杂念、不偏不倚、以真诚的态度去应对，网络舆情就将回归真相。彰显本来的是非曲直、公正解决舆情所反映的问题，是治理理念的落实，也是应对网络舆情事件的根本和出发点。只有恢复了根本，应对能力才会真正提高。如果不相信民众的理性和良知，将舆情应对仅仅视为搞定舆论、平息事件，再高明的技巧都无法发挥正面的作用。只有摒弃"搞定思维"、对立思维，消除"术治论"习气，解决问题而不是搞定问题，网络舆情才会得到治理。网络舆论需要进行引导，但引导不是以先入之见去"矫正"舆论，而是主体在追求真相和公道的基础上相互引导。没有探究真相、彰显公道、解决问题的态度，即便掌握了预警、监测和回应技巧，网络舆情也不可能真正平息。

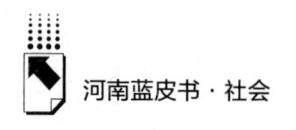

（二）区分公众号和营销号，发挥自媒体的正面效用

公众号与营销号的区别是，前者是非营利性的、具有公益内涵的自媒体，后者是被市场逻辑支配的以营利为目的的媒介账号。前者创作、分享的目的是表达诉求、维护社会公正，后者以实现自我利益为目的。近年来，出现了大量出于营销目的的"公众号"，一些本来以创作、分享为目的的公众号也为了追求流量带来的利益而异化为营销号。媒介账号、公关公司、网络平台形成了一个利益链条，媒介大号追求流量，公关公司以"刷量"赢利，网络平台从广告主那里获取利益。在这种情况下，正当的经营活动严重受损，自媒体传播内容日益低俗，公共利益无从谈起。网络公共空间被市场化，其结果必然是民粹情绪上升、舆论极化和品位下降。舆论环境恶化问题不解决，谣言、流言、"信息瘟疫"泛滥就无法被遏制，自媒体的正面效应就无法得到发挥。解决网络公共空间异化问题，当务之急是规范广告行为，区分公众号和营销号，对其进行分类标注，斩断公众号赢利的链条。只有保证公众号的公共性、公益性不被商业资本侵蚀，网络舆论环境才能得以改善。

（三）改进信息发布方式，构建良好的互动沟通环境

网络公共空间是一个水平式、开放式的交往平台，垂直性单向信息发布模式在网络时代已经难以发挥作用，迫切需要在技术平等性、交互性基础上实现内涵式提升，实现多维度、全方位的互动与沟通。网络舆情事件出现后，不能发布简单的新闻通报就了事，这种独白式、无细节、无证据的发布信息无法满足民众探究真相的要求，互动沟通应该成为新的信息交流方式。互动沟通的本质在于通，在于发现各种意见、态度背后的问题，从而做出合理的修正。话语沟通的有效性并不是因为话语自身具备理性，也不是因为交往本身蕴含真理，而是因为话语沟通是与人的理性和良知联系在一起的。真相、公道与公开、理性沟通的舆论氛围相对应，而谣言、流言以及情绪的鼓噪只能在封闭的环境下盛行。在公开、理性沟通的舆论

氛围中，各种偏私的观点、歪曲事实的言论、过激的意见将被看得清清楚楚，不会持续地蒙蔽他人。拓宽互动渠道，构建良好的互动沟通环境，让每个主体充分表达意见，有利于形成基于真相和公道的公共舆论。

（四）将疏通壅塞作为舆论引导的原则，摒弃堵截式引导

引导的本义是疏通河流的壅塞，使之通畅无阻，后引申到对舆论的引导。河流的壅塞不除，则水患不止；舆论的壅塞不疏通，则人情不通、是非曲直无法显现。治理水患要顺应水土之性，舆论引导需要顺应人性。在舆情事件之上的意见差异和对立，类似于河流的淤堵。本有之明被外物障蔽，事件之上附着了先入之见、预设立场、私利、私意、情绪等主观蔽障，是非曲直就不能显现。清理这些障碍后，真相和公道就能彰显，舆论就能回到正确的轨道上。因此，舆情失真变异，其原因不是没有公道，而是人心本有之明被外物障蔽，无法发挥作用。相信人的良知和理性，顺性而导，则道义通流，舆情自然回归实情。因此，舆论引导不是围追堵截，不是操纵人们的意识，不是为舆论划定界限，不是将舆情引导至某个方向，而是疏通壅塞、还原本来的是非曲直。

B.4
新冠肺炎疫情防控舆论引导分析报告

河南省社会科学院课题组*

摘　要： 2020年，一场突如其来的新冠肺炎疫情席卷全球，对我国和全世界产生了巨大而深远的影响。在抗击疫情中，新闻舆论引导在动员组织人民共同抗击疫情中发挥了巨大作用，在有效影响国际舆论、争取国际社会支持等方面发挥了不可替代的重要作用，做出了积极贡献。本报告在全面梳理我国疫情防控舆论引导中卓有成效的具体做法的基础上，系统总结了疫情防控舆论引导实践中积累的中国经验、形成的中国模式和展现的中国力量，最后对新冠肺炎疫情防控常态化阶段我国如何进一步强化舆论引导工作提出了若干建议。包括召开全国层面宣传舆论引导工作会议、强化网络舆论引导以构筑网上网下同心圆等。

关键词： 新冠肺炎疫情　舆论引导　疫情防控

2020年初，一场席卷全球的新冠肺炎疫情暴发。疫情对我国乃至全世界产生了巨大而深远的影响。面对突如其来的疫情，中共中央和习近平总书

---

* 课题组组长：王承哲。执笔人：王承哲，河南省社会科学院副院长、研究员、博士生导师，主要研究方向为政治学、应用社会学；陈东辉，河南省社会科学院社会发展研究所研究员，主要研究方向为应用社会学；殷铬，博士，河南省社会科学院社会发展研究所副研究员，主要研究方向为网络舆情、社会治理；张侃，河南省社会科学院社会发展研究所助理研究员，主要研究方向为应用社会学；刘兰兰，河南省社会科学院文献信息中心助理研究员，主要研究方向为舆情治理；闫慈，河南省社会科学院社会发展研究所助理研究员，主要研究方向为应用社会学。

记高度重视，坚持把人民生命安全和身体健康放在第一位。在中国共产党领导下，全国人民齐心协力，用三个月左右的时间取得了武汉保卫战、湖北保卫战的决定性胜利，为全球抗击疫情做出了中国贡献。中宣部深入贯彻中央决策部署，积极开展舆论引导工作，发挥了巨大作用。全国各级各类媒体，主动发声，科学应对，凝聚了抗击新冠肺炎疫情的磅礴力量。可以说，我国疫情防控期间舆论引导的成功实践是中国新闻舆论史上的经典案例，具有教科书式的里程碑意义。

一 疫情防控舆论引导的主要做法

面对复杂多变的疫情防控形势，在中宣部的正确领导下，全国各级各类媒体坚持党性原则、坚持正面报道、坚持媒体融合、坚持面向世界、坚持严格执行、坚持民生为本，打赢了一场舆论引导大战役，为抗击疫情营造了良好的舆论氛围。

（一）始终坚持党性原则，实现党性和人民性相统一

党性原则是我们党新闻工作一以贯之的根本原则，以人民为中心是习近平新时代中国特色社会主义思想的核心内容。新冠肺炎疫情防控期间，各级各类媒体始终坚持"四个意识"、始终坚守正确舆论导向，以宣传报道习近平总书记的重要讲话和系列重要指示批示精神为重心，凝聚了社会共识。把人民群众生命安全和身体健康放在第一位，深入基层报道疫情一线民众的状况、问题和需求。疫情暴发后，部分民众在网络上表达了对可能的物价波动、物资短缺等问题的担忧。政府第一时间出台了一系列相关政策，有效稳定了市场，提升了民众的安全感和对政府的信任感。一方面，中央广播电视总台严格坚持党性原则，总台各频道、频率运用全媒体矩阵及时传达党中央和习近平总书记的重要指示精神，发挥总台自主评论品牌的舆论影响力；另一方面，其严格坚持以人民为中心，积极回应社会关切，满足人民群众对及时、多元疫情信息的要求和期待，获得了民众的好评，赢得了民众的信任。

（二）始终坚持正面报道，实现真实性和人文性统一

坚持正面报道、传播正能量，通过对人文关怀的重视和对真实性的凸显极大提升了舆论引导的效力。一方面，在舆论引导中更加强调人文关怀。人民网《武汉日记：白大褂下的软肋》、新华网《坚持下去就是春暖花开——来自武汉抗击疫情一线医护人员的故事》等立足于客观现实基础之上的带有故事化倾向的新闻报道，情感细腻、充满人文关怀，极大提升了正面宣传的吸引力和感染力。另一方面，大力凸显新闻报道的真实性，通过注重细节呈现的个案报道与注重整体展示的全貌报道的结合来更好地揭示真相，提升舆论引导的效果。既有各种全景式的客观报道，又有许多具体化、具有情感性的微观个案报道，两者共同营造出团结一心抗击疫情的社会氛围，极大提升了舆论引导的正面效果。

（三）始终坚持媒体融合，形成舆论引导强大合力

传统媒体和新兴媒体的融合报道在这次疫情舆论引导中十分亮眼。传统媒体充分发挥其权威、详尽、系统的报道特点，对疫情发展每一个关键节点和重要事件进行全面报道，为疫情舆论的传播树立了旗帜和典范，成为舆论引导中的"定海神针"。《求是》杂志每期都刊载习近平总书记抗击疫情的相关讲话文章，让总书记对疫情防控工作的重要指示精神能够及时传达到全国各地，凝聚了人心、指引了方向。求是网通过"打赢疫情防控阻击战"专栏和党员来信等栏目，发表了一批疫情防控宣传文章，起到了很好的舆论引导效果。《人民日报》截止到2020年2月底，共推出疫情防控相关版面313块、报道1704篇，人民日报社全媒体矩阵制作报道及视频12万余篇（条），总阅读量（播放量）超300亿次。新媒体则充分发挥了其即时性、灵活性、分散性的优势，始终冲在了疫情信息最新发布的第一线，让民众能够第一时间了解疫情发展、第一时间得到关切回应，极大地稳定了社会情绪，有力阻止了谣言传播，与传统媒体形成了良性互动。

（四）始终坚持面向世界，讲好中国抗疫故事

对国际上以美国为代表的少数国家的政客甩锅中国，鼓噪"中国责任论"、"道歉论"和"赔偿论"的行为，党中央及时发声亮剑，统筹各类媒体"打好组合拳"，刊发一系列驳斥文章，进行有力反击，直接指出美国因为国内疫情严重和非裔美洲人死亡事件引发大规模骚乱而矛盾重重，为了转移国内矛盾而在疫情防控上污蔑、抹黑中国，还有反华势力在香港的"修例风波"和所谓新疆问题上的险恶言行，其背后都是新冠肺炎疫情防控常态化时期西方反华势力对中国新的遏制和打击。习近平主席亲自推动开展国际合作，展开电话外交，先后同多位外国领导人和国际组织负责人通话，阐明我国立场，收到良好效果。各类媒体努力讲好中国抗疫故事，展现真实、立体、全面的中国抗疫状况，一举扭转了疫情暴发初期世界部分国家对中国传播疫情的敌对舆论和不友善态度，让越来越多的国家看到了中国在疫情防控中做出的贡献和牺牲，让越来越多的国家听到了中国声音，对中国提出的人类命运共同体倡议有了更深入的认识和更广泛的赞同。

（五）始终坚持严格执行，增强舆论引导的时效性

这次疫情防控舆论引导在严格执行上狠下功夫，多措并举，极大增强了舆论引导的实际效果。建立完善疫情信息发布制度，大力提升新闻报道的时效性。依法、及时、公开、透明发布疫情信息，制定严格规定，坚决防止瞒报、迟报、漏报行为。自2020年1月21日起，国家卫生健康委每日在官方网站、政务新媒体平台发布前一天全国疫情信息，各省级卫生健康部门每日统一发布前一天本省（区、市）疫情信息；2月3日起，国家卫生健康委英文网站同步发布相关数据。6月11日，北京新发地批发市场再次出现确诊病例，媒体在第一时间就进行了公布，并对北京出现的疫情"二次扩散"的详细情况进行了第一时间的持续动态报道。截至5月31日，国务院联防联控机制、国务院新闻办公室共举行新闻发布会161场，邀请50多个部门490余人次出席发布会，回答中外媒体1400多个提问；湖北省举行103场

新闻发布会,其他省(区、市)共举行1050场新闻发布会。各地县级融媒体中心坚持"网、报、端、微、视、屏"等终端同步推送,将疫情信息准确传达给基层群众,实现了官方权威疫情信息传播全覆盖。

(六)始终坚持民生为本,增强舆论引导的统筹性

坚持统筹宣传疫情防控和复工复产。疫情防控进入常态化后,加快恢复经济社会秩序的紧急任务被提上日程。民生是最大的政治,经济社会发展不能停摆。两会前,短短45天内,习近平三次出京,分赴浙江、陕西、山西进行考察,如何有力有序推动复工复产是贯穿始终的主题,也是总书记最为关心重视的大事。各级各类媒体通过各种报道,对复工复产进行宣传引导,有力助推了复工复产工作。早在3月13日,国家广播电视总局就发文要求"统筹全国广播电视和网络视听媒体,加强疫情防控和复工复产的宣传舆论引导支持",各地各级广电系统积极响应,从多视角、多渠道聚焦报道各地复工复产工作,为全国的全面有序复工复产营造了氛围、提供了指引。央广网则结合当前疫情防控常态化与复工复产大局策划推出一系列报道作品,梳理习近平总书记关于互联网技术助力科学抗疫、有效复工复产的工作部署,加强复工复产评论解读,增强网民的参与互动,系列报道取得良好传播效果,为复工复产提供了有力的宣传引导。

伟大的时代产生伟大的思想,成功的实践源于正确理论的指引。党的十八大以来,以习近平同志为核心的党中央因应时代传播技术变革大潮,对新闻舆论工作提出了一系列新思想新论断,创造性地丰富和发展了马克思主义新闻观,为这次疫情防控舆论引导的成功实践提供了强大的思想理论武器。习近平总书记疫情防控工作重要讲话和指示批示中关于宣传舆论引导的一系列指示和论述,进一步丰富和完善了习近平关于新闻舆论工作的重要思想,是对党的新闻舆论工作重要思想的重大发展,是习近平总书记新闻舆论观的重要内容,是我们打赢疫情防控舆论战的必胜法宝。面对新冠肺炎疫情这一新中国成立以来传播速度最快、感染范围最广、防控难度最大的重大突发公共卫生事件,舆论引导工作实践取得了巨大成功,这得益于习近平总书记关于新闻舆论工作的正确指引,得益于十八大以来全面、持续地对新闻媒体工作者进行马克思主义新闻观教育和武装，得益于新闻舆论治理效能的重大提升。

二 疫情防控舆论引导的经验启示

新冠肺炎疫情防控期间，我国疫情防控舆论引导在贯彻落实中央疫情防控精神、加大权威信息发布力度、加强政策宣传阐释、坚定抗疫信心、持续凝聚同心抗疫力量方面发挥了重要思想引领和舆论支持作用。在实践中形成的"三战"范式，是疫情防控中国模式、中国经验、中国力量的重要体现。

（一）"中国模式"：以总体战思维谋篇布局

一是强化顶层设计和统筹协调能力。新冠肺炎疫情发生以来，党中央高度重视，习近平总书记亲自部署、靠前指挥、现场指挥，多次召开会议听取汇报，并对疫情防控舆论引导工作做出系列重要指示。中宣部及时传达学习贯彻落实总书记对宣传教育和舆论引导的具体要求，把疫情防控宣传工作作为重中之重全力以赴，迅速调集宣传战线围绕网上网下、国内国际、大事小事积极策划、组织选题，通过报纸、广播、电视、微博、微信、短视频等媒体矩阵加大舆论宣传工作力度，并采用现场报道、评论解读、图解、视频、动画、直播、VR全景等多种报道形式，全方位高强度确保了疫情防控重点内容宣传到位、重大舆论声势深度到位，通过实际行动解答舆论热点问题，全力营造了疫情防控良好氛围。

二是把握主动权，建强舆论主阵地。网络战场作为看不见的"第二战场"，是化"最大变量"为疫情防控宣传"最大增量"的主阵地，也是实现疫情防控舆论引导"主力军上主战场"的一次重要实践。2020年1月19日深夜，国家卫生健康委组织国家医疗与防控高级别专家组认真研判，明确新冠肺炎病毒出现"人传人"现象。1月20日晚，央视主持人白岩松在《新闻1+1》节目中连线采访钟南山院士，客观报道疫情传播扩散、救治、防控相关进展，引发全国关注，全网疫情信息由此开始出现井喷式增长。6月，北京新发地批发市场疫情暴发，面对突发疫情，中国选择第一时间发布检测通告，落实防控举措，最高效率缩小病毒传播空间，最快速发布权威声音，不给任何谎言、谣言滋生空间。

三是注重有效性，创新舆论引导新格局。疫情防控舆论宣传的成功经验不仅体现在科学有效的舆论引导思路上，还体现在一系列出真招、见实效的舆论引导实际行动上。《人民日报》微博2020年1月20日至4月8日共计发布8839条微博，涉及疫情的占95%以上，879条微博点赞数超过10万人次，42条微博点赞数超过100万人次。县级融媒体中心是党的政策上传下达和网上政务服务的重要通道，在提升疫情防控舆论引导精准性、有效性和扩大覆盖面上发挥了重要作用。如北京市延庆区融媒体中心记者当好"宣传员""调查员""服务员""监督员""引导员"，即"五大员"的思路创新；河南项城融媒体中心创新推出"宅在家"抖音PK、"征集最美口罩照"、"我为父母做道菜"等宅家系列网上文化娱乐活动。

（二）"中国经验"：以阻击战思维攻关夺隘

一是强化权威发布，消除噪音杂音。面对未知病毒带来的恐惧，央视新闻连续采访钟南山、李兰娟、张文宏等高级别专家，通过权威阐释加强对病毒的认知、进行防控普及等专业解答，缩小谣言传播空间。2020年1月20日，"人传人"通报之后，新型冠状病毒相关信息量短时间内迅速激增，但持续增长20天后迅速回落，彰显了权威媒体、权威专家在重大突发公共卫生事件中的"强心针"和"稳定剂"作用（见图1）。

二是着重解疑释惑，解答群众关切。面对疫情引发的各种形势问题，国务院联防联控新闻发布会及时发布最新防控进展，2020年1月27日至5月5日，共举行了100场新闻发布会（司局级），266位嘉宾在发布台上回答了1190个问题，这些新闻发布会和问题答疑用真实数据、权威报道和正面报道解答了社会核心关切，凝聚了全民联防联控抗疫合力，在疫情防控舆论引导中起到了中流砥柱的作用。2020年1月27日第一场新闻发布会后，联防联控在全网的信息量开始上升；2月11~17日，随着农村疫情防控、复工复产等防疫重点内容发布，舆情热度随之升高（见图2）。

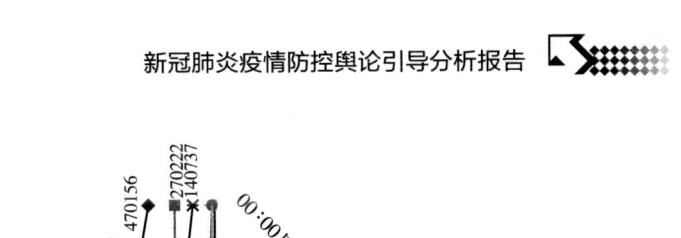

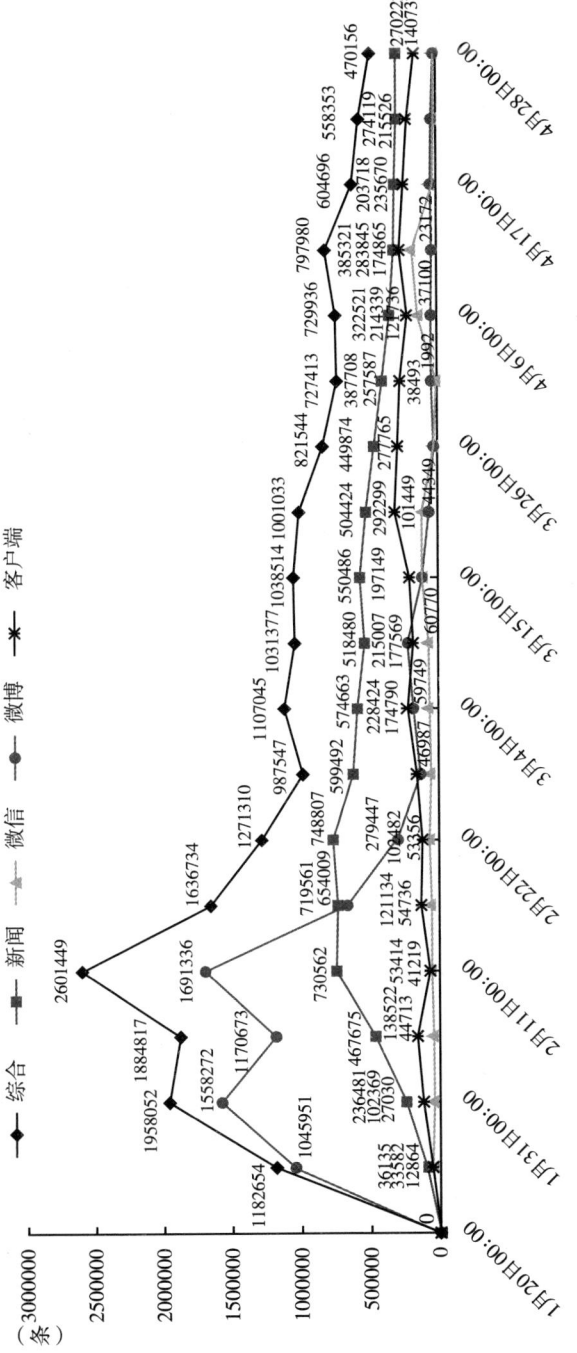

图1 2020年1月20日至4月28日全网"新型冠状病毒"相关信息总数趋势

资料来源：博约舆情系统。

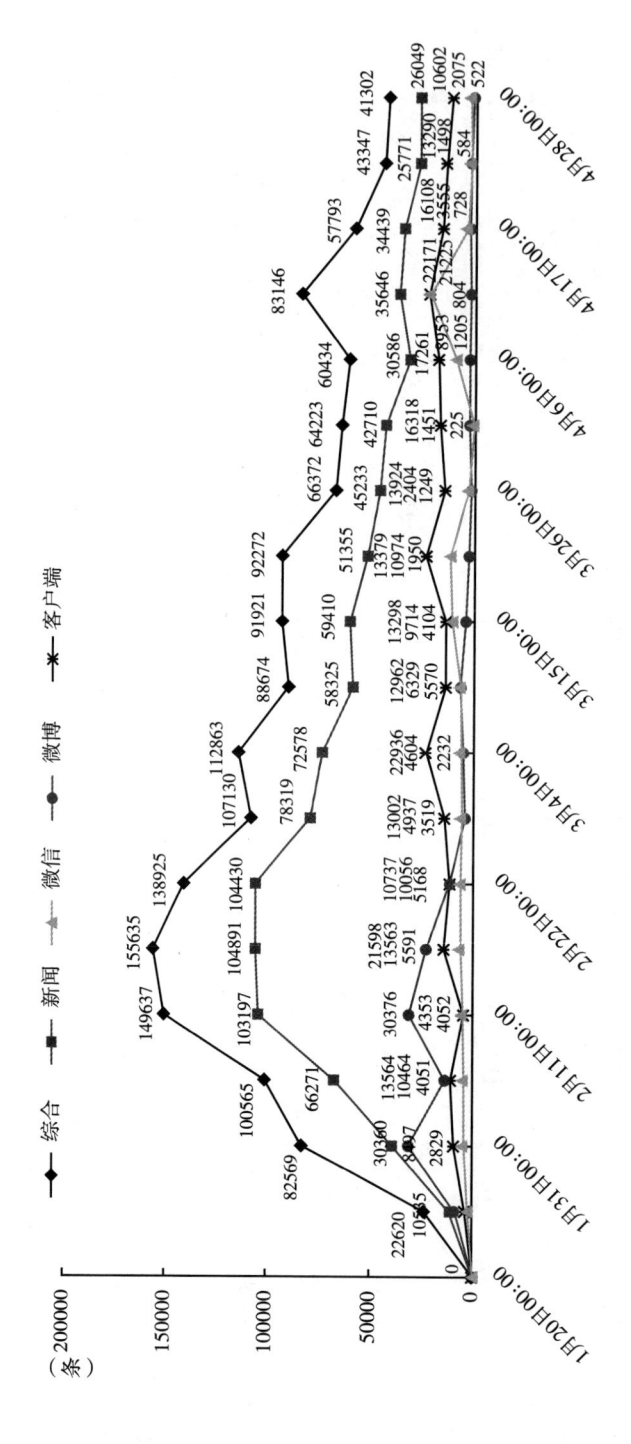

图 2 2020年1月20日至4月28日全网"联防联控"相关信息总数趋势

资料来源：博约舆情系统。

三是提升治理效能，坚定战疫信心。随着疫情防控取得阶段性胜利，疫情防控与复工复产两手抓问题刻不容缓，为了真正帮助商贸流通企业经营者复工生产，商务部联合中国政府网在国务院客户端，及时上线商贸流通企业复工营业情况调查。《人民日报》从多个角度分析中国经济在困难和挑战面前的强大韧性与活力，解疑惑、增信心、鼓实劲。如图3所示，"复工复产"这一关键词的信息总数在疫情暴发初期缓慢增长，随着疫情防控物资告急，复工复产需求迅速提升。3月之后，随着疫情防控局势稳定，有序复工复产需求开始得到解决，相关信息总量随之比较稳定。

四是加强国际合作，抢占国际舆论高地。随着全球抗疫局势日趋紧张，国际上少数政客"甩锅"政治闹剧开始上演，中国外交部发言人、各大主流媒体纷纷亮剑，坚决反击"污名化"。《人民日报》连发《造谣中伤"中国抗疫"有悖国际正义》系列文章，《新闻1+1》主持人白岩松专访《柳叶刀》总编，以科学理性的声音牢牢把握国际舆论主动权。6月7日发布的《抗击新冠肺炎疫情的中国行动》白皮书以大量事实和翔实数据全面记录了中国人民抗击疫情的伟大历程，再一次有力驳斥了某些国家的污蔑谎言，赢得了国际社会的积极评价。

（三）"中国力量"：以人民战争思维凝心聚力

一是坚持正面报道强信心。及时发布新冠肺炎科研攻关进展，加大力度宣传疫情防控成效，对全民战胜疫情信心产生正面积极的作用。如央视频5G慢直播24小时直播雷神山和火神山的医院建设情况，增强观众现场感、参与感。《求是》杂志及时在每期首篇刊发习近平总书记最新抗疫讲话原文等，求是网连发《中国稳健前行》等百余篇求是网评，为减少疫情恐慌、坚定共同战疫信心，营造了浓厚的舆论氛围。

二是坚持人文关怀暖人心。人文关怀是疫情防控中的"软投入"，也是舆论引导的"柔性力量"。疫情防控舆论引导中，从"把人民群众生命安全和身体健康放在第一位"的指导思想，到"不计报酬，无论生死"和一省包一市对口支援的无私奉献精神，再到"应收尽收，应治尽治，不落一人"

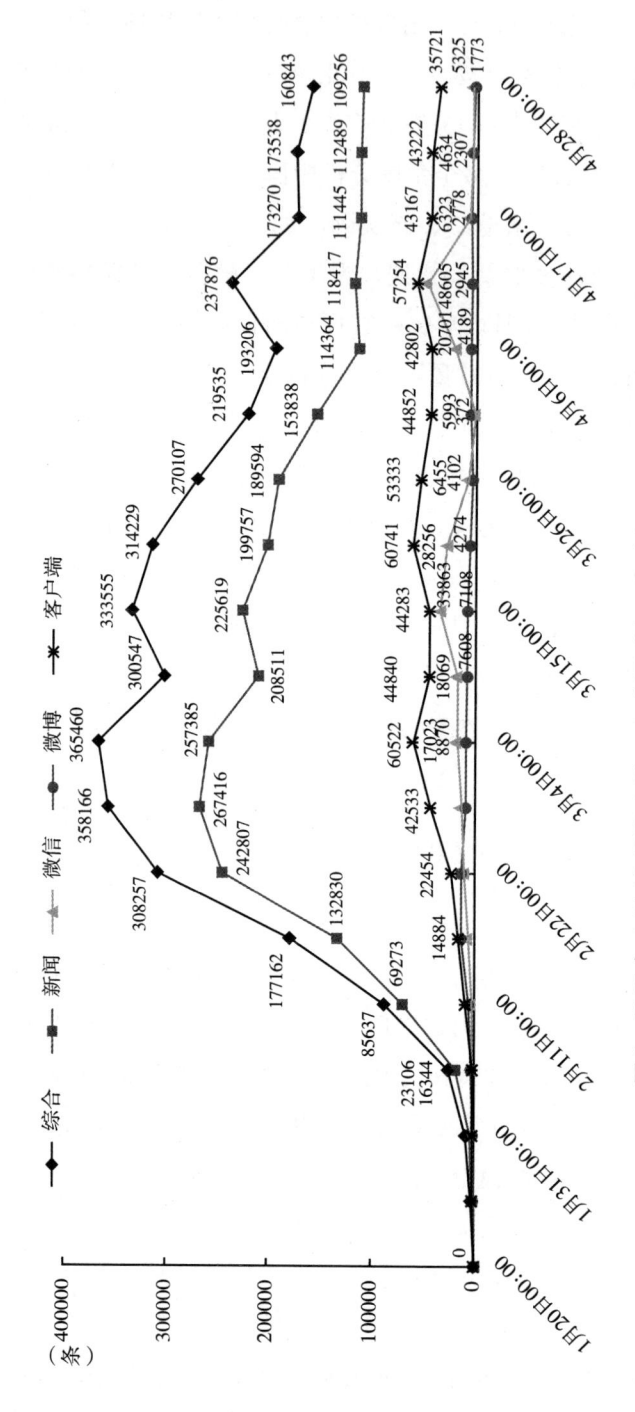

图 3 2020年1月20日至4月28日全网"复工复产"相关信息总数趋势

资料来源：博约舆情系统。

的全民防疫举措，舆论引导用全民同舟共济、守望相助的精神力量凝聚了强大的战疫合力。

三是坚持舆论监督聚民心。加强舆论监督是提高疫情防控舆论引导有效性的重中之重。主流媒体在这次疫情防控舆论引导中敢于刀刃向内、担当作为，先后在黄冈"一问三不知"唐主任事件、红十字会物资管理事件、双黄连抢购事件和李文亮医生去世事件等舆论热点中承担了重要舆论监督责任，营造了风清气朗、同心抗疫的舆论氛围。

三 强化舆论引导工作的思考建议

当前，在疫情防控常态化时期，在国内外疫情形势仍存在不确定性之时，舆论引导成为疫情防控中一项复杂的长期性工作。

（一）建议召开全国层面的宣传舆论引导工作会议

疫情防控期间，舆论界展现出的蓬勃向上的精神面貌和昂扬斗志以及凝聚起的众志成城的中国力量极为值得鼓励和发扬。建议在适当时候召开全国层面的宣传舆论引导工作会议。一是对打赢疫情防控总体战的舆论引导工作进行梳理和总结经验，表彰社会各界舆论媒体，充分肯定主流媒体、自媒体以及微信微博中的公众号和"大V"在应对这次历史罕见、战争级别的疫情阻击战中的优秀表现。二是针对当前社会发展形势，要求舆论界持续贯彻落实习近平总书记关于疫情防控和新闻舆论工作的重要讲话和指示批示精神。将坚持党的领导、坚持正面宣传作为舆论引导工作原则，将积极回应关切、赢得社会共识、维护社会大局稳定、唱响新时代主旋律作为工作要义，切实发挥好排头兵作用，为战胜疫情强信心、暖人心、聚民心、筑同心。三是部署常态化舆论引导工作。当前我国疫情防控形势持续向好，但部分干部群众出现麻痹大意的思想倾向。要始终将疫情防控的舆论引导工作放在重要位置，不断加大新闻宣传和舆论引导力度，号召人民群众慎终如始，确保疫情防控常态化宣传和舆论引导工作有力推进。

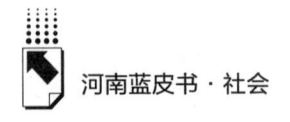

（二）建议强化网络舆论引导以构筑网上网下同心圆

新冠肺炎疫情直接威胁国家和社会的安全与稳定，其中出现的一些噪音杂音产生了巨大的社会负面影响。要强化网络舆论引导，将其与网下思想工作紧密结合，提高引导能力，壮大主流思想舆论。一是加强舆论引导工作的危机处理意识，构建舆情应对快速反应机制，快速判断并果断决策，进而及时进行舆论引导。二是不断提升政治敏锐力，加强对突发事件、热点问题的引导，坚持把正确舆论导向与新闻价值和客观事实统一起来，用正面声音压倒各种噪音杂音。三是坚决抵制借互联网刻意制造撕裂对立吸引眼球。一些小报小刊发表不当言论，真假参半地拼凑事实、制造对立，在网民中引发了舆论漩涡。这对舆论界的舆情预判能力、舆论引导能力和处置能力都提出了巨大挑战。必须加强正面舆论引导，形成有利于维护社会稳定和民族团结的网络舆论氛围。不断将网上舆论引导和网下思想工作结合起来，广泛凝聚共识与人心，构建起网上网下同心圆，牢牢占领网上阵地，赢得网上主动权。

（三）建议将疫情防控舆论引导的中国模式、中国经验、中国力量、中国精神编写成新闻学教材

疫情防控舆论引导取得的巨大成功，尤其是其间形成的成功模式和鲜活案例都应成为今后教育及科研领域的重要学习实践内容。一是建议将此次疫情防控中舆论引导所形成的中国模式、中国经验、中国力量编写成新闻学教材，丰富马克思主义新闻思想宝库，为高校新闻传播学专业提供马克思主义新闻观中国化的最新理论成果，增强高校教材的实践性和时代性。二是将在这场艰苦卓绝的抗疫决战中形成的新时代"伟大抗疫精神"作为新时代中华民族精神和中国精神融入新闻观教育，激发新闻传播学习者和从业者的家国情怀，增强责任感与初心意识，向世界讲好中国故事、发出中国声音、传唱中国精神。三是建议将此次成功的舆论引导模式作为习近平总书记关于新闻舆论工作重要论述的鲜活实践纳入各级组织宣传部门、各级党校行政学院的干部培训，哲学社会科学教学科研骨干培训，媒体从业人员培训的教学课

程。为打造一支新时代政治过硬、本领高强、求实创新、能打胜仗的党的各级干部队伍提供生动的教学案例。四是建议将此次舆论引导成功实践作为国家社科基金专项、中央马克思主义理论研究和建设工程重大项目进行持续性的跟踪研究，特别是着力研究县级融媒体中心的重大实践问题。着力推出有决策参考价值的重大成果，更好服务党和国家工作大局，更好服务党新闻舆论思想的宣传贯彻。

（四）建议有效解决县级融媒体全覆盖问题

县级融媒体在疫情防控舆论引导中发挥了重要作用。根据中央要求，2020年全国要基本实现县级融媒体的全面覆盖，在建成过程中迫切需要解决两个问题。一是扩大县级融媒体的覆盖面。作为县级融媒体重要组成部分的广播电视台无法"上星"进入互联网，这造成公众获取节目内容困难，受众覆盖面狭小，传播效能较为受限。因此，县级融媒体要成为民意诉求的集散地和社会舆论的"放大器"，必须通过国家层面进行制度性安排。鼓励三大运营商和广电系统与县级融媒体加强合作，帮助县级广播电视台走向互联网、扩大覆盖面，增强其舆论引导的影响力。二是推动光缆三网合一。目前，三大运营商和广电系统处于各行其是的状态，通信基站和光缆的重复性建设造成严重资源浪费，建议按照发射塔管理公司的模式建立光缆基站管理公司，合并各运营商的光缆建设，实现光缆三网合一，构建新型通信光缆建设模式。

专题篇

Reports on Special Subjects

B.5 河南省人口形势变化及劳动力结构情况研究报告

周全德*

摘　要： 本报告根据人口统计相关资料，就现阶段河南人口发生的变化进行了全面、深入的分析，并就河南人口形势变化的基本趋向及其对全省劳动力结构的影响，从人口学、经济学、社会学相结合的视角进行了理论探讨、问题揭示以及相关的前瞻性预判。依据以上资料分析和探索性思考，从及时转变传统观念和提高认知能力水平，顺应国家供给侧结构性改革大趋势，积极应对人口老龄化，在新型城镇化建设加快推进的大背景下进一步推动河南农村劳动力就业转移等方面，向政府和社会相关部门提出了可供参考的建议。

---

* 周全德，河南省社会科学院社会发展研究所研究员，主要研究方向为人口学、应用社会学。

河南省人口形势变化及劳动力结构情况研究报告

关键词： 河南　人口形势　劳动力结构

随着经济发展方式转变以及新型城镇化进程加快，人口对河南省经济社会发展的影响更为深刻和广泛。现阶段，人口问题依然是制约河南经济社会发展的关键问题之一。拓宽认识和解决人口问题的视野及思路，理性看待人口发展形势变化，实乃推动河南经济社会较快、有序、健康、全面协调可持续发展的客观要求。人口问题的本质是发展问题；在河南这样一个常住人口总量位居全国第三的人口大省，如欲制定有前瞻性、战略性的经济社会发展目标，必须把握人口发展形势及劳动力结构变化情况，全面了解、深入考察和科学研判河南人口形势变化以及全省劳动力结构情况。

一　河南人口形势基本状况

一是总体上人口总规模持续保持稳定增长状态，人口出生率反映了比较稳定的低生育水平状态，即便在一定程度上受到生育政策调整的影响，全省人口总量仍保持在适度增长的可控范围内。2019年全省常住人口达9640万人，仍低于广东和山东，位居全国第三。2005~2011年，全省年均出生人口113.05万人，年均出生率为11.47‰，年均自然增长率为5.07‰；2012~2019年，全省年均出生人口132.07万人，年均出生率为12.32‰，年均自然增长率为5.42‰。值得注意的情况是：河南人口出生率及自然增长率从2016年开始连续三年走低，年均下降0.75个千分点、0.66个千分点；尤其是2019年这两项指标下降幅度较大，分别比2016年降低2.24个千分点、1.97个千分点。显然，这种情况表明由于某些复杂因素的影响和作用，生育政策调整的实施效能尚未在河南得到充分释放，仍需全省在各方面付诸更大努力。不过，如从人口总规模来看，目前河南省仍是排名全国第三的人口大省，其人口总量对资源环境的压力依然在一定程度上存在，但不会像过去那样产生较大的人口数量压力。以上数据提示：一方面，河南应在提高生育政策调整实施效能上下功夫，以遏制人口出生率及自然增长率持续下降的态势，促使全省总人口始终有序、适度、持续增长，并保持在正常范围内；另一方面，河南应将注意力从数量适时转移至人口的年龄结构及素质结构问题，也就是逐步从控制总量向调整结构转变，以实现人口的长期均衡发展。

二是老龄人口规模大，老龄化速度加快，人口年龄结构渐趋老化，以致人口红利期不长，社会抚养负担加重。全省常住人口中65岁及以上老龄人口从2011年的863.70万人，增至2019年的1076.00万人，年均增加26.54万人，65岁及以上老龄人口在全省常住人口中的占比从2011年的8.61%升至2019年的11.16%，年均提高0.32个百分点。0～14岁人口在全省常住人口中的占比从2000年的25.90%，下降至2019年的21.27%；国际标准劳动年龄人口在总人口中的占比，从2011年的69.90%降至2018年的67.94%。老少比则从2011年的40.7%升至2018年的49.5%，老年抚养比从2011年的12.3%升至2018年的15.6%。自河南实施"全面两孩"生育政策后，全省出生人数虽有所增加，但人口年龄结构仍逐年趋向老龄化状态。在实施"全面二孩"政策的4年（2016～2019年）中，15～64岁的劳动年龄人口在全省常住人口中的占比逐年下降，年均下降0.38个百分点，而65岁及以上的老年人口在全省常住人口中所占的比重则逐年上升，年均上升0.36个百分点。人口学者原新曾认为："'全面两孩'是对生育政策的微调，只会在一定程度上适当调节人口老龄化水平，改变不了人口老龄化的大趋势。"① 这就提示河南不能仅仅寄希望于通过增加出生人口来降低人口老龄化程度，而需要另辟蹊径，积极应对老龄化。

三是与全国平均水平及发达省（市）相比全省人口文化素质较低，与经济社会发展要求不符。据河南省统计局公布的全省人口抽样调查数据，截至2015年末，河南全省常住人口每10万人中具有大专及以上教育程度的人口仅有6743人，比全国（12445人）少5702人，几乎为全国水平的一半；

---

① 《人民日报驳中国遭遇生育危机：没有根据总和生育率上升明显》，澎湃新闻网，2015年2月11日，https://m.thepaper.cn/newsDetail_forward_1302714。

同期，全省常住人口中具有高中（含中专）教育程度的人口为 1394 万人，具有初中教育程度的人口为 3806 万人，具有小学教育程度的人口为 2351 万人，具有中小学教育水平的人口数量超过全省人口总数的一半。对此，省统计局相关人士认为：总体看，中小学与全国水平差不多，但是，大专及以上教育与全国平均水平相差较大……具备中小学教育程度的人口数量虽超过省人口数量的一半，但小学教育程度的人口主要是老年人，现在很多农村年轻人，初中毕业后选择直接务工。[①] 2017 年，河南省每 10 万人口中高等学校在校学生数为 2455 人，比全国平均水平（2576 人）少 121 人，比北京（5300 人）少 2845 人，比天津（4072 人）少 1617 人，比上海（3498 人）少 1043 人，比江苏（3045 人）少 590 人。[②] 同年，河南省受过大学专科及以上教育的人口数占比为 8.6%，比全国平均水平低了 5.2 个百分点，而文盲人口占 15 岁及以上人口的比重却高于全国平均水平 0.15 个百分点。[③] 显而易见，较多未受过教育或受教育程度较低人口的存在，表明河南虽是一个人口资源大省，但还不是一个人力资本强省，人口总量较大与人口总体素质较低的矛盾已成为制约河南经济社会发展的瓶颈因素。

四是近年来虽然河南城镇化步伐不断加快，但目前仍低于全国平均水平。全省常住人口城镇化率从 2011 年的 40.57% 提高到 2019 年的 53.21%，年均提高 1.58 个百分点。2019 年，河南居住在城镇的常住人口为 5129 万人，居住在乡村的常住人口为 4511 万人，常住人口城镇化率增幅在全国名列前茅，并且全省常住人口城镇化率与全国平均水平的差距进一步缩小，由 2011 年的相差 10.73 个百分点缩小到 2019 年的 7.39 个百分点。尽管河南 2019 年常住人口城镇化率比上年提高 1.50 个百分点，高于全国同期增幅

---

① 《河南省最新人口总数统计，河南省常住人口普查数量》，高考升学网，2019 年 8 月 23 日，http：//creditsailing.com/ShuJuXiangGuan/662710.html。

② 《每十万人口各级学校平均在校生数》，中华人民共和国教育部官网，2018 年 8 月 9 日，http：//www.moe.gov.cn/s78/A03/moe_560/jytjsj_2017/gd/201808/t20180809_344840.html。

③ 王承哲、牛苏林主编《2019 年河南社会形势分析与预测》，社会科学文献出版社，2019，第 23 页。

0.48个百分点,并且在中部六省中增幅较高,但这一年常住人口城镇化率仍低于全国平均水平。① 可见,全省常住人口城镇化率要达到或超过全国平均水平,河南仍然需要付诸较大努力。

五是总体上劳动力就业结构不够合理,有待改善和优化。2018年,河南省第一、第二、第三产业从业人员在全省从业人员总数中的占比分别为35.4%、30.6%、34.0%,其中第一产业占比高于第二产业占比4.8个百分点,高于第三产业占比1.4个百分点;就行业来说,同年科学研究和技术服务业的从业人员在全省从业人员总数中的占比仅为0.44%,低于居民服务、修理和其他服务业占比(6.13%)5.69个百分点;就城乡而论,同年城镇从业人员在全省从业人员总数中的占比为30.14%,低于乡村从业人员占比(69.86%)39.72个百分点,此外,同年城镇女性从业人数在全省城镇从业人员总数中的占比仅为37.31%,低于城镇男性从业人数占比(62.69%)25.38个百分点。②

二 河南人口形势转变的基本趋向及其对全省劳动力结构的影响

(一)河南人口形势转变的基本趋向

从以上河南省人口形势变化现状可得:生育政策调整和常住人口城镇化率过半,对于河南人口发展来说乃是两个重要的时间节点。生育政策调整适度增加了出生人口,对改善全省人口年龄结构及遏制高龄少子化势头产生一定影响;城镇化加快发展对改善城乡人口结构及优化全省劳动力就业结构具有较大作用。此外,这两种重要因素也在一定程度上,对河南人口形势变化的基本趋向即从以控制人口数量为主转向以调整优化人口结构和提高人口素

---

① 2011~2019年《河南省国民经济和社会发展统计公报》。
② 《河南统计年鉴—2019》。

质为主，产生较大作用。理由是生育政策调整虽对改善河南人口年龄结构及遏制高龄少子化势头产生一定影响，但近年来全省出生人口的持续减少，也向人们提示它毕竟还不能从根本上遏制出生率下降这一世界性人口发展的必然趋势，当然更不能从根本上改变世界性人口老龄化的必然趋势。再者，河南大量农民在市民化过程中对城市生育文明及生育意愿的逐渐认同和接受，也必将进一步降低全省的人口出生率。因此，对于从以控制人口数量为主转向以调整优化人口结构和提高人口素质为主，从某种意义上讲，上述两种因素恰恰起到了反推作用。

2011年11月25日，河南成为全国最后一个实行"双独"夫妻可要第二孩生育政策的省份，之后"单独两孩""全面两孩"政策在河南先后出台实施。河南生育政策的持续调整，反映了现阶段河南人口形势已经发生重大变化：人口数量压力已经基本得到缓解，即伴随人口红利的逐渐减少，人口结构调整、优化与人口质量提高，已替代人口数量控制成为当今人口发展中的主要问题，而这些又与全省经济社会的较快、有序、健康发展密切关联。换言之，就当前河南全省人口形势变化的基本趋向而论，河南已经进入激发人口活力、规避人口风险、促进人口均衡发展的历史新时期，其变动和发展趋向于持续保持人口数量平稳适度增长，适时改善优化人口结构，不断提高人口质量。从以控制人口数量为主转向以人口结构调整及素质提高为主，河南省人口发展重大转向具有其历史必然性及科学合理性。虽然河南不一定在人口数量上争当第一大省，但一定要争当人才资源大省和经济文化强省，这是由全省人民担当的促进中原崛起的历史使命决定的。

2017年河南省人口城镇化率（50.16%）首次过半，标志着全省从以乡村为主体正式进入以城市为主体的社会发展阶段；这一质的飞跃有利于改善和优化全省劳动力产业结构、职业结构及性别结构。一方面，城镇化的加快发展对改善城乡人口结构及优化劳动力就业结构具有较大作用；另一方面，大量农民的市民化又向本来就是发展短板和弱项的城镇就业，施加了较大压力。此外，2020年伊始，突如其来的新冠肺炎疫情侵扰中原大地，也给河南经济发展及社会就业带来严峻挑战。凡此种种，无不要求全省人民在加快城镇化发展步伐的同时，补短板、强弱项，不断提高劳动年龄人口素质，以创业促就业，积极应对经济下行和就业总量压力以及新冠肺炎疫情给城镇就业带来的严峻挑战。

（二）河南人口形势转变对全省劳动力结构的影响

近年来劳动适龄人口比重下降，老年人口比重上升，人口老龄化逐年加深，社会负担持续加重，这类现象集中体现了河南省人口形势转变后其年龄结构的基本特征。尽管在河南人口红利短期内不会突然消失，但劳动年龄人口逐年轻微的减少积以时日，将对全省劳动力供求关系产生重大影响。另一方面，乐观地看，虽然2015年以来劳动适龄人口数量逐年轻微减少，但截至2019年末，河南全省15~64岁劳动适龄人口总量依然高达6514万人，处于劳动力供给的高位状态。根据有关专家的研究结果，河南人口红利将在2030年左右消失，[1] 这也就是说目前劳动力供给的此种高位状态，预示着对于适应河南经济社会发展的劳动力需求供给而言，还有一段能对人口红利加以合理利用的、供需相对平衡的过渡时期。当然，伴随以后河南人口结构逐渐趋向均衡发展，全省劳动力结构将向好的方向变化，但在现阶段其总体状况尚需进一步完善。

劳动力结构变动的基本趋势是：在产业方面，农业劳动力向非农转移，乡村劳动力向城镇转移；在职业方面，体力劳动者向脑力劳动者转化，低层次体力劳动者向高层次体力劳动者转化，低层次脑力劳动者向高层次脑力劳动者转化。河南人口城镇化速度加快虽为优化全省劳动力结构创造了必要条件，但目前全省总体上劳动力结构仍不够合理，不能充分适应经济社会发展的客观要求，有待深度优化。例如，2017年，第一产业从业人员在全省从业人员总数中的占比为36.86%，高于第二产业占比5.76个百分点，高于第三产业占比4.82个百分点；就行业来说，同年科学研究和技术服务业的从业人员在全省从业人员总数中的占比仅为0.45%，低于居民服务、修理和其他服务业占比5.67个百分点；就城乡而论，同年城镇从业人员在全省

---

[1] 刘坤：《"十三五"时期河南人口红利的发展趋势》，《中国劳动》2017年第10期。

从业人员总数中的占比为29.00%，低于乡村从业人员占比42.00个百分点；此外，同年城镇女性从业人员在全省从业人员总数中的占比仅为6.09%，低于城镇男性从业人员占比16.82个百分点（见表1）。

表1　2017年河南各类从业人员在全省从业人员总数中的占比

单位：%

从业人员类型	比重
第一产业从业人员	36.86
第二产业从业人员	31.10
第三产业从业人员	32.04
科学研究和技术服务业从业人员	0.45
居民服务、修理和其他服务业从业人员	6.12
城镇从业人员	29.00
城镇男性从业人员	22.91
城镇女性从业人员	6.09
乡村从业人员	71.00

资料来源：《河南统计年鉴—2018》。

由表1可见，在农民逐步转变为市民过程中，不断提高其转向第二产业和第三产业的从业技能及综合素质，已成为全省劳动力结构进一步优化的重要任务。此外，目前虽然大量农村女性已经在身份上转变为城镇女性，但城镇女性从业人员与男性相比在全省从业人员总数中的占比依然偏低，这不利于劳动力性别结构的合理建构；再加上"全面二孩"政策的实施，在性别歧视依然存在的现实环境条件下，城镇女性就业数量和质量将在一定程度上受到影响。当然，在新型城镇化背景下，从长远观点看，循序渐进的生育政策调整，以及在人口平稳适度增长过程中注重城乡协调发展、性别和谐发展、老少健康发展及质量素质提升，终归会对改善河南人口结构及优化劳动力结构产生深远影响。其中，包括产业创新驱动发展战略、职业信息服务平台建构、社会就业政策支持、职业技能培训等在内的多重因素，将对河南劳动力结构产生重要影响和作用，甚至会导致全省劳动力结构的深层变动，进而推进全省经济社会良性运行和健康发展。

当然，从另一方面讲，生育政策的持续调整和实施虽然使河南生育率短期内有所回升，但毕竟全省总和生育率仍将长期处于生育更替水平以下，并且随着育龄妇女人数以及头胎生育人数的降低，全省生育水平继续走低的可能性在一定程度上依然存在。尽管在河南人口红利短期内不会突然消失，但劳动年龄人口逐年轻微减少，将对全省劳动力供求关系产生重大影响。尤其是在当前河南人口总量压力与结构性矛盾并存的情况下，一方面劳动就业形势仍然不容乐观，另一方面，就业市场结构性矛盾依旧突出，招工难与就业难并存。例如，与2017年相比，河南城镇新增就业人数、失业人员再就业人数等重要指标均有所下降（见表2）。此外，就河南2018年人才市场供求情况来看，一方面城镇吸纳就业的能力总体上有所减弱，另一方面表现出一定的供需关系失衡（见表3）。

表2 2017～2018年河南城镇就业状况比较

单位：万人

	城镇新增就业人数	失业人员再就业人数	就业困难人员实现就业人数
2017年	144.21	43.98	12.01
2018年	139.24	33.86	17.00
2018年比2017年减少	4.97	10.12	4.99

资料来源：根据2017～2018年《河南全省人才市场分析报告》部分数据整理得到。

表3 2018年各季度人才市场供求情况

单位：个，人次

	需求岗位	求职者	求人倍率
第一季度	406285	419144	0.97
第二季度	266219	221164	1.20
第三季度	205076	148416	1.38
第四季度	253560	155684	1.63
总计	1131140	944408	1.20

资料来源：根据2017～2018年《河南全省人才市场分析报告》部分数据整理得到。

从表 3 可见，目前河南多数企业及用人单位不同程度地面临"招工难"困境，但透过现象看本质，这并不是由当下全省劳动力资源供给不足所致，而是一些特定的环境条件因素造成的。一方面，企业薪资待遇不合理、求职者受传统就业观念影响不愿就职"普工"岗位，造成了企业的"招工难"；另一方面，制造业转型升级、高新技术产业和互联网行业快速发展对技能型及高端科技人才的旺盛需求，又导致了缺乏一定科学文化素养及专业技能的一般劳动者的"就业难"。2019 年，河南省需要就业的城乡劳动力超过 210 万人，可提供的就业岗位不到 170 万个，缺口近 40 万个。一方面，制造业、服务业等劳动密集型产业用工缺口大，另一方面，随着新旧动能转换、人工智能加快推进，岗位需求结构发生重大变化，高层次专业人才和高层次技能人才短缺问题突出。[1] 例如，近年来，河南养老护理及婴幼儿照护岗位需求旺盛且缺口较大，但诸多城镇青年在面临就业选择时对此无意问津。尤其是在养老护理方面，全国现在仅有养老护理从业人员 30 万人，河南当然更少，远远不能满足社会养老服务需求。尽管政府相关部门当下出台政策降低养老护理员从业入门门槛，[2] 不再提学历要求，但要从根本上改变广大青年就业观念及其选择意向尚待时日。此外，在《河南省人民政府办公厅关于应对新冠肺炎疫情影响做好 2020 年高校毕业生就业工作的通知》中，河南省人民政府提出了扩大企业吸纳就业规模、扩大基层就业规模、扩大招生和入伍规模、鼓励创业带动就业、支持灵活就业等举措，意在引导、鼓励和支持知识青年在社会就业上的多向选择，以达致人尽其才的良效。[3]

总之，近年来河南城镇化进程加快，有利于改善和优化全省劳动力产业结构、职业结构及性别结构，不过，由于某些历史和现实特定因素的影响和

---

[1] 《2019~2020 年河南省就业形势分析与展望》，皮书数据库网站，2020 年 5 月 9 日，https://www.pishu.cn/dxsjyyfz/jyqy/qwfs/549448.shtml。
[2] 赵兵、李昌禹：《人社部、民政部颁新规：养老护理从业人员调整为"无学历要求"》，《人民日报》2019 年 10 月 18 日。
[3] 《河南省人民政府办公厅关于应对新冠肺炎疫情影响做好 2020 年高校毕业生就业工作的通知》，河南省人民政府网站，2020 年 5 月 12 日，http://www.henan.gov.cn/2020/05-12/1453641.html。

作用，全省劳动力产业结构、职业结构及性别结构的合理建构依然面临多重困难，需要认真对待和妥善解决。尤其是在高层次技能型人才分外短缺的情况下（河南人才资源市场统计数据显示，2019年全省高级技能型人才求人倍率持续大于3[①]），如何通过转变就业观念和提升职业技能水平，有效解决中低端技能劳动者就业难问题，已成为河南劳动力结构合理建构中亟待解决的重要问题。

三 促进河南人口均衡发展，改善优化全省劳动力结构

近年来，河南人口发展和变化呈现以下特征：一是尽管河南出生人口增速逐年放缓，但全省上亿的人口总量仍然非常可观，对资源和环境的压力也在一定程度上依然存在；二是尽管现阶段河南劳动力资源比较丰裕，但劳动年龄人口增速正逐渐减缓，人口红利已为期不长；三是尽管河南外出人口呈现逐年放缓态势，省内流动人口数量持续超过省外流动人口数量，但总体上河南人口流动依然处于净流出状态，上千万青壮年人口常年外流（2019年河南省外转移就业农村劳动力近1215万人[②]），农村"留守"人口达数百万，人口年龄结构老化加速，致使"人口红利"外溢；四是在新型城镇化建设及科技创新驱动下，尽管河南劳动力产业结构、职业结构及其质量结构在较大程度上得到改善，但与新时代中原崛起的更高目标任务要求依然存在较大差距。

基于上述分析，本报告认为应当从以下方面努力推动河南人口长期均衡发展，促进全省劳动力结构的合理建构和向好发展。

一是及时转变传统观念和提高认知能力水平，科学研判新时代人口与经济社会、资源环境的关系，对于人口老龄化加快加深以及生育水平走低对经

[①] 王玉珍：《2019~2020年河南省就业形势分析与展望》，载王世炎主编《2020年河南经济形势分析与预测》，社会科学文献出版社，2020。

[②] 王玉珍：《2019~2020年河南省就业形势分析与展望》，载王世炎主编《2020年河南经济形势分析与预测》，社会科学文献出版社，2020。

济社会发展的影响，以辩证思维给予其全面审视、科学认知以及积极应对。当然，也应适时看到人口老龄化对促进河南老龄事业及产业发展的动力作用，以及生育水平走低倒逼全社会从重劳动力数量向重劳动力素质转变。并且正确估量这两类因素直接对市场需求所产生影响的现实意义及长远价值，进而为全省劳动力转移就业开辟新的发展领域。

二是顺应国家供给侧结构性改革大趋势，在不忽略人口总量对资源环境现有压力的前提下，更加重视人口年龄结构和素质结构对经济社会发展的内在影响，适时在全省实施以劳动力素质替代劳动力数量的发展战略，由劳动力数量驱动发展向人力资本驱动发展转变，并且以稳增长、调结构、强素质的方式促进人口均衡发展，创造有利于河南发展的人口总量势能、结构红利、素质资本三者叠加的人力资源优势，推动河南实现由人口数量大省向人才资源强省跨越。当务之急是以正确方式对外积极做好招才引智工作，同时对内充分开发和利用本土人才资源，充分发挥每一位河南人的聪明才智及素质潜力，并且以政策创新不断促使劳动力资源结构合理、配置合理、流向合理，不断改善和优化劳动力就业结构，进而提升全民就业创业质量水平以及全省劳动力对经济增长的贡献率。

三是积极应对老龄化，以"动态人口红利"新理念替代"静态人口红利"旧理念，并且通过有力有效的社会政策支持，着力发掘老年人力资源及人才资源，不断提升其对国民经济和社会发展的贡献值。人口经济学专家熊必俊认为：近年来国内外有些人口红利论者假设其他条件不变，仅仅把劳动年龄人口的比重下降到66.6%以下、总供养比超过50%，判定为人口红利消失，这种判定不符合马克思主义两种生产原理和科学发展观。可以通过延长人口预期寿命、提高人口素质、延迟退休年龄、试行弹性退休模式、提高妇女退休年龄等措施，使"动态人口红利"之窗长开不闭。[①] 建议在这方面出台相关政策，大力支持技能型或智能型老年人才继续发挥余热，比如规

---

① 熊必俊：《改革创新：用"动态人口红利"建立更加公平、可持续的养老保险制度》，《中国人口学会2019年年会论文摘要集》，2019年7月，长春。

定具有高级职称的老年科技人员根据个人意愿可延长工作时间到65周岁，或者建立全省老年中高端人才智库，以便全面掌握老年中高端人才信息，为其推荐有需求的地方及部门。另外，也可依照个人意愿，以优惠条件引导和动员原来从事服务行业或社会工作服务的低龄健康老年人，在其身体许可的情况下，从事对有特殊家庭困难的失能失智或高龄老年人的间歇式社会化照护服务。这方面可由政府财政及社会善款给予支持。

四是在新型城镇化建设加快推进大背景下，通过制定和实施有力有效的政策法规，进一步促进河南农村富余劳动力向城镇第二、第三产业转移，并且大力推动由体力劳动从业人员占比较高向脑力劳动从业人员占比较高转变，以及通过运用适宜的招才引智策略、加大加强劳动力职业技能培训力度之类的措施，不断提升全省进城务工经商劳动者的从业层次及其质量效能。对由城乡人口结构大变动引发的全省农村留守劳动力结构老化及劣化问题，尤其应给予其特别关注和重点解决。一方面，应关心他们科学文化素养的养成以及从业技能的提升；另一方面，应关怀他们的家庭生活现状及养老归宿问题，以科技下乡、文化下乡、心理调适技术下乡等有效手段，为他们的正常生产和健康生活创设必要条件。

五是未雨绸缪，健全义务教育保障体系、托幼养老公共服务体系和社会保障体系，积极应对人口结构新变化所产生的各种社会矛盾和问题，为提升未来河南劳动力素质打下基础，并且为有效应对老龄少子化以及开辟劳动力就业新领域创造必要条件。尤其是要通过推动"产学研"合作及"产学研用"一体化、促进职业教育与行业和产业有效对接、完善就业创业服务方式等措施，破解就业结构性矛盾，妥善解决"招工难"与"就业难"问题。首先，要重视并进一步采取有力措施解决农村男初中生辍学以及城镇小学生大班额问题，切实为提高城乡义务教育数量和质量提供必要保障；其次，要加快小区配套幼儿园建设，大力发展适合大多数家庭消费能力的全日托、半日托、计时托、临时托等大众化便捷式托育服务，不断提高普惠性幼儿园覆盖率和幼儿园2~3岁托幼班开设率，同时不断加大对社会力量开展托育服务以及用人单位内设托育服务机构的支持力度，切实满足广大城镇工薪阶层家庭以及进城务工经商者家庭幼有所育的迫切需求；再次，要针对河南失能失智、半失能半失智以及高龄老年人日渐增多而养老护理人员奇缺的养老服务现状，出台相关政策支持大专院校开设养老护理专业课程，并且以优惠政策支持鼓励社会力量与政府部门联手开办各种性质的养老护理培训班，不断扩充养老护理员队伍；最后，应加大对民办专科职业教育学院在专升本、"产学研"合作、"产学研用"一体化等方面的政策支持力度，并且积极采取相关措施，在公共就业服务方面对其毕业生提供优质又便捷的服务。

六是认真落实就业方面促进性别平等的政策法规，不断排除各种有形或无形的女性就业创业障碍，并且充分重视城镇女性劳动力就业率较低的现状，采取具有合理性、针对性、前瞻性的政策措施，以便发挥女性人力资源及人才资源在新时代河南经济社会发展中的功能作用。第一，要切实贯彻落实以性别平等为核心要素的家庭发展支持政策，以相关具体措施鼓励和支持城镇男职工积极参与生育照料服务及家庭养老抚幼；第二，要督促和规约企业尤其是民办企业切实落实女职工在生育期间所应享有的国家法律规定的一切权益，尤其是对女性生育后继续工作的相关权益给予特别保障，采取有效措施防范和杜绝各种潜在的、隐形的来自企业的歧视行为；第三，要特别关注农村女性劳动力转移就业以及城镇女性实现充分就业问题，通过政府部门帮扶和社会力量支持，为她们及时提供各种有利于创业就业的必要条件，从而促进农业人口的就近就地转移，以及增加城市劳动力的有效供给；第四，要加大家庭政策支持力度，促进人口稳定适度增长。将家庭作为提升社会福利水平的基本单位，在现金补贴、税负减免、母亲产假、父亲陪产假、亲职假、托儿服务、早期教育等方面，不断创新和完善相关政策，以便进一步充分发挥"全面两孩"生育政策效能，提升出生人口质量素质，降低生育对女性就业发展的影响，促进家庭、工作平衡发展。

七是积极应对新冠肺炎疫情防控常态化的挑战，着力创设重点群体就业创业环境条件。当前，经过全国上下艰苦努力，我国新冠肺炎疫情总体可控、防控向好态势进一步巩固，防控工作已进入抓紧、抓实、抓细疫情防控常态化，全面落实"外防输入、内防反弹"的新阶段。由于新冠肺炎疫情

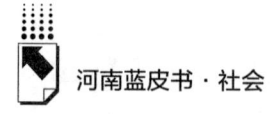

的持续影响,河南不少中小微企业的生存和发展受到较大影响,致使全省劳动力就业比率有所下降。这就在客观上要求中小微企业优化整合内部资源,提升内生力和降低大成本;在主观上则要求高校毕业生、退役军人、下岗职工、农民工、返乡人员等重点人群转变择业观念,提升自身综合素质及就业创业能力,以适应不断变化着的劳动力市场需求。当然,在新冠肺炎疫情防控常态化阶段,各级政府应更好发挥自身功能作用,除了在资金和技术扶持、营商环境条件等方面大力加强对中小微企业的政策支持之外,还应通过大众传媒积极引导广大求职者更新、转变择业观念及提升自身素质和技能,以主动适应各种新经济、新业态发展对人力资源的适用要求。

B.6
稳就业视域下提升河南省城乡居民收入水平研究

任晓莉*

摘　要： 更好地满足人民日益增长的美好生活需要，高度重视改善民生，切实提升河南省居民的收入水平，是河南决胜全面建成小康社会的本质要求。河南积极应对错综复杂的国内外经济形势和经济下行压力，积极贯彻中央提出的"六稳""六保"工作总方针，以提升城乡居民收入水平为目标，围绕就业千方百计保民生，河南省城乡居民收入稳步增长，居民的获得感、幸福感、安全感进一步提升。今后河南需要适应新时代的新变化，重视居民收入增长中存在的问题和不足，采取针对性更强、覆盖面更广、作用更直接、效果更明显的措施和对策，缩小城乡居民的收入差距，提高居民的收入水平，提升居民的生活质量。

关键词： 河南　民生　就业　城乡居民收入　居民生活质量

坚持在发展中保障和改善民生，是新时代中国特色社会主义的基本方略之一。近年来，为了深入贯彻习近平总书记考察调研河南时提出的"中原更加出彩"的重要讲话精神，切实保障和改善民生，实现全面发展，河南

---

* 任晓莉，河南省社会科学院区域经济研究中心主任，研究员，主要研究方向为区域经济学、经济社会学。

省加快富民强省、全面建成小康社会的步伐，积极应对错综复杂的国内外经济形势和经济下行压力，以惠民富民为导向，努力转变发展方式，优化经济结构，转换增长动力，推动优势产业培育，努力推动河南高质量发展，不断加大民生投入，持续增加城乡居民收入。进入2020年，为了应对新冠肺炎疫情造成的冲击，河南积极贯彻中央提出的"六稳""六保"工作总方针，以保就业、稳就业为核心，以提升城乡居民收入水平为目标，围绕就业千方百计保民生，力求以保促稳、稳中求进，探索有效应对疫情冲击、实现良性循环的新路子，为2020年底全面建成小康社会夯实了基础。

一 新时代河南城乡居民收入的基本概况

新时代增进民生福祉是我国发展的根本目的，近年来，随着我国社会主要矛盾转化为人民日益增长的美好生活需要和不平衡不充分的发展之间的矛盾，河南省顺应社会主要矛盾新变化，高度重视民生工作，在持续推进经济平衡增长、全面建成小康社会进程的同时，努力谋民生之利、解民生之忧，在发展中致力补齐民生短板、改善民生、提高就业质量、持续加大民生保障力度，人民生活状况明显改善，河南省城乡居民的收入水平不断提高，城乡居民收入分配呈现以下三方面的积极态势。

（一）河南省城乡居民收入保持稳步增长

近十年来，河南城乡居民收入保持稳步增长的势头，河南省经济综合实力的大幅提升，为提高河南省城乡居民收入奠定了基础。2010年，河南城镇居民家庭人均可支配收入仅为15930.00元，农村居民家庭人均可支配收入仅为5523.73元；到2019年，河南省城镇居民可支配收入为34200.97元，农村居民人均可支配收入为15163.75元，城镇居民人均可支配收入和农村居民人均可支配收入分别增长了1.15倍和1.75倍。总的来说，2019年河南省城乡居民人均可支配收入为23903.00元，按可比价格计算，是2010年的2.0倍，河南省居民人均可支配收入比2010年翻一番。河南在岗职工平均工资由 2010 年的 29819.00 元提高到 2019 年的 67268.00 元，提高了 1.26 倍（见图 1）。河南省居民人均可支配收入的不断增长和在岗职工平均工资的提高，持续改善河南城乡居民的生活状况，提高了城乡居民的生活水平，居民的幸福感和安全感不断提升。

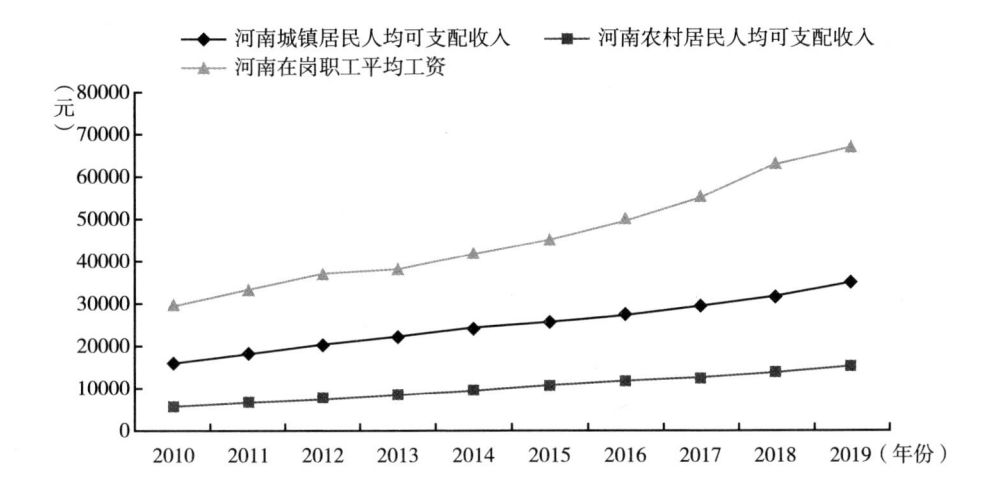

图 1　2010~2019 年河南城乡居民人均可支配收入和在岗职工平均工资增长趋势

资料来源：2011~2019 年《河南统计年鉴》；《2019 年河南省国民经济和社会发展统计公报》。

（二）河南省农村居民人均可支配收入增长速度持续超过城镇居民

近年来，河南省经济的快速发展、农村改革的全面深化以及河南省农业农村发展连续多年呈现出的总体平稳、稳中有进、稳中提质的良好态势，促使河南省主要农产品产量稳定增长，农业结构优化升级加快。而且河南农村居民人均可支配收入增速持续高于城镇居民，年均高 2.2 个百分点，城乡居民收入比由 2003 年的 3.10∶1 收窄至 2019 年的 2.26∶1。河南城乡居民人均可支配收入差距整体逐步缩小，收入结构逐步优化（见表 1）。

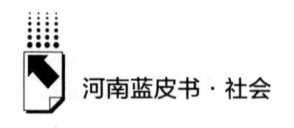

表1 2003~2019年河南城乡居民人均可支配收入水平及收入比

单位：元

年份	城镇居民人均可支配收入	农村居民人均可支配收入	城乡居民人均可支配收入比
2003	6926.12	2235.68	3.098
2004	7704.90	2553.15	3.018
2005	8667.97	2870.58	3.019
2006	9810.26	3261.03	3.008
2007	11477.05	3851.60	2.979
2008	15231.11	4454.24	3.419
2009	14371.56	4806.95	2.989
2010	15930.26	5523.73	2.884
2011	18194.80	6604.03	2.755
2012	20442.62	7524.94	2.717
2013	22398.03	8475.34	2.643
2014	24391.45	9416.10	2.590
2015	25575.61	10852.86	2.357
2016	27232.92	11696.74	2.328
2017	29557.86	12719.18	2.323
2018	31874.19	13830.74	2.305
2019	34200.97	15163.75	2.255

资料来源：2004~2019年《河南统计年鉴》；《2019年河南省国民经济和社会发展统计公报》。

（三）河南省城乡居民参与河南省经济发展分配的比例继续保持稳定

河南积极贯彻党的十八大、十九大报告精神，推动城乡居民收入增长与经济增长同步，在经济社会整体获得较好发展的同时，实现了城乡居民收入水平的提高。本报告利用2010~2019年河南省城镇居民人均可支配收入、农村居民人均可支配收入、河南省城镇居民人口数和农村居民人口数进行大致估算，计算出2010~2019年河南省全部居民收入总量，然后计算出河南省城乡居民收入占地区生产总值的比重，分析其变化趋势。计算结果如表2所示。从表2中可以看出，2010~2014年，河南城乡居民收入在地区生产总值中所占份额总体上保持在45%左右，并整体呈不断上升的势头。2015

~2019年,河南城乡居民收入在地区生产总值中所占份额有较大增长,总体上保持在51%左右,河南城乡居民收入由2010年的9987.35亿元增长到2019年的27702.23亿元,增长了1.77倍;同期地区生产总值由23931.03亿元增长到2019年的54259.26亿元,增长了1.27倍;居民收入增长速度快于地区生产总值增长速度,2015年至今全部居民收入占地区生产总值的比重出现较显著的增长,占比分别达到51.29%、51.58%、51.56%、52.56%、51.06%。说明河南省高度重视民生改善和居民收入增长,采取的一系列增加居民收入的措施取得了显著成效。

表2 2010~2019年河南省居民收入占地区生产总值的比重变化

单位:亿元;%

年份	地区生产总值	河南省全部居民收入			全部居民收入占地区生产总值的比重
		合计	城镇居民总收入	农村居民总收入	
2010	23931.03	9987.35	6454.92	3532.43	41.73
2011	26931.03	11896.25	7741.89	4154.36	44.17
2012	29599.31	13711.62	9143.98	4567.64	46.32
2013	32155.86	14329.11	9279.50	4567.64	44.56
2014	35026.99	17078.00	11576.18	5501.82	48.76
2015	37084.20	19020.42	12846.62	6174.19	51.29
2016	40249.23	20758.63	14248.23	6510.40	51.58
2017	44552.83	22971.09	16091.29	6879.80	51.56
2018	48055.86	25258.50	17973.85	7284.65	52.56
2019	54259.26	27702.23	19930.81	7771.42	51.06

资料来源:2011~2019年《河南统计年鉴》;《2019年河南省国民经济和社会发展统计公报》。

二 河南城乡居民收入存在的短板和问题

虽然近年来,河南为了增强人民群众的获得感和幸福感,积极稳定就业增长形势,确保工资性收入持续增长;加大政策扶持力度,提升经营性收入水平;全面拓宽居民投资理财渠道,不断增加财产性收入;不断完善社会保障机制，促进河南省居民转移性收入增加；努力缩小河南省居民收入差距，河南农村居民收入的增长速度持续多年超过河南城镇居民的收入增长速度。但是河南省城乡居民收入分配中仍有短板和问题存在，这些问题和不足如果不能得到及时解决或者弥补，将影响河南经济社会的健康发展，同时也会影响河南省社会的稳定、和谐与进步，需要高度重视、切实解决，努力把各项工作做得更好。

（一）河南省城乡居民收入差距指数呈现的差距问题需要得到高度关注

城乡居民收入差距指数是衡量城乡居民收入差距的一个重要指标。这里从城乡居民收入比和不良收入指数两个方面看河南城乡居民收入差距指数。首先看2011~2019年河南省城乡居民收入比的变化趋势。近十年来，河南省城乡居民收入比不断趋小，从2011年的2.755∶1缩小到2019年的2.255∶1（见图2）。虽然城乡居民收入差距在不断缩小，但仍有不小的差距，而且差距缩小的幅度较小，所用时间比较长。

图2 2011~2019年河南省城乡居民收入比值

资料来源：2012~2019年《河南统计年鉴》；《2019年河南省国民经济和社会发展统计公报》。

再来看2018年河南城乡居民的收入不良指数。从表3可见，2018年，河南省城乡居民收入差距问题仍没有明显改观，河南城镇居民最高收入户的人均可支配收入为70461元，比河南省平均水平高出38587元，而同期城镇居民最低人均可支配收入只有12744元，比平均数低19130元，高收入户比低收入户居民的收入高57717元，"收入不良指数"为5.53。河南农村居民最高收入户的人均可支配收入为30564元，比河南省平均水平高出16733元，而同期最低农村居民人均可支配收入只有4735元，比河南省平均水平低9096元，高收入户比低收入户居民的收入高25829元，"收入不良指数"比城镇居民"收入不良指数"更高，为6.45。"收入不良指数"越高，表明收入的差距越大。显然，河南农村居民之间的收入差距比城镇居民之间的收入差距更大，说明农村贫困户问题更加严重，需要高度重视这个问题。

表3 2018年河南城乡居民人均可支配收入情况

单位：元

	人均可支配收入	最高收入户人均可支配收入	最低收入户人均可支配收入	城乡居民收入不良指数
城镇居民	31874	70461	12744	5.53
农村居民	13831	30564	4735	6.45

注：居民收入不良指数 = 最高收入户人均可支配收入/最低收入户人均可支配收入。
资料来源：《河南统计年鉴—2019》。

（二）河南省地区间城乡居民收入的不均衡现象仍比较突出

2019年，河南经济持续健康发展，政府相继出台了增资和提高社会保障标准的措施，促进了城乡居民收入的快速增长。但由于资源状况、科技人才资源和经济基础不同等原因，河南各区域之间的发展并不平衡，收入差距比较显著。2019年，河南省居民人均可支配收入为23903元，城镇居民人均可支配收入和农村居民人均可支配收入分别为34201元、15164元。

从表4可以看出，河南省18个省辖市中，城乡居民人均可支配收入高于河南省平均水平（23903元）的城市有11个，分别是郑州、济源、焦作、洛阳、鹤壁、许昌、安阳、漯河、新乡、平顶山、三门峡。低于河南省平均线并位于河南省后四位的省辖市分别是周口、驻马店、商丘和信阳。

河南省18个省辖市，城镇居民人均可支配收入高于河南省平均收入水平（34201元）的城市有6个，分别是郑州、洛阳、济源、安阳、许昌、平顶山。低于河南省平均线并位于河南省后四位的省辖市分别是周口、驻马店、信阳和开封。

河南省18个省辖市，农村居民人均可支配收入高于河南省平均水平（15164元）的省辖市有10个，分别是郑州、济源、焦作、许昌、鹤壁、漯河、新乡、安阳、三门峡、南阳。低于河南省平均线并位于河南省后四位的省辖市分别是周口、商丘、驻马店和濮阳。

在城乡居民人均可支配收入、城镇居民人均可支配收入和农村居民人均可支配收入三项指标中，省会郑州都位居河南省第一，这个指标保持了多年，周口三项指标全部位列河南省末位。排在前4位的基本上是占据区位优势、人才优势和科技优势强、工业基础强的地区，排在后4位的基本上是黄淮四市、农业大市，工业基础比较薄弱。从最高市与最低市城乡居民人均可支配收入来看，2019年，收入最高的郑州市是收入最低的周口市的1.96倍，这说明各地间的差距还是非常大的。

表4 2019年河南各省辖市城乡居民人均可支配收入比较

单位：元

省辖市	城乡居民人均可支配收入		城镇居民人均可支配收入		农村居民人均可支配收入	
	金额	位次	金额	位次	金额	位次
郑州	35942	1	42087	1	23536	1
开封	21795	13	31305	15	14473	13
洛阳	27101	4	38630	2	14973	11
平顶山	24020	10	34266	6	14587	12
安阳	24647	7	34959	4	16095	8
鹤壁	26105	5	32836	12	18275	5
新乡	24562	9	33626	8	16344	7
焦作	27116	3	33956	7	19374	3

续表

省辖市	城乡居民人均可支配收入		城镇居民人均可支配收入		农村居民人均可支配收入	
	金额	位次	金额	位次	金额	位次
濮阳	21592	14	33277	11	13894	15
许昌	25949	6	34376	5	18558	4
漯河	24625	8	33505	9	16878	6
三门峡	23924	11	32178	14	15645	9
南阳	22637	12	33442	10	15166	10
商丘	20175	16	32335	13	12668	17
信阳	20928	15	30425	16	14010	14
周口	18321	18	28437	18	12194	18
驻马店	19644	17	30409	17	13020	16
济源	29065	2	36039	3	20235	2
河南省平均	23903		34201		15164	

资料来源：《2019年河南省国民经济和社会发展统计公报》及相关资料。

（三）河南居民行业收入差距问题仍然不容忽视

一般来说，社会中总是存在许多不同的生产领域和部门，而不同部门的经济效益及利润水平是不同的，这就自然导致在不同部门就业的劳动力存在收入差距甚至是很大的收入差距。居民收入差距一个非常重要的表现是从事不同行业的人，收入状况差别比较大，这是一个普遍的现象。鉴于工资是绝大多数人的主要收入来源，故而本报告用行业平均工资来分析河南居民的行业收入差距。从表5中可以看出，2019年在17个行业中，金融业、科学研究和技术服务业、电力热力燃气和水等供应业等行业的职工平均工资居行业前3位，人均平均工资均在80000元以上，而农林牧渔业，居民服务、修理和其他服务业，住宿和餐饮业职工平均工资不到50000元，行业最高工资是最低工资的近3倍，房地产业，制造业，批发和零售业，建筑业，农林牧渔业，居民服务、修理和其他服务业，住宿和餐饮业这几类行业的平均工资都低于行业的平均工资。

虽然整体来说，17个行业的工资水平相差不是特别巨大，但是隐性收入并没有在这里显现出来。行业收入差距固然有社会成员所拥有的资本、技术和管理等生产要素按贡献有质和量的差异等主要原因，但也有收入分配调控政策不完善、作用发挥不充分等因素在内。

表5 2019年河南省各行业职工平均工资比较

单位：元

行业	平均工资 金额	平均工资 位次	倍数*
金融业	124240	1	2.88
科学研究和技术服务业	89322	2	2.07
电力热力燃气和水等供应业	88544	3	2.05
卫生和社会工作	81520	4	1.89
信息传输、软件和信息技术服务业	79992	5	1.86
交通运输、仓储邮政业	75865	6	1.76
教育	73595	7	1.71
公共管理、社会保障和社会组织	73221	8	1.70
文化体育和娱乐业	73108	9	1.69
采矿业	71822	10	1.66
房地产业	60973	11	1.41
制造业	56691	12	1.32
批发和零售业	56584	13	1.31
建筑业	54972	14	1.28
农林牧渔业	47272	15	1.10
居民服务、修理和其他服务业	46858	16	1.09
住宿和餐饮业	43111	17	1.00
平均	67268		

* 以住宿和餐饮业平均工资为1。

资料来源：《2019年河南省国民经济和社会发展统计公报》及相关资料。

（四）就业不充分成为影响河南省居民收入水平提高的潜在问题

值得注意的是，就业不充分也是影响河南省居民收入水平的不容忽视的问题。就业问题与收入分配问题是影响城乡居民幸福感、安全感的两大热点问题，由于就业问题直接关系居民的收入状况，所以扩大就业、减少失业本身就是一种非常重要的调节居民收入差距的再分配手段。

2018年河南省城镇单位就业人员数量为967.34万人，相比2017年下降了162.01万人；2018年河南省城镇登记失业人员数量为48.6万人，相比2017年增长了7.93万人；2018年河南省城镇登记失业率为3.02%，相比2017年增长了0.26个百分点。2019年河南城镇新增就业人员为138.30万人，比2018年低0.7%，年末城镇登记失业率为3.17%，比2018年提高了0.15个百分点。就业形势本就紧张，与此同时2020年高校毕业生规模增量、增幅均创新高，2020年初至今未结束的新冠肺炎疫情打乱了许多毕业生的求职之路。疫情对就业的影响和对居民收入的冲击将减缓2020年河南城乡居民可支配收入的增速，如何实施更加积极的就业政策，防止出现大规模失业风险，进而防止河南省居民收入水平下降是摆在当前的一个重大问题。

三 提高河南城乡居民收入水平的政策建议

从前面的分析中可以看出，尽管河南城乡居民收入分配存在一些不足和短板，但不可否认的是，河南城乡居民人均可支配收入正在以相对较为稳定的增速不断增加。尽管河南城乡居民收入存在一定的差距，但差距主要是在全省国民经济快速发展和居民收入普遍迅速提高的前提下出现的，从总体上看，在社会可以承受、居民尚可接受的范围内，不危及社会的总体稳定。但如果任由收入差距无限扩大下去，甚至超过社会可承受的限度，就会产生消极作用。所以，不可对这种差距掉以轻心。为了持续满足人民追求美好生活的愿望，为了社会的长治久安和河南和谐社会的顺利建设，应积极采取多种有效措施提高城乡居民的收入水平，解决河南省城乡居民的收入差距问题。

（一）稳住经济基本盘，继续做大做好经济发展的"蛋糕"

经济可持续健康发展是解决居民收入分配问题的根本，只有经济发展这个"蛋糕"做大了，才有提高河南城乡居民收入的基础和前提。河南省作为我国经济快速发展中的中部大省，要破解城乡居民收入水平低、分配差距大的问题，需要加快发展、科学发展。所以，要采取激励措施，激励全省人民努力工作，不断实现勤劳致富；要建立良好的市场环境，通过有秩序、合理的竞争，激发人民的劳动热情和投入热情，并切实保障居民的各种合理收入，从而保持城乡居民收入增长的良好势头。2020年初疫情的暴发，造成全省实体经济经营困难、压力加大、消费需求复苏缓慢等问题突出，由于疫情防控情况成为最大的变数，城乡居民收入提高面临的挑战前所未有，为了切实保障改善民生，筑牢保基本民生、保工资、保运转的底线，强化困难群众基本生活保障，保持社会稳定，让人民群众更多更好共享发展成果，要抓好河南深化要素市场化改革带来的政策机遇和两大国家战略叠加效应，要抢占发展先机，打好发展主动仗，积极挖掘市场需求潜力，做好应对各类风险挑战的准备，最大限度降低疫情对居民收入增长的影响，坚定高质量发展方向不动摇，集中精力把事情办好，危中求机、化危为机，开拓新空间、实现新发展。

（二）实施积极的就业政策，千方百计做好稳企业保就业工作

"六稳""六保"是党中央针对当前形势做出的重大决策，是应对各种风险挑战的基本保证。要切实有效地贯彻党中央的决策部署，需要结合河南省的实际，千方百计开拓各类就业门路，做好稳企业保就业工作，做实稳定收入之本，全面落实稳企政策。一是要畅通金融服务实体经济渠道，保产业链和供应链的稳定，稳定和扩大就业，激发市场主体活力，为稳企业运行提供良好的宏观环境；二是实施积极的就业政策，千方百计开拓就业门路，重视对就业弱势群体的保障作用，提高贫困人口的自救能力；三是要实施积极的就业政策，发展和谐劳动关系，强化政府促进就业职能，广开就业门路，改善就业结构，提高就业质量，促进充分就业；四是进一步制定和完善相关政策，鼓励和支持自主创业，以创业带动就业，鼓励支持自谋职业、灵活就业；五是促进形成公平的市场竞争环境，着力培育竞争性的市场主体，保障公平的投资机会；六是增强劳动力市场的竞争性，促进公平就业。总之要创造良好的发展条件，保持全省经济持续健康发展，从而稳企业保就业，做实

民生之本，扩大就业进而稳定全省居民的收入水平，提高城乡居民的收入水平，缩小城乡居民收入差距。

（三）加大收入分配制度改革力度，完善社会保障和救助体系

河南是我国著名的人口大省，虽然地区生产总值多年名列全国第五，但人均可支配收入水平偏低，解决居民收入差距问题的难度大。而收入分配调整往往牵一发而动全身，既是推动改革和利益调整的关节点，也是改革和调整的难点。为让最广大的人民群众公平分享改革和经济发展的成果，使其更有利于双循环的平衡，建议一是全面贯彻落实国家已出台的各项收入分配政策；二是要根据河南省情，积极推进收入分配体制改革，创造性解决居民收入分配中存在的矛盾和问题，特别是解决城乡居民收入差距过大的问题；三是进一步规范收入分配秩序，有效调节过高收入，在国家收入分配相关政策的框架下逐步调整行业收入差距；四是建立健全正常的工资增长机制，建立与地区生产总值和职工平均工资增长挂钩的工资标准定期上调机制，建立相互制衡的企业工资决定机制，提高最低工资标准，加大低收入者工资收入的增长幅度，为增加低收入者收入提供制度保障。

参考文献

《习近平谈治国理政》，外文出版社，2014。
《十八大报告辅导读本》，人民出版社，2012。

B.7
河南省自然灾害风险分析：基于万有风险模型的应用研究

王媛 陈安*

摘　要： 自然灾害的突发性与严重性已经引起国际社会和决策者的普遍关注，成为国内外学术界的研究重点。本报告以世界风险报告中的指标体系为主要依据，构建符合河南省客观实际的自然灾害风险评价指标体系，包括5个二级指标，23个三级指标，并利用层次分析法和专家打分法确立指标权重。在此基础上，利用非线性模型万有风险模型，计算2019年河南省18个城市的自然灾害综合风险指数，并以综合风险指数排名反映各城市的风险状况。对河南省进行自然灾害风险评估，不仅可以为该省的防灾降险提供科技支撑和决策依据，还可以丰富、充实和发展自然灾害风险评价研究理论和方法。

关键词： 自然灾害　万有风险模型　风险评价　区域灾害

一　引言

近年来，自然灾害的频发不但严重威胁广大人民群众的生命财产安全，也在极大程度上影响了社会的稳定及可持续发展。河南省应急管理厅发布的

---

* 王媛，河南理工大学应急管理学院硕士研究生，主要研究方向为风险与应急评价；陈安，博士，中国科学院科技战略咨询研究院研究员，博士生导师，主要研究方向为风险与应急评价、管理机制设计、灾难文化、智库方法等。

《2019年河南省自然灾害基本情况》显示，2019年各种自然灾害共造成河南省1222.9万人次受灾，因灾死亡4人，紧急转移安置人口1557人；倒塌房屋间数达278间，严重损坏房屋间数达641间，一般损坏房屋间数达2591间；农作物受灾面积为971.5千公顷，其中成灾面积为568千公顷，绝收面积为97.36千公顷；直接经济损失达42亿元，其中农业经济损失达40.3亿元。[①]

自然灾害风险评价是自然灾害风险研究的基础内容，也是其核心内容。自然灾害风险评价在防灾减灾领域乃至对实现全人类发展目标具有重要意义，可以为提升区域自然灾害综合防控能力提供定量依据，以制定科学有效的政策建议，促进区域和谐发展。基于此，本报告采用万有风险模型并结合世界风险指数的模式与方法对河南省各地区的风险指数进行计算，通过对河南省各地区自然灾害风险评价的研究，丰富和发展自然灾害风险评价理论和方法，充实自然灾害风险评价的实证研究，有利于为政府相关部门的灾前监测预警、灾中应急救援、灾后恢复制定科学的政策建议。

二 河南省自然灾害现状及其指标体系设计

（一）河南省自然灾害现状

2019年，河南省全省气温明显偏高，降水及日照均偏少。全省年平均气温较常年偏高1.0℃，是1961年以来的第二高——15.7℃；其平均降水量较常年偏少30%，是1961年以来的第三少——512.0毫升；其平均日照时数较常年偏少107.2小时，为1885.2小时。受天气影响，2019年河南省旱灾最为严重，除此之外，风雹、洪涝、生物灾害、雪灾等也给河南省大部分地区造成了巨大损失（见表1）。地震灾害相较上年而言，地震发生次数大幅度减少，共计发生4次，且震级较小、影响较轻、未造成人员伤亡和较大经济损失。[②]

---

① 《2019年河南省自然灾害基本情况》，河南省应急管理厅网站，2020年1月22日，http://yjglt.henan.gov.cn/2020/01-22/1284560.html。
② 中国地震台网，http://www.ceic.ac.cn/history。

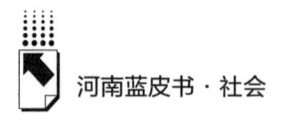

表1 2019年河南省重大自然灾害统计

序号	事件名称	发生时间	发生地点	事件经过	事件后果/影响
1	雾霾	1月1~8日、1月11~14日、2月19~27日	洛阳、安阳、濮阳等	2019年,河南省共计出现三次持续时间较长的雾霾天气,空气污染最重地区的空气质量达到重度至严重污染	雾霾严重地区依旧主要集中在河南省北中部,其中,洛阳市连续9天为重度污染,安阳连续3天为严重污染。在此期间,空气质量指数(AQI)最高的城市是濮阳市,达474。受其影响,部分地区的能见度不足200米,全省数条高速公路实施交通管制,机场也出现大面积的航班延误或取消,对交通造成了极其严重的影响
2	风雹	6月5~6日	全省大部分地区	2019年河南省共计发生15次风雹灾害,涉及全省15个省辖市43个县(市、区)及兰考、长垣、鹿邑等3个省直管县。其中,6月5~6日,出现2019年度最强的区域性暴雨天气,同时伴随雷电、短时强降水、雷暴大风及局部冰雹等	据统计,2019年河南省风雹灾害共造成受灾人口113.78万人,因灾死亡4人;农作物受灾面积93.25千公顷;倒塌房屋57间,严重损坏房屋340间,一般损坏房屋1287间;直接经济损失达3.89亿元,其中农业经济损失达3.26亿元
3	旱灾	5月上旬至10月中旬	全省大部分地区	2019年河南省共计发生干旱灾害2次,涉及全省南阳、信阳等17个省辖市的92个县(市、区)及汝州、邓州等6个省直管县(市),其中信阳、南阳、驻马店等地旱灾最为严重	全省大部分地区高温少雨天气持续时间长,降水较少,多地出现夏伏旱。据统计,2019年旱灾共造成受灾人口1021.27万人,因旱需生活救助141.54万人,其中因旱饮水困难需救助12.01万人;农作物受灾面积808.4千公顷,其中成灾面积526.76千公顷;农业直接经济损失达34.89亿元

续表

序号	事件名称	发生时间	发生地点	事件经过	事件后果/影响
4	洪涝	汛期	全省14个省辖市及长垣、固始、鹿邑等三个省直管县	入汛以来，河南省共出现洪涝灾害9次，涉及全省14个省辖市的45个县（市、区）及长垣、固始、鹿邑等3省直管县	2019年，河南省洪涝灾害共计造成受灾人口86.99万人，紧急转移安置人口1557人；农作物受灾面积69.49千公顷；倒塌房屋221间，严重损坏房屋301间，一般损坏房屋1304间；直接经济损失达3.16亿元，其中农业经济损失达2.11亿元
5	雪灾	1月30～31日	商丘	受西伯利亚地区南下冷空气影响，2019年1月30～31日，全省大部出现明显雨雪天气，涉及信阳、驻马店、南阳、周口、商丘和漯河6市部分地区及平顶山局地出现明显雨雪天气。商丘市柘城县发生雪灾	雪灾致使部分乡镇农业大棚坍塌。据统计，受灾人口达17人，受灾面积为8.7公顷，直接经济损失为85万元，均为农业损失
6	生物灾害	夏季	洛阳	入夏以来，洛阳市栾川县、嵩县山区乡镇陆续发生野猪损毁玉米、花生等农作物的情况。10月中旬，洛阳市洛宁县成熟的苹果、葡萄等经济林果受到鸠鸽、麻雀等鸟类啄食，造成较大经济损失	据统计，2019年生物灾害共造成8646人受灾，农作物受灾344.2公顷，直接经济损失为426.95万元，均为农业损失

资料来源：《2019年河南省自然灾害基本情况》，河南省应急管理厅网站，2020年1月22日，http：//yjglt.henan.gov.cn/2020/01-22/1284560.html。

（二）自然灾害风险评价指标体系设计

1. 构建自然灾害风险评价指标体系的原则

对河南省18个城市进行自然灾害风险评价需要一套科学合理的指标体系，通过该体系能全面、准确地反映各地政府及相关部门在自然灾害监测预警、防灾减灾等方面的具体情况。河南省自然灾害风险评价指标体系中的指标应该也必须是丰富且准确的。因此，在指标体系构建过程中，应该选取最核心的、可度量的、有代表性的、科学实用的指标评价因子，除了需符合SMART原则外，还应符合以下四个原则。一是科学性原则。该原则是构建指标体系时应遵循的首要原则，即在河南省自然灾害风险评价的指标选取与数据处理的方法上都应具有科学性。二是系统性原则。关于自然灾害风险评价的研究涉及社会、自然等各个领域，这要求所选取的指标具有系统性，系统性原则要兼顾外在和内在两个方面，外在方面要求指标选取具有代表性和广泛性，内在方面要求指标构建时应考虑其整体性和综合性。三是目的性原则。只有明确指标选取的原因及目的，才能使评价体系与提高河南省自然灾害综合防灾减灾能力的目的保持一致。四是同向性原则。同向性原则是指各个指标在反映经济、社会等发展程度的同时，其最终数值的大小与河南省自然灾害风险评价方法是同向的，在数据计算过程中，如果遇到正向、逆向指标同时出现，可采用标准化的方法将其转化为同向指标再进行计算。

2. 构建自然灾害风险评价指标体系的方法及步骤

本报告以世界风险报告中的指标体系为基础，采用专家咨询法并结合河南省自然灾害特征、指标体系构建原则等对原指标体系进行调整与替换，构建符合河南省实际情况的自然灾害风险评价指标体系，具体步骤如下。

第一，初步确定指标体系。在广泛吸收、借鉴现有研究成果的基础上，充分考虑河南省省情，对于不能反映河南省自然灾害风险的指标进行删除，初步确定能够全面、准确反映评价对象特征的指标体系。

第二，专家咨询。在该步骤中，首先，应明确什么是专家，专家是指在自然灾害风险评价领域具有较高学术造诣或全面知识的人。为确保构建的指标体系具备一定的说服力，本报告选取了六名自然灾害风险评价领域的专家。其次，将初步确定的河南省自然灾害风险评价指标体系发送给六名专家以征求意见，对专家们的意见进行分析和汇总，并将其结果反馈给六位专家，专家们再依据反馈的结果对自己的意见进行修改。最后，经过反复咨询和意见反馈，形成专家们一致认同的结论，并据此对初步确定的指标进行筛选。

第三，最终核定指标。参考专家们的意见并考虑数据的可获取性等因素，对个别指标进行综合和替换，最终核定出符合要求的、覆盖范围广的、科学严谨的、数据可获取的评价指标体系。

3. 自然灾害风险具体评估指标选取

本报告以世界风险指数指标体系为基础，通过"初步确定指标体系—专家咨询—最终核定指标"等步骤，最终构建了河南省自然灾害风险评价指标体系，详见表2。

该指标体系包含自然灾害危险性和区域脆弱性两个维度，共计5个二级指标和23个三级指标。自然灾害危险性包含频次和烈度两个二级指标。其中烈度共包含5个三级指标，分别是死亡人数、失踪人数、直接经济损失、房屋倒塌数量、农作物受灾面积等。频次和烈度与自然灾害危险性均呈正比规律，也与自然灾害风险呈正相关，即灾害活动的发生频次和烈度越高，其自然灾害危险性越高，自然灾害风险也越高。区域脆弱性包含敏感性、应对能力及适应性3个二级指标。其中敏感性包含地区总人口、人口密度和耕地面积3个三级指标。敏感性在一定程度上反映了承灾体的暴露程度，且与风险指数成正比，即敏感性越强，暴露程度越大，地区面临的风险指数越大。应对能力包含每万人拥有卫生技术人员数、原财产保险收入等7个三级指标，应对能力与区域脆弱性成反比，与自然灾害风险也成反比，即应对能力越强，区域脆弱性越低，灾害损失程度则越低。适应性包含人均水资源量、性别比等7个三级指标，适应性与区域脆弱性和自然灾害风险也呈反比规律，即区域适应性越强，则其灾害所需恢复时间就越低，其脆弱性则越低。

表2 河南省自然灾害风险评价指标体系

维度	二级指标	三级指标
自然灾害危险性	频次	各类灾害频数
	烈度	死亡人数（人）
		失踪人数（人）
		直接经济损失（亿元）
		房屋倒塌数量（间）
		农作物受灾面积（千公顷）

续表

维度	二级指标	三级指标
区域脆弱性	敏感性	地区总人口(万人)
		人口密度(万人/平方公里)
		耕地面积(千公顷)
	应对能力	每万人拥有卫生技术人员数(人)
		每万人医疗机构床位数(张)
		医疗卫生机构数(个)
		原财产保险收入(亿元)
		公共安全支出(亿元)
		政府支出的(R&D)经费(万元)
		地震台数总数(个)
	适应性	人均水资源量(立方米/人)
		性别比(女=100)
		老年人口抚养比
		15岁以上文盲人口
		地方财政一般预算支出(亿元)
		人均地区生产总值
		居民人均可支配收入(元)

（三）万有风险模型设计

对自然灾害进行危险性和脆弱性分析，不仅是从两个不同的维度对其进行分析，也是对这两个不同维度间的关系的分析。本部分内容以自然灾害危险性指数模型和区域脆弱性指数模型为基础，结合万有风险模型，最终确定适合河南省实际情况的自然灾害风险指数模型。

1. 自然灾害危险性指数模型

区域自然灾害危险性来自旱灾、洪涝灾害、地质灾害等灾害的共同威胁，因此自然灾害危险度受灾害强度和频次等的综合影响，自然灾害危险度表达公式为：

$$H^2 = \sum_{1}^{n} w_i \times h_i \qquad (公式1)$$

公式 1 中，H 是自然灾害危险度；h_i 是表示影响自然灾害危险性的影响因素；w_i 是权重，表示该因素对危险度的影响程度；n 表示影响因素总数；i 表示各影响因素。

2. 区域脆弱性指数模型

承载体脆弱度受敏感度、应对能力等综合影响，社会脆弱性表达公式为：

$$V^2 = \sum_{1}^{n} w_i \times v_i \quad （公式2）$$

公式 2 中，承载体脆弱度由 V 来表示；影响社会脆弱性因素的脆弱度由 v_i 表示；权重用 w_i 表示，意为该因素对社会脆弱性的影响程度；n 表示影响因素总数；i 表示各影响因素。

3. 区域综合自然灾害风险指数模型

区域综合自然灾害风险度受自然灾害危险性、区域脆弱性等综合影响，其表达公式为：

$$R = k \frac{H \times V}{r^2} \quad （公式3）$$

公式 3 中，区域综合自然灾害风险度表示为 R；自然灾害危险度表示为 H，反映灾害发生的频次与强度；承灾体脆弱度表示为 V，反映承灾体在应对灾害准备方面能力的强弱；自然灾害风险表示为 r，是指自然灾害可能达到及达到该程度的可能性，它是承灾体脆弱性与致灾因子危险性两者相互作用的结果。

通常情况下，承灾体与灾害是灾害风险模型的两个主要维度，通过选取变量对这两个维度进行表达，最后采用乘除法将选取的变量组合在一起，最终得到灾害风险模型。在以往的灾害风险模型中有两种模型包含两个变量：第一种是包含灾害强度和发生可能性的变量组合，在该风险模型中考虑了致灾因子的性质，但是并未考虑到承灾体以及其他有可能影响风险大小的相关因素；第二种是灾害强度和承灾体易损性的变量组合，在该风险模型中同时考虑了致灾因子和承灾体性质，但是并未考虑二者之间联系的紧密程度，即忽略了灾害和承灾体之间的距离因素，当发生的灾害与承灾体之间的距离较远时，灾害对承灾体造成的伤害可能会大幅度降低。因此，引入致灾因子同承灾体之间的关系这一第三个变量来对风险进行描述。基于此，本报告参考前人的研究成果，并结合万有风险模型，将风险指数模型表示如下：

风险 =（自然灾害）危险性 ×（承灾体）脆弱性／二者关系的平方　（公式4）

需要注意的是，公式4中自然灾害和承灾体之间的关系，即自然灾害危险性和承灾体脆弱性二者之间的关系（r）可以是物理或地理上的距离远近，也可以是自然灾害和承灾体间的相对远近关系。两者关系越强，代表距离越小，灾害对承灾体造成的损害就越大；反之关系越弱，距离越远，灾害对承灾体造成的损害也就越小。这里的 k 可以理解为一个常数，会因灾害种类不同而不同，比如一般情况下，地震的灾害系数 k_1 就比火灾灾害系数 k_2 要大得多。

在本报告中，r 的确定采用专家打分法，将 r 值划分为5个等级。r 的取值范围及等级划分详见表3。由于18个地区面临的灾害种类不尽相同，因此在本报告中暂不考虑 k 的影响。

表3　r 的取值范围及等级划分

等级划分	r 取值	物理意义	实际意义
1	[0.5,0.6)	灾害和承灾体之间的距离非常近	灾害危险性和承灾体脆弱性有非常强的关系，地区发生的灾害次数非常多，且脆弱性极易导致灾害的损失加大
2	[0.6,0.7)	灾害和承灾体之间的距离很近	灾害危险性和承灾体脆弱性有很强的关系，地区发生的灾害次数很多，且脆弱性很容易导致灾害的损失加大
3	[0.7,0.8)	灾害和承灾体之间的距离一般	灾害危险性和承灾体脆弱性关系一般，地区发生的灾害次数一般，且脆弱性会导致灾害的损失加大
4	[0.8,0.9)	灾害和承灾体之间的距离有点远	灾害危险性和承灾体脆弱性之间的关系比较弱，地区发生的灾害次数少，且脆弱性可能导致灾害的损失加大
5	[0.9,1.0)	灾害和承灾体之间的距离很远	灾害危险性和承灾体脆弱性之间的关系非常弱，地区发生的灾害次数非常少，且脆弱性不怎么导致灾害的损失加大

根据专家打分结果，18个地区的r值结果如表4所示。

表4　r的取值结果

r取值	地区
[0.5,0.6)	洛阳市、南阳市
[0.6,0.7)	商丘市、平顶山市
[0.7,0.8)	开封市、新乡市、濮阳市、焦作市
[0.8,0.9)	郑州市、漯河市、信阳市、驻马店市
[0.9,1.0)	周口市、济源市、安阳市、许昌市、三门峡市、鹤壁市

（四）研究结果与讨论

自然灾害危险性数据主要来源于2019年河南省18个地市的自然灾害情况；区域脆弱性指标数据主要来源于河南各地市统计局网站及官方新闻。本部分通过搜集到的数据对河南省各地区自然灾害风险指数进行评估，并根据评价结果对河南省自然灾害系统空间分布格局进行研究分析。

1. 研究结果

根据所搜集到的数据，并采用上述评价模型进行评估，最终得出河南省各地区自然灾害风险指数评价结果，详见表5。

表5　河南省各地区自然灾害风险指数评价结果

单位：%

综合风险指数			自然灾害危险性指数			区域脆弱性指数		
排名	地区	指数	排名	地区	指数	排名	地区	指数
1	洛阳市	68.46	1	洛阳市	59.39	1	郑州市	68.76
2	南阳市	51.84	2	平顶山市	58.97	2	周口市	46.46
3	商丘市	32.57	3	南阳市	40.74	3	南阳市	45.82
4	平顶山市	31.39	4	商丘市	40.23	4	洛阳市	41.50
5	郑州市	27.79	5	开封市	38.61	5	商丘市	39.67
6	开封市	14.83	6	漯河市	38.21	6	驻马店市	36.97
7	信阳市	13.64	7	濮阳市	33.81	7	安阳市	34.55
8	漯河市	12.48	8	信阳市	33.28	8	新乡市	34.47
9	新乡市	12.19	9	郑州市	32.74	9	许昌市	33.42

续表

综合风险指数			自然灾害危险性指数			区域脆弱性指数		
排名	地区	指数	排名	地区	指数	排名	地区	指数
10	濮阳市	11.70	10	济源市	32.00	10	信阳市	33.21
11	焦作市	11.46	11	焦作市	30.57	11	开封市	31.12
12	驻马店市	10.45	12	新乡市	28.64	12	焦作市	30.35
13	周口市	6.59	13	驻马店市	22.91	13	濮阳市	28.02
14	济源市	5.92	14	三门峡市	15.89	14	漯河市	26.44
15	安阳市	5.47	15	安阳市	15.83	15	平顶山市	26.08
16	许昌市	4.85	16	许昌市	14.52	16	三门峡市	25.97
17	三门峡市	4.13	17	周口市	14.19	17	鹤壁市	19.34
18	鹤壁市	2.44	18	鹤壁市	12.63	18	济源市	18.49

2. 河南省各地区自然灾害危险性指数结果分析

根据自然灾害危险性指数，河南省各地区危险程度可以分为四级：第一级地区包括洛阳市、平顶山市、南阳市、商丘市，其自然灾害危险性指数范围为［0.40，0.60），是河南省自然灾害危险最严重的地区；第二级地区包括开封市、漯河市、濮阳市、信阳市、郑州市、济源市、焦作市，自然灾害危险性指数值为［0.30，0.40），是自然灾害危险较严重的地区；第三级地区包括新乡市、驻马店市，自然灾害危险性指数为［0.20，0.30），自然灾害危险程度居中等水平；第四级地区包括三门峡市、安阳市、许昌市、周口市、鹤壁市，自然灾害危险性指数均小于0.20，危险程度较轻，是河南省自然灾害危险程度最轻的地区。

3. 河南省各地区区域脆弱性指数结果分析

根据自然灾害区域脆弱性指数，全省各市脆弱水平可以分为四级：第一级地区包括郑州市、周口市、南阳市、洛阳市，其区域脆弱性指数范围为［0.40，0.70），是河南省社会脆弱性水平最高的地区；第二级地区包括商丘市、驻马店市、安阳市、新乡市、许昌市、信阳市、开封市、焦作市，自然灾害区域脆弱性指数范围为［0.30，0.40），是河南省区域脆弱性水平较高的地区；第三级地区包括濮阳市、漯河市、平顶山市、三门峡市，自然灾害脆弱性指数分布于［0.20，0.30），自然灾害区域脆弱性指数较低；第四级地区包括鹤壁市、济源市，自然灾害区域脆弱性指数均小于0.20，是河南省自然灾害区域脆弱性水平最低的地区。

4. 自然灾害综合风险指数结果分析

自然灾害综合风险水平指向两个维度，自然灾害危险性指数（代表一个地区发生自然灾害的频率和灾害轻度）以及承灾体脆弱性指数（承载体面临灾害时可能达到的损失程度），二者共同决定一个地区的风险水平。

根据自然灾害综合风险指数，全省区域风险水平可以分为四级：第一级地区包括洛阳市、南阳市，其综合风险指数范围为［0.40，0.70），是河南省自然灾害综合风险最高的地区；第二级地区包括商丘市、平顶山市，其风险指数分布于［0.30，0.40），这些地区的自然灾害综合风险指数处于中等水平；第三级地区包括郑州市、开封市、信阳市、漯河市、新乡、濮阳市、焦作市、驻马店市，其风险指数值为［0.10，0.30），这些地区的自然灾害综合风险指数处于较低水平；第四级地区包括：周口市、济源市、安阳市、许昌市、三门峡市、鹤壁市，其综合风险指数均小于0.10，是全省自然灾害综合风险水平最低的地区。

5. 讨论

根据上述2019年河南省自然灾害危险性指数、区域脆弱性指数及综合风险指数数据，并结合所选取的指标及其取值，对河南省灾害系统空间分布格局进行研究分析，得出以下结论。

（1）综合风险指数整体呈现东西重、南北轻的空间分布格局

河南省西南地区是河南省综合风险指数最高的区域；北部及南部地区的综合风险指数指整体偏低；综合风险水平最低的城市是鹤壁市。从自然灾害危险性指数来看，西南地区、东部个别地区的风险最高，洛阳市为河南省自然灾害危险性最大的城市，2019年不仅发生了旱灾，还发生了生物灾害及风雹灾害等。从区域脆弱性指数来看，河南省大部分地区都处于中等水平，区域脆弱性指数最低的城市是济源市。

(2) 相似地区风险水平差异显著

具有相似地形地貌的区域在风险水平观测上等级不尽相同，甚至差异较大。以洛阳市、信阳市、三门峡市（三个城市均为山地地区）为例，其中综合风险指数排名顺序为洛阳市＞信阳市＞三门峡市，其等级分别是一级高风险，三级较低风险和四级低风险。其中，洛阳市无论从自然灾害危险性指数来说，还是从其区域脆弱性指数来看均为一级，信阳市和三门峡市的自然灾害危险性和区域脆弱性指数排名稍有不同，但三个城市的自然灾害危险性及区域脆弱性依旧为洛阳市＞信阳市＞三门峡市。说明自然灾害危险性及区域脆弱性在很大程度上可以反映其综合风险水平。

(3) 区域综合风险水平差异较为显著

全省脆弱性指数实际值为［0.1849，0.6876］，危险性指数实际值为［0.1263，0.5939］，综合风险指数实际值为［0.0244，0.6846］，数据说明河南省各城市间风险水平差距较大，这一数据进一步说明了河南省的抗灾、承灾能力存在显著的区域差异性，需有针对性地增强各城市的抗灾、承灾能力。

三　结论

对河南省各城市进行自然灾害风险评价是本报告的主要研究目的，基于此，本报告采用了适合河南省实际情况的自然灾害风险评价指标体系并运用非线性评估模型，即万有风险模型对河南省各城市的自然灾害脆弱性、危险性及综合风险进行研究分析与讨论，进而也证实了该模式对于河南省实际情况研究的有效性及科学性。

关于河南省18个城市的风险指数评价结果有以下几个结论：一是综合风险指数整体呈现东西重、南北轻的空间分布格局；二是相似地区的自然灾害危险性水平、区域脆弱性水平及综合风险水平差异较为显著，同类地区最高相差三个等级；三是综合风险指数实际值相差较大，区域综合风险水平差异较为显著。自然灾害在所难免，非人力可控，但可以通过降低区域脆弱性来帮助各区域降低自然灾害风险性,通过人为努力降低灾害损失,进一步提高河南省的灾害应对能力。

参考文献

黄崇福:《自然灾害基本定义的探讨》,《自然灾害学报》2009年第5期。
史培军:《三论灾害研究的理论与实践》,《自然灾害学报》2002年第3期。
史培军:《四论灾害系统研究的理论与实践》,《自然灾害学报》2005年第6期。
史培军:《五论灾害系统研究的理论与实践》,《自然灾害学报》2009年第5期。
张华:《海平面上升背景下沿海城市自然灾害脆弱性评估》,上海师范大学硕士学位论文,2011。
郭昱:《权重确定方法综述》,《农村经济与科技》2018年第8期。
刘畅、张鑫:《国际投资中自然灾害的风险及其管理》,《中国外资》2011年第14期。
刘希林、尚志海:《自然灾害风险主要分析方法及其适用性述评》,《地理科学进展》2014年第11期。
景垠娜、尹占娥、殷杰、王飞、温家洪:《基于GIS的上海浦东新区暴雨内涝灾害危险性分析》,《灾害学》2010年第2期。
高庆华、刘惠敏、马宗晋:《自然灾害综合研究的回顾与展望》,《防灾减灾工程学报》2003年第1期。
Apel, H., Thieken, A. H., Merz, B., et al., "Flood Risk Assessment and Associated Uncertainties", *Natural Hazards and Earth System Sciences*, 2004, 4 (2).
Hotelling, H., "Relations between Two Sets of Variates", *Biometrika*, 1936, 28.
Yin Zhan'e, Yin Jie, Xu Shiyuan, Wen Jiahong, "Community-based Scenario Modelling and Disaster Risk Assement of Urban Rainstorm Waterlogging", *Journal of Geographical Sciences*, 2011, 21 (2).
Chen, L., Huang, Y. C., Bai, R. Z., et al., "Regional Disaster Risk Evaluation of China Based on the Universal Risk Model", *Natural Hazards*, 2017, 89 (2).

B.8 河南省相对贫困问题研究[*]

崔学华[**]

摘　要： 当前，河南省所有贫困县全部出列，脱贫攻坚战取得了决定性胜利。下一步，缓解相对贫困将成为扶贫工作的重心。聚焦解决"两不愁三保障"问题是缓解相对贫困的前提，坚持"四不摘"巩固脱贫成果是缓解相对贫困的基础，持续增加贫困人口收入是缓解相对贫困的关键，激发贫困户内生动力是缓解相对贫困的核心，坚持大扶贫格局是缓解相对贫困的重要支撑，改善收入再分配格局是缓解相对贫困的重要手段。

关键词： 绝对贫困　相对贫困　大扶贫

党的十九届四中全会提出，坚决打赢脱贫攻坚战，巩固脱贫攻坚成果，建立解决相对贫困的长效机制。这是十八大以来中央全会首次提及相对贫困，表明今后中国反贫困工作的重心将由绝对贫困转向相对贫困。采取有效措施建立解决相对贫困的长效机制，使乡村振兴和精准扶贫有机衔接，对于巩固脱贫攻坚成果、防止脱贫人口返贫、全面建成小康社会，具有极为重要的意义。

---

[*] 本报告为河南省社会科学院2020年度创新工程项目"健全防止返贫机制研究－20A38"的阶段性成果。

[**] 崔学华，河南省社会科学院社会发展研究所副研究员，主要研究方向为贫困治理、农村社会学。

一 河南省脱贫攻坚战取得决定性胜利

2020年2月28日,河南省政府召开新闻发布会,隆重宣布全省14个贫困县正式脱贫摘帽,退出贫困县序列。本次退出贫困县序列的14个县分别是嵩县、汝阳县、鲁山县、范县、台前县、卢氏县、南召县、淅川县、社旗县、桐柏县、淮滨县、上蔡县、平舆县和确山县。至此,河南省再无贫困县。这就标志着,河南省脱贫攻坚战取得了决定性胜利,党中央提出的"确保到2020年我国现行标准下农村贫困人口实现脱贫,贫困县全部摘帽"的战略任务,河南省已经基本完成。

河南省脱贫攻坚战取得重大胜利,与以习近平同志为核心的党中央统揽全局、精密部署密不可分。党的十八大以来,党中央审时度势,把贫困人口脱贫作为全面建成小康社会的突出短板和奋斗目标,把打赢脱贫攻坚战作为新时期三大战役之一。为此,党中央高度重视顶层设计,精心策划、谋篇布局,循序渐进,久久为功,精准部署不同时间段全国脱贫攻坚工作的核心任务。2013年11月3日,习近平总书记在湖南湘西考察时,首次提出了精准扶贫的概念,强调扶贫要实事求是,因地制宜,要精准扶贫,切忌喊口号;也不要好高骛远,这为脱贫攻坚提供了一把金钥匙。2014年1月25日,国务院办公厅印发了《关于创新机制扎实推进农村扶贫开发工作的意见》,标志着精准扶贫在全国范围内正式启动。2014年10月17日,我国将国际消除贫困日设为国家扶贫日,呼吁全社会对扶贫事业高度重视。同年,全国扶贫系统制定了贫困户建档立卡制度,进村入户,逐家排查,一共识别出12.8万个贫困村、8962万贫困人口,通过建档立卡、录入信息,实行有进有出的动态管理,把真正需要扶贫的人识别出来,做到精准识别。2015年2月,习近平总书记在陕西主持召开陕甘宁革命老区脱贫致富座谈会,会议分析研究了革命老区脱贫工作。2015年6月,习近平总书记在贵州主持召开扶贫攻坚座谈会。2015年10月,党的十八届五中全会明确要求,到2020年我国现行标准下农村贫困人口实现脱贫,贫困县全部摘帽,解决区域性整体贫困。

2015年11月，中央扶贫开发工作会议召开，中西部22个省区市的党政主要负责同志向党中央签署了脱贫攻坚责任书，省、市、县、乡、村层层签订脱贫攻坚责任书，开创了"五级书记抓扶贫"的中国特色，彰显了中国决心和制度优势。2016年7月，习近平总书记在宁夏主持召开了东西部扶贫协作座谈会，随后，中办、国办印发了《脱贫攻坚责任制实施办法》和《关于进一步加强东西部扶贫协作工作的指导意见》，对扶贫攻坚工作做了具体深入的指导。2017年6月，习近平总书记在山西太原主持召开了深度贫困地区脱贫攻坚座谈会，邀请了山西、云南、西藏、湖北、湖南、四川、甘肃等地领导发言，集中研究破解深度贫困之策。他强调，深度贫困地区是脱贫攻坚的坚中之坚，要合理确定脱贫目标，加大投入支持力度，集中优势兵力打攻坚战，区域发展必须围绕精准扶贫发力，要加大各方帮扶力度，加大内生动力培育力度，加大组织领导力度，加强检查督查。2017年12月，中国人民银行、银监会、保监会等部门联合印发了《关于金融支持深度贫困地区脱贫攻坚的意见》，加大对深度贫困地区的扶贫再贷款倾斜力度和管理力度。2018年2月，习近平总书记在四川成都主持召开打好精准脱贫攻坚战座谈会，重点研究今后三年如何打好脱贫攻坚战。5月出台了《关于打赢脱贫攻坚战三年行动的指导意见》，强调要坚持精准扶贫、精准脱贫，聚焦深度贫困地区和特殊贫困群体，激发贫困人口内生动力，确保贫困人口到2020年同全国人民一道进入全面小康社会，为实现乡村振兴打好基础。2019年4月，习近平总书记在重庆主持召开解决"两不愁三保障"突出问题座谈会，会议提出要扎实做好今后两年的脱贫攻坚工作，强化责任落实，尽心尽力；要攻克坚中之坚，着力瞄准"三区三州""三山一滩"；要认真整改问题，提高脱贫质量，稳定脱贫攻坚政策，切实改进作风。2019年10月，党的十九届四中全会提出，坚决打赢脱贫攻坚战，巩固脱贫攻坚成果，建立解决相对贫困的长效机制。2020年3月6日，习近平总书记出席决战决胜脱贫攻坚座谈会并发表重要讲话，指出我国脱贫攻坚已经取得决定性成就，同时仍面临剩余艰巨任务，巩固脱贫成果难度很大，抗疫脱贫要两手抓，多措并举巩固成果，保持脱贫攻坚政策稳定，严格考核、开展普查，接续推进全面脱贫与乡村振兴的有效衔接。以上统筹谋划层次分明，重点突出，措施得力，真抓实干，带领全国各地人民脱贫致富奔小康。

回溯河南省脱贫攻坚历史时间轴，2017年3月27日，兰考县成为首个脱贫攻坚摘帽县，在全国592个国家级贫困县中，兰考县和江西省井冈山市率先实现脱贫。2017年10月31日，滑县宣告脱贫摘帽；2018年4月17日，舞阳县宣告脱贫摘帽，这是全省脱贫摘帽县的前三名。2018年8月8日，新县、沈丘县、新蔡县宣告脱贫摘帽；2019年5月9日，又有33个县宣告脱贫摘帽，其中有19个国定贫困县、14个省定贫困县；2020年2月28日，又有14个县宣告脱贫摘帽。至此，全省53个贫困县全部脱贫摘帽，标志着全省脱贫攻坚工作取得了决定性成就，河南由此进入了再无贫困县的新的发展阶段。

二 扶贫工作的重心逐步转向解决相对贫困

尽管全省脱贫攻坚工作取得了决定性胜利，但是目前还有35万贫困人口、52个贫困村没有脱贫出列，还没有彻底消灭绝对贫困，不获全胜决不收兵。"编筐编篓，重在收口。"省扶贫办、省民政厅等相关部门齐心协力，进一步做好扶贫攻坚工作，确保2020年底所有贫困人口全部脱贫，所有边缘人口防止返贫致贫，彻底打赢脱贫攻坚收官战，实现小康路上一个都不能少。下一步，缓解相对贫困将成为扶贫工作的重心。

绝对贫困通常是指生存型贫困，是指在一定的生产方式和生活方式下，个人和家庭依靠其劳动所得和其他合法收入不能维持其基本的生存需要，难以满足"两不愁三保障"的基本需求。相对贫困属于发展型贫困，是指在社会发展过程中，部分家庭或者个体因为收入分配不足或者是公共服务低下，其获取的福利水平处于社会的平均线之下，成为社会的弱势群体。有学者认为，相对贫困主要表现为权益贫困、幸福贫困和生计贫困三个层面。未来一段时期，因为河南省深度贫困地区人口数量众多，"三山一滩"地区自然环境恶劣，公共设施和公共服务落后，贫困地区和非贫困地区扶贫资源差距较大，边缘户类型特点复杂多样，所以区域发展不平衡不充分问题将长期存在，相对贫困问题也将持续存在。2020年后，河南相对贫困问题突出表现在以下五个方面。

（一）重大风险导致的相对贫困最为突出

重大风险导致的相对贫困中，因病返贫问题最为突出。据统计，脱贫户因病返贫比重高达75%，且有逐年增高的趋势。2019年全省因病因残返贫人口占比高达86%以上，是数量最大的返贫群体，未来很可能转化为相对贫困群体。这些贫困家庭需要支付高额的医疗费用，还需要捆绑其他家人照顾患者，造成了"一人生病，全家返贫"的现象。调研中发现，一些贫困户由于疾病、残疾、上学或者缺少劳动力而贫困，一两年之后，病人去世或者学生已经毕业参加工作了，但是贫困户仍然没有脱贫，说明对贫困户的动态管理不够认真，没有及时调整脱贫名单。也有一些脱贫户，由于临时的天灾人祸，因病因残返贫，但还没有重新调整其为返贫户。2020年以后，老弱病残等特殊群体将成为主要的相对贫困群体。要及时更新脱贫动态，采取有效措施，巩固脱贫成果防止返贫，有效缓解全省相对贫困问题。

（二）深度贫困地区需要兜底保障人口众多

截至2018年上半年，河南全省1235个深度贫困村，主要集中在15个省辖市，其中郑州、漯河和济源三个城市没有深度贫困村，三门峡、洛阳和南阳深度贫困村总量较多，分别为232个、225个和199个，依次排在全省前三名，占全省深度贫困村总数的18.8%、18.2%和16.1%。按照深度贫困村在"三山一滩"地区的分布，全省1235个深度贫困村中，928个村分布在"三山一滩"地区，占75.1%。"三山一滩"深度贫困村中，551个村分布在伏牛山区，占59.4%；179个村分布在大别山区，占19.3%；94个村分布在太行山区，占10.1%；104个村分布在黄河滩区，占11.2%。按照地形地貌特征分布，深度贫困村中山区村占54%，平原村占23%；丘陵村占23%。因此，深度贫困村主要分布在偏远山区的贫困县中，总体贫困发生率在15%左右，比全省贫困发生率约高12个百分点，并呈逐年降低趋势。总体上讲，这些地区公共服务落后，居民文化水平较低，个体发展能力不足，谋生能力有限，只能维持基本的温饱生活以外，将长期处于相对贫困之中。

（三）异地搬迁后续工作不力导致相对贫困

河南省异地搬迁任务非常艰巨。全省26万建档立卡贫困人口中，需要同步搬迁的人口有5万多人，迁出范围主要是"三山一滩"地区，涉及连片特困地区重点县19个，省级扶贫开发工作重点县5个。工作难度之大，投资金额之多，施工时间之紧，前所未有。为了解决异地搬迁后的就业问题，各地创办了规模不等的扶贫工厂和扶贫车间，确保每个家庭至少一人就业。近年来经济下行压力较大，2020年疫情、旱情此起彼伏，扶贫产业大多勉强维持，持续性发展较少。同时，异地搬迁人员文化水平较低，大多从事公益性岗位工作，未来这些公益岗位一旦减少或者取消，他们仍将处于失业状态，相对贫困问题比较突出。

（四）贫困村和非贫困村资源差异导致相对贫困

由于非贫困村帮扶力量薄弱，帮扶措施受限，助推脱贫的资源和动力不足，脱贫难度很大，导致贫困人口在非贫困县、非贫困村的占比越来越大，在贫困县和贫困村的占比越来越小。2013年，全省分布在非贫困村的贫困人口占16.5%，分布在贫困村的贫困人口占83.5%；2017年，全省分布在非贫困村的贫困人口达到65.6%，分布在贫困村的贫困人口降到34.4%；2019年，全省分布在非贫困村的贫困人口达到73%，分布在贫困村的贫困人口降到27%。随着绝对贫困的彻底消除和贫困村的发展壮大，非贫困村的相对贫困问题将逐渐暴露，一些边缘贫困户也将因为扶贫资源不足，面临相对贫困问题。各级党委政府要转变工作思路，赋予非贫困村的贫困群众更多的关注，真正落实应扶尽扶，实现共同富裕。

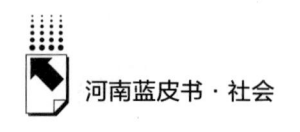

(五)农村阶层分化导致的相对贫困日益严峻

河南省农村内部社会分化带来的相对贫困问题日益严峻。一部分农民工外出打工后致富,年收入在10万元以上甚至达百万元。这部分农民占2%~10%,属于农民队伍中的上层群体。绝大部分农民群体从事技术工作或者高强度劳动,年收入在6万元左右,这部分群体占50%以上,属于农民队伍中的中层群体。还有10%~20%的农民群体,从事普通体力,或者务农劳动,年收入在3万元左右,成为农民队伍中的下层群体。当然,还有一部分老弱病残人员等,他们几乎没有任何劳动收入,全靠政府救助兜底,这是农民队伍中的底层群体。乡土社会中,收入差距带来的阶层分化和价值多元化,是客观社会发展的必然存在。上层农民对下层农民构成的巨大挤压,导致下层农民逐渐被边缘化,贫富分化更加严重,相对贫困问题日益加剧。

三 缓解河南相对贫困问题的思路建议

贫困问题是一个世界性的难题,伴随人类社会长期存在,即使在2020年以后河南乃至全国都消除了绝对贫困,相对贫困也将长期存在。必须采取有力措施,巩固脱贫攻坚成果,防止脱贫人口返贫,持续增加贫困人口收入,不断激发贫困户内生动力,坚持大扶贫格局和改善收入再分配格局等措施,持续缓解河南省相对贫困问题,确保全省人民幸福感、获得感不断增强,人民安居乐业,社会和谐稳定。

(一)聚焦解决"两不愁三保障"问题是缓解相对贫困的前提

当前,要继续按照现行扶贫标准,高质量完成剩余减贫任务,聚焦解决"两不愁三保障"突出问题。加强义务教育保障,落实贫困家庭学生资助政策,精准发放资助资金;加强寄宿制学校和小规模学校建设,全面改善贫困地区义务教育办学条件。加强基本医疗保障。将贫困人口全部纳入基本医疗保险、大病保险、大病补充保险和医疗救助保障范围,及时落实报销政策;

加强基层医疗机构建设，确保2020年每个乡镇都有一所标准化卫生院，每个行政村都有一所标准化卫生室，每个村卫生室至少有一名合格村医。加强住房安全保障。检查农村危房改造工程质量，实现建档立卡贫困户、农村分散供养特困人员、低保户、贫困残疾人家庭等四类重点对象危房全部清零。加强饮水安全保障。持续实施农村饮水安全巩固提升工程，2020年农村集中供水率达到90%，自来水普及率达到88%。

（二）激发贫困户内生动力是缓解相对贫困的核心

通过党组织引领、利益联结、志智双扶、以工代赈、教育扶贫等措施，千方百计调动贫困户的内生动力。通过村级党支部的引导，推行"生产、供销、信用"三位一体合作社，建立健全贫困户信用合作，激活农村要素，培育新型集体经济组织，激发贫困户内生动力；创建"党委政府+金融机构+龙头企业+合作社+贫困户"的资产收益扶贫模式，解决贫困户贷款难、贷款贵的问题，为贫困户提供创业有本、发展有保的产业金融体系，支持和鼓励贫困户创业就业，为贫困户带来持续稳定的收入，增强贫困户的发展自信心和内生动力。深入开展扶志教育，充分利用农民夜校、新时代文明实践中心等载体，加强社会主义核心价值观教育，树立贫困户脱贫致富的信心和勇气。采取以工代赈、以奖代补的帮扶方式，除低保金、养老金外一律不再直接发钱发物。加强对有劳动能力贫困人口的技能培训、资金支持，增强其自我发展能力，引导贫困人口自力更生、脱贫致富。

（三）改善收入再分配格局是缓解相对贫困的重要手段

强化转移支付，改善收入再分配格局。传统的扶贫开发、保障性救济兜底政策可以有效解决绝对贫困问题，但不能缩小社会整体的收入差距，相对贫困问题难以得到解决。因此，减少相对贫困人口比例，关键在于改善收入再分配格局，提高相对贫困群体再分配收入，缩小其与社会平均生活水平的差距，解决发展不平衡的问题。除完善传统的扶贫开发、教育、健康等扶贫政策之外，加大对低收入群体的财政、金融转移支付力度，完善奖励就业的

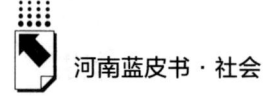

财政、金融转移支付政策。对于目前存量贫困人口中重度残疾人员的治疗和托养问题,其中大部分属于鳏寡孤独失能老人,从优化"低保"制度入手,逐步建立现金转移支付制度,提高补贴水平。将收入再分配与提高贫困人口教育、健康等人力资本积累目标相结合,增加贫困人口人力资本投资的财政补贴,提高贫困人口人力资本再分配积累,提升贫困人口人力资本的创收能力,阻断贫困人口的代际传递,缓解相对贫困。

参考文献

崔学华:《建立解决相对贫困的六大举措》,《党的生活》2020年第7期。

朱丹青等:《精准脱贫后陕西省农村反相对贫困问题研究》,《经济研究导刊》2020年第8期。

吕方:《迈向2020后减贫治理:建立解决相对贫困问题长效机制》,《社会学》2020年第7期。

陈桂生等:《积极探索解决相对贫困的长效机制》,《学习时报》2020年4月1日。

B.9 河南省人口发展研究报告

冯庆林*

摘　要： 现阶段，河南省已经进入人口发展的关键期。在此特殊的历史时期，本报告全面梳理了河南省人口总量、人口结构以及人口分布等方面的发展现状及趋势性特征，系统分析了河南省人口发展面临的突出问题及挑战，在此基础上，从如何完善人口发展政策等方面对统筹解决河南省人口问题进行了展望。

关键词： 河南　人口发展　人口结构　人口政策

2020年是我国全面建成小康社会的决胜之年，也是国家"十三五"规划的收官之年，时值人口发展进入关键期之际，全面分析河南省人口总量、结构和分布等状况，准确把握河南省人口发展的变化趋势及存在的突出问题和挑战，对于科学制定"十四五"发展战略、完善人口发展政策、推动经济社会高质量发展、谱写新时代中原更加出彩的绚丽篇章意义重大。

一　河南省人口发展现状及趋势性特征

近年来，随着广大人民群众生育观念的逐步改变、生育政策的不断调整，河南省人口发展呈现如下特征。

---

* 冯庆林，河南省社会科学院社会发展研究所助理研究员，主要研究方向为人口社会学。

（一）人口总量持续增加，增长惯性逐步减弱

截至2019年末，全省年末总人口为10952万人，出生人口为120万人，出生率为11.02‰，死亡人口75万人，死亡率为6.84‰，自然增长率为4.18‰，人口总量依然位居全国第一；常住人口达9640万人，排在广东和山东之后，位居全国第三。从全省年末总人口和常住人口的增幅来看，2011年以来，年末总人口共增加463万人，年均增长5.41‰；常住人口共增加252万人，年均增长3.32‰，常住人口的增长幅度明显低于全省年末总人口（见图1）。从图2的人口自然变动趋势来看，河南省于2014年放开"单独二孩"政策，于2016年放开"全面二孩"政策，人口出生率从2011年到2016年呈整体增高趋势，到2016年达到近年来的最高值13.26‰，此后随着"全面两孩"政策效应的逐渐减弱，从2017年开始人口出生率呈逐年下降趋势。由于人口死亡率稳定在7.00‰左右，因此河南省人口自然增长率的总体走势与出生率基本保持一致。此外，从2013年开始河南省人口出生率持续高于全国平均水平（见图3），从另一方面也表明河南省人口自然增长率略高于全国平均水平。

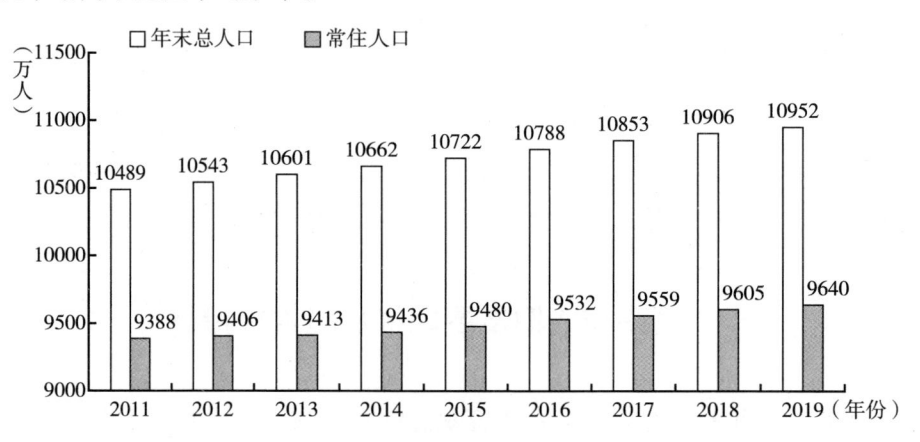

图1　2011~2019年河南省年末总人口和常住人口数量

资料来源：2011~2019年《河南省国民经济和社会发展统计公报》。

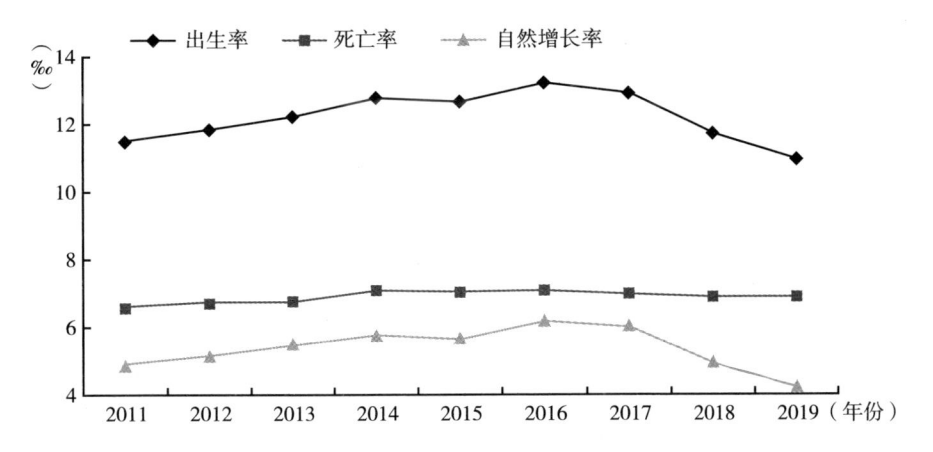

图 2　2011~2019 年河南省人口出生率、死亡率和自然增长率

资料来源：2011~2019 年《河南省国民经济和社会发展统计公报》。

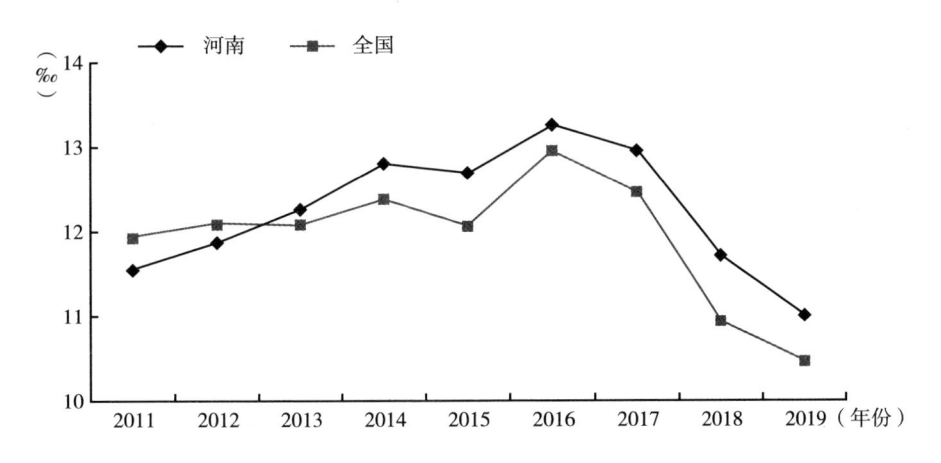

图 3　2011~2019 年河南省与全国人口出生率比较

资料来源：2011~2019 年国家和河南省《国民经济和社会发展统计公报》。

（二）家庭户规模日趋小型化

《河南统计年鉴—2019》数据显示，2018 年河南省共有家庭户 3287 万户，年末总人口为 10906 万人，平均每个家庭户人口为 3.32 人，比 2010 年第六次人口普查时减少 0.15 人，全省家庭户规模日趋小型化（见图 4）。

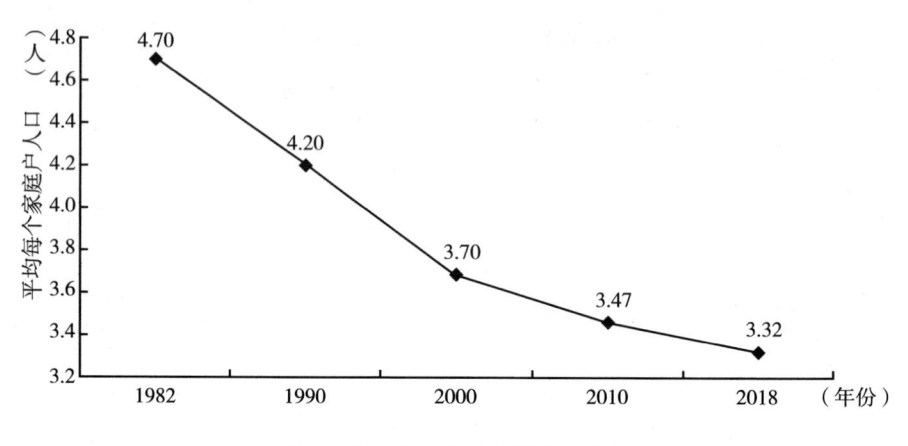

图 4 河南省家庭户规模变化趋势

资料来源：人口普查数据。

（三）城镇化率持续升高，与全国平均水平相比差距逐步缩小

截至2019年末，河南省常住人口中城镇人口达到5129万人，比2011年末的3809万人增长1320万人，平均每年增长约165万人；常住人口城镇化率达到53.21%，相对于2011年末的40.57%，8年间提升12.64个百分点。与全国城镇化水平相比，河南省的城镇化率增速要快于全国平均水平，并与全国平均水平的差距逐年缩小，已经从2011年的相差约10个百分点缩小到约7个百分点，但仍然与全国60.60%的常住人口城镇化率存在一定差距（见图5）。

（四）劳动年龄人口比重持续下降，总量缓慢减少

2019年末，河南省15~64岁劳动年龄人口为6514万人，占常住人口的比重为67.57%。与到达峰值比重的2008年相比，劳动年龄人口占常住人口的比重连续11年呈下降趋势，共下降4.73个百分点（见表1）。从劳动年龄人口的总量来看，由2010年的6644万人减少到2019年的6514万人，[①] 九年间共减少130万人，平均每年减少约14万人，与每年出生人口相比，总量减少相对缓慢。

---

① 《河南统计年鉴—2011》。

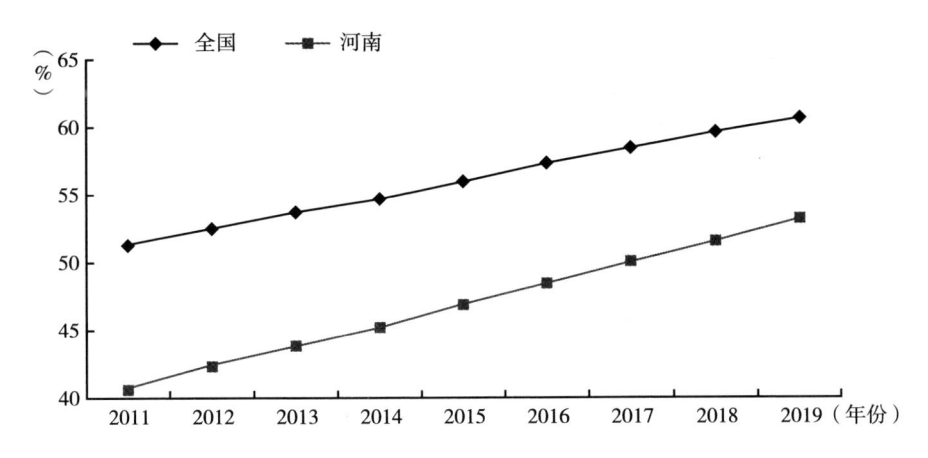

图 5　2011~2019 年河南省与全国常住人口城镇化率比较

资料来源：2011~2019 年国家和河南省《国民经济和社会发展统计公报》。

表 1　2007~2019 年河南省常住人口年龄结构

单位：%

年份	0~14 岁	15~64 岁	65 岁及以上
2007	20.38	72.05	7.57
2008	19.89	72.30	7.81
2009	19.26	71.90	8.84
2010	21.00	70.64	8.36
2011	21.14	70.25	8.61
2012	21.15	70.03	8.82
2013	21.12	69.82	9.06
2014	21.20	69.43	9.37
2015	21.22	69.15	9.63
2016	21.32	68.80	9.88
2017	21.41	68.40	10.19
2018	21.45	67.94	10.61
2019	21.27	67.57	11.16

资料来源：2008~2019 年《河南统计年鉴》；《2019 年河南省国民经济和社会发展统计公报》。

（五）人口老龄化程度日益加深，农村老龄化程度高于城镇

2019 年末，全省 65 岁及以上老年人共 1076 万人，占常住人口的 11.16%。

由表1可以看出，从2010年开始，65岁及以上老年人所占比重逐年增加，从2010年的8.36%到2019年的11.16%，九年间共增加了2.80个百分点。65岁及以上老年人口也从2010年的786万人[1]增加到2019年的1076万人，九年时间共增加290万人，平均每年增加32万人，与劳动年龄人口减少的趋势相比，人口老龄化的程度日益加深。此外，据第六次人口普查数据，2010年河南60岁及以上老年人口有801.88万人居住在乡村，占全省老年人口总数的67%，[2] 结合2010年常住人口为9405万人，城镇化率为38.8%，[3] 可以推算出农村60岁及以上老年人口占常住人口的比重为13.93%，比城镇10.82%的比重高出3.11个百分点。这也充分印证了近年来随着农村劳动力外出务工，农村老龄化程度高于城镇的现状。

（六）人口健康素养稳步提高，文化素质持续提升

截至2018年底，河南省人口平均预期寿命超过76岁，相比2010年人口普查数据显示的74.57岁进一步提高。河南省居民健康素养水平由2013年的3.7%上升到2019年的19.11%，有了较大幅度的提升。[4] 此外，根据《河南统计年鉴—2019》推算，同2010年第六次人口普查相比，2018年全省每10万人中具有大专及以上文化程度的人口由6398人上升到9374人，具有高中文化程度的人口由13212人上升到17175人，具有初中文化程度的人由42460人上升到44088人，具有小学文化程度的人口由24108人下降到24093人，全省人口素质进一步提升（见图6）。

（七）人口流动依然活跃，持续向中心城市聚集

2019年末，河南省年末总人口10952万人，常住人口9640万人，人口

---

[1] 《河南统计年鉴—2011》。
[2] 卢守亭、贾金玲：《人口老龄化与养老服务体系建设》，社会科学文献出版社，2018。
[3] 《河南统计年鉴—2011》。
[4] 《河南省新冠肺炎疫情防控专题第二十五场新闻发布会》，河南省人民政府网站，2020年3月8日，http://www.henan.gov.cn/2020/03-08/1301692.html。

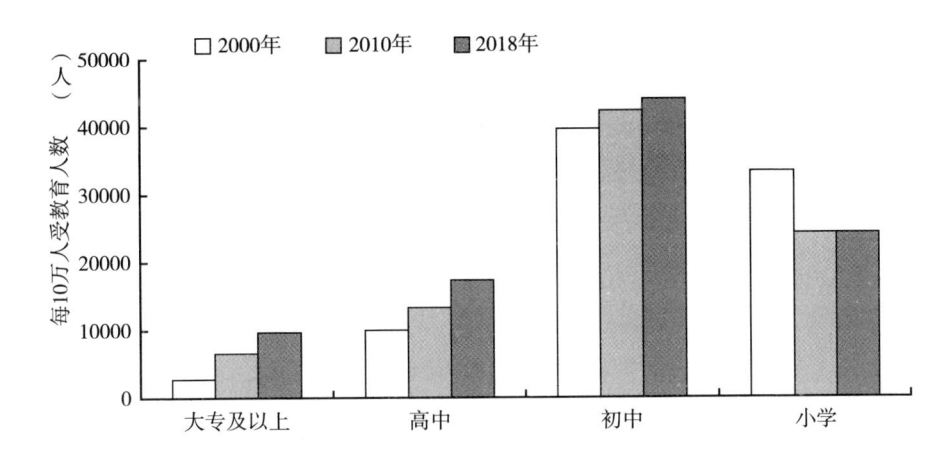

图 6 河南省各种受教育人口人数变化

注：2018 年数据是根据《中国统计年鉴—2019》"2-14 分地区按性别、受教育程度分的 6 岁及以上人口（2018 年）"统计表中数据计算得到。计算公式是：各种受教育人数/抽样总人数×10 万 = 每 10 万人口受教育人数。

资料来源：《河南省 2010 年第六次全国人口普查主要数据公报》；《中国统计年鉴—2019》。

净流出 1311.7 万人。其中，外出务工成为河南人口净流出的主要原因之一。据统计，2019 年末河南省农村劳动力转移就业总量为 3040.89 万人，其中省内转移 1826.01 万人，省外输出 1214.88 万人。[①] 郑州市作为国家中心城市，人口聚集效应显著，2019 年末人口净流入 240.8 万人（见表 2）。其中，人口净流出规模最大的是豫东和豫南的周口、商丘、信阳、驻马店、南阳等城市，占全省人口净流出规模的 88% 以上。

表 2 2019 年末河南省及地市年末总人口和常住人口数量

单位：万人

	年末总人口	常住人口	人口净流出
全省	10952	9640	1311.7
郑州	794.4*	1035.2	-240.8
开封	527.8	457.5	70.3
洛阳	717.0	692.2	24.8

① 《2019 年河南省国民经济和社会发展统计公报》。

续表

	年末总人口	常住人口	人口净流出
平顶山	555.2	502.6	52.6
安阳	594.8	519.2	75.6
鹤壁	166.5	163.2	3.3
新乡	619.8	581.4	38.4
焦作	377.9	359.7	18.2
濮阳	400.9	361.0	39.9
许昌	500.5	446.2	54.3
漯河	285.3	266.8	18.5
三门峡	230.9	227.7	3.2
南阳	1201.9	1003.6	198.3
商丘	930.4	733.4	197.0
信阳	887.9	646.4	241.5
周口	1166.2	866.2	300.0
驻马店	922.8	704.6	218.2
济源	71.8	73.4	-1.6

＊由全省数据和其他地市数据推算而得。

资料来源：河南省及各地市2019年《国民经济和社会发展统计公报》。

二 河南省人口发展面临的问题与挑战

人口发展有其自身的惯性，无论是人口数量、人口结构还是人口素质都对经济社会的发展产生深远的影响，而一旦有关人口的政策出现偏误或预判不足，导致的人口后果可能会延续相当长时间。通过对2019年河南人口发展现状及其特征进行分析，发现当前河南人口发展主要面临以下突出问题及挑战。

（一）出生人口性别比长期偏高的负面影响将持续存在

自20世纪80年代以来，由于受到"男孩偏好"的生育选择及最严格的计划生育政策的影响，河南省的出生人口性别比长期偏高，2000年第五次人口普查时的数据为118.46，2010年第六次人口普查数据为118。随着"全面两孩"政策的实施、生育观念的转变，2018年调查结果显示，出生人口性别比比"全面两孩"政策实施前的2015年下降了7.15，出生人口性别比趋于正常（正常值范围为103~107）。① 几十年来出生人口性别比长期偏高造成了人口性别结构失衡问题，最直接的后果是婚姻挤压现象，大量农村大龄男青年不能结婚，进而影响人口再生产、社会稳定、人口经济社会结构变化等社会经济生活的方方面面，并且这种结构性问题的影响将持续多年。此外，从男女人口数量上也能看出该问题的严重程度。2019年，河南省常住人口中男性人口为4885万人，女性人口为4755万人，男性人口比女性人口多130万人，男女性别比为102.73。考虑到常住人口中女性老龄人口所占比重偏高，除去老年人口男女性别比绝对高于总人口性别比这一影响因素，性别结构失衡问题造成的影响仍旧严重，对此必须有清醒的认识。

（二）家庭户规模持续小型化带来巨大挑战

历次人口普查数据显示，河南省家庭户规模正在逐渐趋向小型化、核心化。虽说"单独二孩""全面两孩"政策的出台在一定程度上有助于减缓家庭户规模的持续减小，但持续走低的出生人口量预示着家庭户规模将持续小型化（见图7）。除核心家庭外，其他非核心化的小家庭类型，如空巢家庭、丁克家庭、单亲家庭等，正在成为当前全省城乡家庭结构的重要内容。家庭户规模下降是社会、经济、文化、政策等多种因素共同作用的结果，也是社会进步和发展的必然趋势。家庭结构、家庭规模及其人际关系方面的变迁不仅影响人们的行为，同时也影响整个社会生活，必然对河南省社会经济的发展以及城乡居民的生产生活带来深远影响。作为公共政策的制定者和执行者，全省各级地方政府对此必须充分认识并正确把握。

---

① 《2018年河南人口发展报告》。

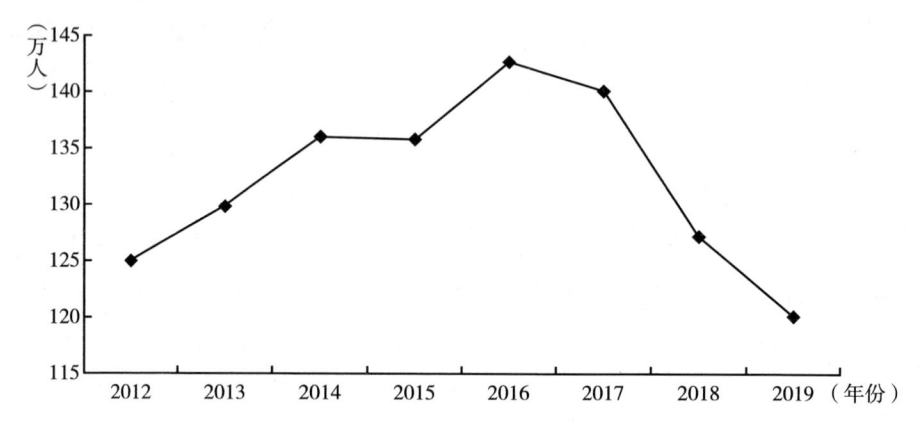

图7　2012～2019年河南省出生人口变化趋势

资料来源：2012～2019年《河南省国民经济和社会发展统计公报》。

（三）老龄化进程加速为养老服务体系带来压力

从表1可以看出，河南老龄化进程正在加速。面对人口老龄化的严峻形势，河南省积极推进养老服务体系建设，截至2019年底，全省共有养老机构3300多家，郑州、许昌、洛阳、鹤壁、商丘、焦作、信阳被确定为全国居家和社区养老服务综合改革试点地区。河南省积极推动医养融合发展，截至2019年底，全省建成医养结合机构312家，与养老机构建立协作服务关系的医疗机构共1621家，90%的医疗机构为老年人专设挂号、导诊等就医绿色通道。建成老年医院、康复医院、护理院、安宁疗护中心等专业机构131家，287家二级以上医疗机构开设了老年病科，占49.9%。全省3300多家养老机构，80%以上都能够开展医疗服务。积极推进农村养老服务，对农村敬老院实施安全、清洁、文化、医疗、康复"五项工程"提升改造，支持建设农村幸福院8000多家。河南虽然在养老服务中取得了一定的成效，但由于老年人口基数大、增速快，高龄化、失能化、空巢化趋势明显，当前河南在应对人口老龄化过程中依然面临较大压力。人口迅速老龄化与市场经济和社会转型所带来的一系列变化交织在一起，使得未来河南省社会经济面临的挑战不仅仅是经济意义上的，还是社会意义上的多方面挑战。建立公平、合理、有效的制度安排和社会应对机制，加快推进基本公共服务体系建设，是应对银发浪潮的关键所在。

（四）劳动力人口持续减少为经济社会发展带来挑战

劳动年龄人口是参与劳动生产、为整个社会提供赖以生存的劳动成果的主要群体，该部分人口的多少对整个经济社会的发展产生决定性影响。从表1可以看出，河南省15~64岁劳动年龄人口占常住人口的比重近年来呈逐渐下降趋势，人口抚养比也从2015年的44.47%上升到2019年的47.99%，劳动力人口的抚养负担进一步加重。劳动年龄人口比例的下降，意味着人口老龄化程度加深，这势必导致人口红利消失，劳动供给量趋于下降，进而减缓经济增长速度。另外，这在一定程度上将倒逼经济发展方式转变和产业结构升级换代，促进产业结构的优化调整。因此，在经济转型的背景下，面对不断减少的劳动年龄人口，如果应对策略不当，不仅会影响社会保障、投资、消费，而且将对经济的可持续发展产生消极影响，从而给河南省的经济社会发展带来严峻挑战。

（五）城镇化总体水平落后制约全省高质量发展

近年来，河南省常住人口城镇化率以高于全国平均水平的速度加快发展，截至2019年底，全省城镇化率达到53.21%，距离全国60.60%的水平越来越近，但依然还有7.39个百分点的差距。城镇化的快速发展，为全省经济发展增添了动力，也让农村社会结构、经济结构及土地使用方式等发生重大变革。虽然城镇人口已经过半，但城镇化总体水平落后、区域发展不平衡等问题仍是制约全省进一步高质量发展的症结所在。具体表现在，一是乡村振兴任重道远。推动城镇化，其目的不是消灭农村，而是要实现城乡融合发展。然而目前各种要素资源向城镇汇集，部分农村地区呈现人才、教育、医疗卫生等资源凋敝的现象，致使实现乡村振兴困难重重，城市与农村协调发展的关系亟待理顺。二是城镇化发展的质量不高。城镇化的核心是"人的城镇化"，只有坚持以人民为中心的发展思想，新型城镇化才能持续释放强大的发展潜力。然而当前河南省在户籍管理制度、城乡统一就业制度、土地使用和住房制度、农民工子女教育制度、收入分配制度、社会保障制度等方面还有待进一步完善，城市燃气普及率、人均公园绿地面积、人均公共文化设施面积等城市公共设施指标的排名也均在全国靠后，亟待通过深入推进百城建设提质来实现城镇化从"关注速度"向"关注质量"转变。三是区域发展不平衡制约高质量发展。各省辖市由于人口规模、经济发展水平、地域环境等方面的差异，在城镇化的发展速度和发展质量等方面存在较大差距。从表3可以看出，18个省辖市中有7个城镇化率低于全省平均水平，尤其是传统的农业大市城镇化率普遍不高，严重制约全省高质量发展。如果不能妥善破解这些难题，选择更合适的城镇化发展模式和路径，其将严重制约河南省的现代化建设和社会和谐发展。

表3 2019年河南省各地市城镇化率及与2018年对比

省辖市	城镇化率(%)	比2018年提高(个百分点)
郑州市	74.58	1.20
济源市	63.61	1.25
鹤壁市	61.31	1.24
焦作市	60.94	1.52
洛阳市	59.10	1.53
三门峡市	57.70	1.41
平顶山市	55.50	1.52
新乡市	54.91	1.50
许昌市	54.13	1.50
漯河市	53.97	1.50
安阳市	53.25	1.50
开封市	50.28	1.43
信阳市	48.98	1.43
南阳市	47.73	1.50
濮阳市	46.80	1.52
商丘市	44.83	1.53
驻马店市	44.63	1.53
周口市	44.36	1.54

资料来源：中商产业研究院大数据库。

（六）人口总体素质偏低影响河南经济社会高质量发展

受教育程度是反映一个地区人口总体素质的重要指标。总体而论，河南是人口数量大省，但不是人力资源强省。从第六次人口普查数据可以看出，河南省每10万人中具有高中及以上文化程度的人数明显低于全国平均水平（见图8）。经过近十年时间的发展，河南省人口素质至今依然不能适应经济社会的高质量发展。2018年的抽样调查显示，河南每10万人中具有中职、大学及研究生受教育程度的人数普遍低于全国平均水平，两者相差5661人（见表4）。此外，河南高中及以上受教育程度人数所占比例虽比第六次人口普查时提高了6.9个百分点，达到26.5%，但与全国平均水平31.6%相比依然偏低。这一方面说明虽然近十年来河南大力发展高等教育，但与全国平均水平相比仍有差距；另一方面也说明河南对高素质人才的吸引力低于全国平均水平。通过以上分析可以看出，人口文化素质整体不高依然是制约河南经济社会高质量发展的瓶颈。

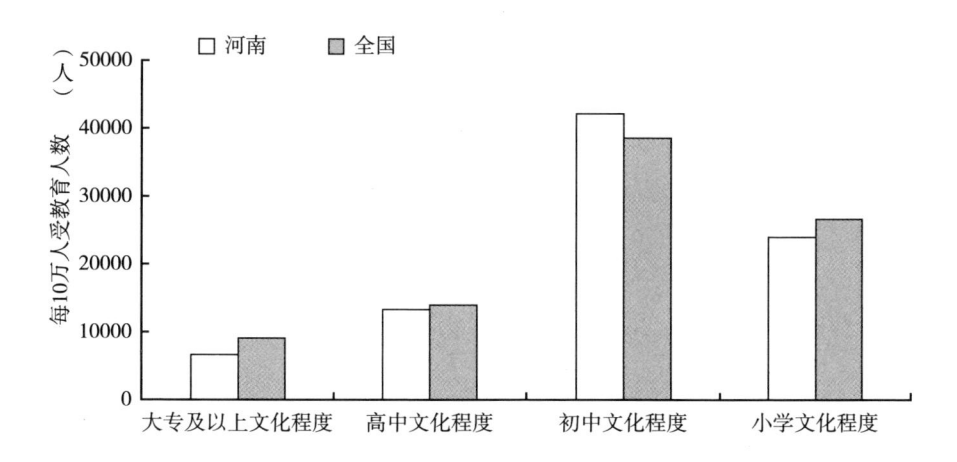

图8 2010年河南与全国各种受教育程度人数比较

资料来源：第六次人口普查数据。

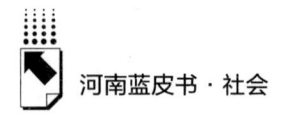

表4　2018年每10万人河南与全国各种受教育程度人数比较

单位：人

	未上过学	小学	初中	普通高中	中职	大学专科	大学本科	研究生
全国	5402	25273	37762	13038	4514	7375	6038	598
河南	5270	24093	44088	13685	3490	5779	3254	341

注：本表数据是根据《中国统计年鉴—2019》"2-14分地区按性别、受教育程度分的6岁及以上人口（2018年）"统计表中数据计算得到。计算公式是：各种受教育人数/抽样总人数×10万＝每10万人口受教育人数。

资料来源：《中国统计年鉴—2019》。

（七）人口发展与资源、环境的矛盾日益凸显

河南作为第一户籍人口大省，人口与资源环境承载力长期处于紧平衡状态。人口总量压力仍然较大，人口与经济社会、资源环境的矛盾长期存在，人口与水资源短缺的矛盾始终突出，人口与能源消费的平衡关系十分紧张。首先，伴随人口密度的不断增加，土地负担日益超重。2019年，河南省人口密度达每平方公里577人，在全国排名靠前。河南以占全国1.74%的土地养育着占全国6.9%的人口，全省人均耕地仅有1.12亩，不及全国平均水平。其次，人均水、矿产资源严重偏低。全省多年平均水资源总量为403.5亿立方米，人均水资源量约为383立方米，相当于全国平均水平的1/5。此外，近几年来，随着国民经济的快速发展，河南省矿产资源的供求矛盾日益突出，保障能力日趋下降。最后，生态环境保护问题依然十分严峻。2019年，河南省虽然高质量完成了国家下达的主要污染物总量减排、大气污染防治、水污染防治、土壤污染防治等四大目标，[1]但保护生态环境、防治污染永远在路上，如何促使企业转型发展，优化发展布局，在实现绿色发展的基础上推动经济社会高质量发展，是当前应该重点关注的话题。此外，伴随城镇化速度加快及城镇人口增加，各种生活垃圾、汽车尾气排放等生活污染问题也将更为突出，必须时刻加以防控。

---

[1]《2019年河南省生态环境状况公报》。

三 河南省人口发展的未来展望

人口问题始终是全局性、长期性、战略性问题。党的十九大报告指出，要"促进生育政策和相关经济社会政策配套衔接，加强人口发展战略研究"，这为新时代人口研究指明了方向。然而，实现人口均衡发展是一项艰巨、复杂的任务，更是一个长期的历史发展过程。这就要求在今后相当长的时间内统筹谋划、全面做好人口工作，从而促进河南人口均衡协调发展。

（一）稳定适度生育水平是未来河南人口发展的首要任务

从当前的生育政策、生育意愿和人口结构来看，未来几年河南省人口发展的基本特征是人口总量缓慢增长，出生人口逐年下降，生育水平有继续走低的可能。因此，河南作为人口大省，要维持适度的生育水平，必须继续坚持和完善现行生育政策，加强人口规模调控，保持人口适度增长。一方面，要坚持计划生育基本国策，依法实施好"全面两孩"政策，构建以增强家庭发展能力为重点的人口政策体系。另一方面，要做好生育服务，改革完善计划生育管理服务，提高生殖健康、妇幼保健、托幼等公共服务水平，优化教育、医疗资源配置，营造良好孕育环境。同时，做好生育政策效果跟踪评估工作，密切监测生育水平的变动态势，及时稳妥调整完善生育政策。

（二）健全养老保障体系是积极应对人口老龄化的关键所在

当前，河南省人口老龄化作为经济社会发展中不可逆转的常态现象，正在深刻影响全省人口、资源、环境的发展结构与战略走向。人口老龄化问题已不单单是老年人口数量的增长与养老保障问题，更是新时期、新形势和新特征背景下，积极应对人口老龄化与国家可持续发展基本方略的深度融合问题。为此需要聚焦当前老龄工作的重点难点和薄弱环节，加强老龄工作的体制机制创新发展，加快构建多元化养老和医养结合服务体系、多层次的基本

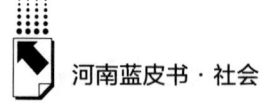

养老保障体系、全方位的老龄产业体系，从而增强养老服务能力和养老产品的有效供给。

（三）实施更积极的人才政策将助推河南高质量发展

人口是经济社会发展的主要动力，人口素质是决定创新能力和核心竞争力的最主要因素，是实现经济社会高质量发展的关键所在。当前河南省的人口素质与全国相比依然存在差距，如何把全省巨大的劳动力资源优势转化为人才优势，是摆在河南省面前的一项重要任务。为此，一方面需要将大力发展教育事业摆在优先发展的战略地位，继续加强高等教育和职业教育的培育与发展，大力培养本地人才；另一方面，要加大人才引进力度，落实人才引进政策，通过优化营商环境，加大创业支持力度等，引导出省劳动力回流就业创业，吸引省内外高技术人才落户河南，逐步形成人才的"虹吸"效应，进而改善人口结构，实现河南经济社会高质量发展。

（四）更加注重内涵式发展是城镇化的未来发展方向

当前，河南省城镇化率与国家平均水平的差距已经越来越小，在下一步的发展中，在注重城镇化发展速度的同时，应该更加注重质量的提升。为此，需要按照习近平总书记到河南考察时提出的以人为核心推进新型城镇化的要求，一方面要以百城建设提质工程为抓手，紧紧围绕提高城镇化质量、转变城镇化发展方式，加快城市建设和完善城市功能，建设宜居宜业现代化城市，为进一步实现"人的城镇化"奠定基础；另一方面，要以中原城市群为主体形态，以郑州作为国家中心城市为契机，促进大中小城市和小城镇协调发展，提高城市综合承载能力，提升可持续发展水平，加快城乡一体化发展和新型城镇化进程，达到城镇发展速度和质量并升。

B.10
河南省党建引领社区治理创新的探索与实践

张 沛[*]

摘 要： 近年来，河南各地大力推进城乡社区党建工作，积极探索党建引领社区治理实践规律，形成了诸多成效显著的经验模式，有效提升了基层社会治理和服务水平，但同时也仍存在思想认识不足、引领能力不足、建设经费不足、体制机制不健全等问题。进入新时代，社区党组织需要抓住党建引领这个关键，充分发挥党的坚强领导优势，实现基层党建和社区治理的精准对接，让广大群众在新时代社区治理中更有获得感、幸福感。

关键词： 新时代 党建 社区治理 河南

城乡社区是人民群众生活的基本空间，也是基层社会治理的基本单元。推动社区治理创新是实现社会治理体系和治理能力现代化的基础工作。党的十九届四中全会指出，要健全社区管理服务机制，夯实基层社会治理基础，构建基层社会治理新格局。这一重要论述为推进新时代社区治理创新发展提供了方向指引和路径遵循。河南是农业大省、经济大省、人口大省，有快速发展的城市乡镇和发展程度相对较低的广袤农村，基层社区治理任务繁重艰

---

[*] 张沛，河南省社会科学院政治与党建研究所助理研究员，主要研究方向为政治学。

巨,迫切需要发挥党的领导优势,以基层党建引领为广大城乡社区治理提供强有力的支撑,保证基层社会治理沿着正确方向行稳致远。进入新时代,如何以党建引领推动社区治理高质量发展,是各级党组织必须不断探索创新的重大现实课题。

一 十八大以来河南省党建引领社区治理的实践探索

党的十八大以来,习近平总书记对党建引领基层治理作出一系列重要部署,要求"把加强基层党的建设、巩固党的执政基础作为贯穿社会治理和基层建设的一条红线",[①] 这为党建引领社区治理提供了根本遵循。近年来,河南各地认真贯彻落实习近平总书记重要指示精神和党中央决策部署,坚持把抓基层、打基础作为长远之计和固本之举,大力加强城乡社区党组织建设,积极探索党建引领社区治理的实践规律,形成了诸多成效显著的经验模式,如开封的"一中心四平台",焦作的"党建综合体"提升组织活力、助推乡村振兴等,由此有效提升了基层社会治理水平,探索出了一条党建引领社区治理现代化的新路子。

(一)加强党的领导,树牢社区治理"主心骨"

旗帜鲜明地加强党的领导、实现党的领导对社区治理全覆盖,是基层社会治理现代化的必然要求,也是践行党的根本宗旨的具体体现。为全面推动社区党建高质量发展,更好地服务社区治理,近年来,各地把准方向定位、聚焦主责主业、牢固树立基层"大党建"理念,积极构建基层"大党建"工作格局,充分发挥社区党组织在社区治理中的领导核心功能,整合各部门、各领域、各方面力量,积极构建统一领导、职责明晰、有机协调、齐抓共管的多元化社区治理工作格局,为社区治理现代化提供坚强的政治保障和组织支撑。

---

① 《习近平关于全面建成小康社会论述摘编》,中央文献出版社,2016,第148页。

1. 强化政治引领，促思想上同心

坚持把党的政治建设放在首位，以提升社区党组织的组织力为重点，夯实社区党组织的领导核心地位，统一领导本辖区"大党建"工作，推行"1+4"管理模式，对驻区单位、企业、"两新组织"和社区党员进行监督管理，形成以社区党组织为核心、各单位和社会团体密切配合、人民群众广泛参与的社区党建工作格局；不断强化政治引领，严肃"三会一课"等党内组织生活制度，持续加强规范党支部主题党日活动，充分保证社区各成员单位及党员常态化学习，不断增强广大干部群众对中国特色社会主义的思想认同、理论认同、情感认同，绘就最大的思想同心圆。

2. 强化组织引领，促目标上同向

纵向深化社区党建组织引领，建立"党建引领、党群互动"联动工作体系，建立市、区（县）、街道（村）、社区党建联席会议制度，对社区党建工作统一规划部署、统一配置力量，每季度至少召开一次联席会议，每年年终召开党建工作总评会，通过吸纳下一级党组织书记参加上一级联席会议，使市、区（县）、街道（村）、社区四级党组织紧密嵌合为有机统一体。横向强化"一盘棋"，抓党建引领社区治理工作合力，建立"双报道、双报告、双服务"等区域协同共治机制，搭建社区与驻区单位、社会组织、非公企业等多元主体共驻共建平台，形成各有侧重又相互协作、彼此穿插又突出重点的党建引领社区多元共治的社区治理格局，把党组织管理服务的触角延伸到社区治理的个个角落。

3. 强化工作联动，促行动上同步

推进社区减负增效，在社区实行目标责任管理。一方面，建立集体领导与部门分工相结合制度，对照中央、省委要求，建立社区工作事项台账清单，做到目标任务、推进措施、完成时限、存在问题、整改内容"五明确"，由各成员单位按照自身职能分解落实，确保任务具体化、问题精准化、督促常态化、整改项目化；探索建立治理资源开放共享和高效利用制度，将辖区各单位、组织、企业的政策、队伍、信息、培训、载体等优质资源深度对接整合，统筹配置使用，实现组织联建、阵地联用、活动联办、服务联创，促进社区治理效能大幅提升。另一方面，进一步明确规范社区管理服务职能，清理规范政府职能部门延伸到社区的工作机构、信息部门和加挂的各种牌子以及要求社区组织出具的各类证明，安排一定人员和经费下沉到基层社区，使社区党组织能够聚焦主业，不断提升治理和服务水平。

（二）夯实组织基础，织密社区治理网络

组织覆盖和有效融合是党组织发挥作用、引领治理的方式，也是党员群众自我管理、自我服务的重要平台。近年来，针对基层社区党组织阵地不健全、管理不规范、人员专业化程度不高等突出问题，各地以阵地提升为切入点，出台了一系列政策及措施，推动资源下倾、力量下沉、重心下移，加大人、财、物投入力度，进一步强化社区组织基础，构建沉底到边的基层社会治理组织体系，织起一张以社区党组织为核心的社区治理资源网。

1. 持续打造社区党建综合体

近年来，各地针对城乡社区中大多数党组织阵地规模小、活动开展难、功能发挥差等问题，逐步探索构建以财政补贴为主、社区自筹为辅的投资机制，对社区党组织活动场所进行规范建设，着力打造集组织、功能、资源、服务于一体的社区党建综合体。一是规范优化场地配置，确保设备齐全、功能完善。按照"两室一厅一广场"布局以及"有旗帜、有牌子、有办公设施、有电教设备、有制度版面"的"五有"标准，对党群活动室、便民服务站、卫生室等组织活动场所进行有机整合，推动党员群众活动场所从"分散"转向"集聚"。二是打造信息化"智慧党建"平台。充分利用大数据、网络信息技术，建立适应当代社区工作需求的信息化平台，把党建与便民服务、文化宣传、培训管理等融合起来，为辖区的企业、单位和党员群众提供快捷、便利、高效的信息化操作载体，推动社区管理服务从"线下"扩展到"线上"，打造线上线下互促互动的信息化治理平台。三是创新设置小区、商圈、工业园区等党建阵地。探索在大型小区、楼宇、工业园区等社区居民身边区域中成立党支部，围绕发挥党组织服务功能，定期开展活动，与小区物业、业委会融合融通，让党建融入群众生活，引领规范社区秩序，

推进党建引领的触角不断向下延伸。

2. 引领激活各类组织合力

为了有效引领各类组织，聚合各方力量同心同向，近年来，河南各地以基层党建综合体为纽带，统筹推进城市、社区、机关、非公企业、"两新"组织等各类组织的党建工作，不断完善基层组织体系。一是着力解决队伍不齐、不力问题，全面推进党组织晋位升级机制：在机关事业单位，按照职工人数2%的比例配备专职党务工作人员，在街道及乡镇成立街道（乡镇）党建工作指导站，推进基层党建督查指导常态化，为非公有制企业选派党建工作指导员，配齐配强党务工作力量，把驻区单位、企业、社会组织等紧紧吸纳在社区党组织的核心架构周围，确保人在哪里、党领导的社会治理末梢就延伸到哪里。二是不断加大新兴领域党建工作力度，努力实现党对社区治理的全覆盖。重点理顺"两新"党组织、企业党组织隶属关系，着力优化"一院三所"、产业园区、中小学校等领域的组织设置，推动各类商会、行业协会党的建设；以社区党群服务中心为抓手，以楼宇党建为支点，大力开展"网格化"党建，为群众提供"一站式"便民服务，努力实现党建区域网格化、活动载体经常化、服务体系全覆盖。这些举措的实施，有利于整合社区各类组织的功能资源，将党的组织优势转换为治理优势，推动社区治理由"单打独斗"转向多元共治。

3. 着力提升治理服务水平

近年来，河南各地积极推进集合化构建，通过下沉服务事项等措施，有效提升了社区治理服务水平。一是持续加大社区服务投入力度，推动便民服务下沉。建立多元化经费保障机制，利用财政专项资金、公益性岗位补贴资金和惠民资金等经费，为街道社区配备专职党务工作者，涉及与人民群众日常工作生活紧密相关的民政、计生、劳动保障等多方面业务，在社区切实解决人民群众"办事难""办事慢"的问题。二是推动社会化运营，引入、孵化和培育社区社会组织为社区居民提供养老、医疗、教育等多方面的专业化服务，改变过去党组织"大包大揽"的做法，通过政府购买服务的方式将社区事务性、服务性工作交给专业可靠的社会组织来完成，构建起以社区为平台、社会组织为载体、专业社会工作人才队伍为支撑的社区服务管理机制。三是推进智慧社区平台建设，开发智慧社区服务客户端，打造信息化系统平台，契合群众需求、整合便民服务资源，实现网格一呼、服务就到，大大提升人民群众对社区治理的满意度和幸福感。

（三）强化队伍支撑，激活社区治理原动力

成事之要，关键在人。社区治理的关键，在于培育锻造一支立场坚定、作风过硬、能力突出的党员干部队伍，只要抓住这个关键，其他问题就会迎刃而解。近年来，针对一些社区党组织力量薄弱、队伍老龄化、专业素养不高等现实问题，各地持续加大基层党组织队伍建设力度，通过强化教育培训、严格制度管理、加大引进力度等方式，不断提升社区党组织凝聚力、战斗力，激发出社区治理的内生原动力。

1. 持续加强社区党组织带头人队伍建设

大海航行靠舵手。社区党组织能否在社区治理中充分发挥领导核心作用，很大程度上取决于党组织带头人的能力水平，带头人的政治素养和工作能力直接关系到党组织的凝聚力和战斗力。所以，以党建引领社区高质量发展，必须紧紧抓住社区党组织带头人这个关键。近年来，各地在社区党组织带头人的选拔、任用及培养教育上做了大量的工作，努力以带头人队伍建设带动社区党组织建设提档升级。一是坚持整体谋划、统筹调整社区干部配备，创新完善社区干部管理考核制度，坚持综合考核与专项考核相结合，把工作实际作为考核依据，将真正有担当、能干事的人选拔到社区党组织书记的岗位上。与此同时，通过强化政策激励、实行后备干部动态管理、建立后备干部数据库等方式，把优秀专业的党员干部选配到社区党组织领导队伍中，提升待遇水平、打通晋升通道，激发社区带头人干事创业激情。二是围绕社区工作需求，着力抓好带头人教育培训。突出抓好社区党组织书记集中轮训，深化习近平总书记系列重要讲话精神和治国理政新理念新思想新战略学习教育，引导广大干部更加扎实地推进党中央和省委的决策部署在社区落地生根；不断加强理想信念教育，精准化开展党员干部业务培训，坚持缺什

么补什么、需什么训什么，强化思想认识、提升专业素养、推动干部培训与现代治理需求精准对接，不断提升社区党组织带头人专业化治理水平。

2. 积极吸纳社区治理有生力量

近两年来，河南各地在社区治理人才的引进培育上探索亮点颇多。一是充实骨干力量，常态化制度化推进基层"四类人员"选拔，精心培育社区治理骨干，出台社区专职工作者队伍等相关政策、探索建立分类分级的岗位等级序列和薪酬体系，保证社区党组织人才队伍的稳定，激发社区治理的主体活力。二是充分发挥群团组织优势，在驻区单位、非公企业、社会组织和社区群众中做好"推优入党"工作，持续优化社区党员结构，充分发挥党员在社区治理中的先锋模范作用。三是不断完善人才引进机制，积极吸纳大学生、转业军人、企业骨干等有生力量下沉到社区，加强社区治理人才定向引进和培养。四是坚持引育并重，把符合任职条件的无职党员、积极分子、优秀社会人士安排到网格管理员、人民调解员等社区一线岗位上锻炼培养，为人才的成长成才搭建平台，实时动态评价管理，建立实绩档案作为选拔任用的依据，用人才激活社区治理的"一池春水"。

（四）完善机制保障，推进社区治理现代化

基层社区治理是社区党组织必须承担的常态化、动态化工作，只能加强、不能削弱，只能前进、不能后退。创新完善党建引领社区治理长效机制，保证各方面主体能够在社区党组织引领下融入社区治理的各项工作，形成多元共治的良性循环是党建引领社区治理的根本归宿。

1. 坚持完善社区党建制度体系

做好社区治理工作，离不开坚实的组织基础和完善的制度体系。近年来，各级在社区党建制度化、规范化问题上进行了诸多探索，逐步建立健全相互配套、相互衔接、相互补充、相互作用的制度体系，着力解决社区党组织建设靠什么约束、靠什么运行、靠什么保证的问题。一是认真落实社区党建责任。建立社区党建工作问题清单、任务清单和责任清单，对社区党组织以及辖区内机关、企业、社会组织、小区等党支部的党建工作进行考核评

议，通过党建项目化管理，推动社区治理的各项任务落地落实。二是严肃党内政治生活，认真落实《关于新形势下党内政治生活的若干准则》，健全"主题党日""双重组织生活""党务点题公开"等制度，强化社区党组织以及各党支部"三会一课"、组织生活会、民主评议党员等制度的刚性执行，大力纠正党内政治生活走过场、搞形式等问题，净化优化政治生态源头。

2. 建立健全社区自治机制

近年来，为解决社会参与不足、社区治理协同性不强等问题，各地把社区治理作为全面深化改革的重要项目，不断健全完善社区自治机制，探索构建多元共治的社区治理模式。一是探索建立驻区单位、社会组织、社区群众等多元主体参与的联席会议制度，对社区治理的重大事项进行协商议事，引导社区各方力量对涉及社区发展和居民利益的大事、难事进行科学评判和民主决策，通过社区党组织充分承担主体责任，使驻区单位、社会组织等积极履行社会责任、社区群众不断强化主人翁意识，形成多元互融互动的良好氛围，实现社区治理从单一管理向多元治理的转变。二是建立完善市、县领导联系社区制度，按照社区居民分别提议、多元主体分类提议、综合党委共同商议的程序，定期研究解决社区治理工作中的困难问题，对社区公共事务进行有效统筹管理。三是健全理顺社会组织参与社区治理的体制机制，通过系统政策扶持和有效的协同治理机制，引入社会组织等社会力量为社区治理提供专业化服务，推动"政社分开"，实现社区治理由"管控"向"服务"转变。

通过以上三个方面的举措，河南党建引领社区治理各项工作扎实推进，取得了显著成效。

第一，党建引领社区治理效能优化。在社区党组织的核心引领下，社区各主体的功能定位以及各类组织之间的关系得以理顺，多元主体的功能得以实现，力量整合不断优化提升，形成了各司其职、互相融合、协同推进的党建引领多元共治的良好局面，大大提升了社区治理效能。

第二，党建助推社区民生改善。社区党组织通过社会化运营，将企业、社会组织等各类专业服务力量引入社区治理，不仅拓宽了服务途径，也进一步丰富了服务形式和内容，使社区服务由过去的政府主导转变为以居民美好生活需求为中心，有效提升了人民群众对社区治理的满意度和幸福感。

第三，党建助力社区稳定和谐。在党建引领多元共治的社区治理格局中，社区各方面主体力量和资源得到有效整合发挥，社区居民越来越多地参与议事、决策、管理、监督等社区事务，基层民主得以更好实现，社区党组织在引领服务过程中与各类社会组织和社区居民的联系进一步加强，组织服务群众能力显著增强，党群干群关系得到明显改善。

二 当前河南省党建引领社区治理面临的问题挑战

党建引领社区是一项综合系统工程，涉及各方面、各领域的利益调整，不是一蹴而就、一劳永逸的。近年来，我国社会流动性、多元化、个性化特征日益突出，对社区治理带来了一定挑战。与此同时，广大社区党组织的治理能力和工作水平，与党的要求和人民群众的期待相比，仍存在一定差距。总体来看，当前各地在党建引领社区治理工作中面临的问题挑战主要体现在以下四个方面。

（一）思想认识不足偏离了治理初衷

当前，部分党员干部对党建引领社区治理的认识仍存在或多或少的误区。一是部分社区党组织带头人站位不高、视野不宽、理念不新，对党建工作与治理工作融合发展的认识理解不够深刻，将党建引领社区治理局限于一般化概念，把党建狭隘地理解为党务，仍存在就党建抓党建的思维惯性，没有真正起到围绕中心抓党建、以高质量党建工作带动社区治理高质量发展的实际作用。二是部分党员干部主业意识不强、服务群众的自觉不足、责任担当精神不强，存在多一事不如少一事、推一下动一步等错误倾向，导致党建引领形式化、片面化，重"痕"不重"绩"、留"迹"不留"心"，看起来形式多样、内容丰富，却不能解决社区治理中的实际问题，严重偏离了党建引领社区治理的初衷。造成这些问题的深层次原因，还是这些党员干部服务意识不强，尚未真正从服务群众、服务发展的角度进行深刻认识和领会党建引领社区治理的重大意义和必然趋势，没能站在党和国家事业全局的高度去认识基层党建与社区治理现代化融合互动的社会需要，无法真正分清目的与手段，从而导致党建工作和社区治理与社区的利益需求关联度不高，难以满足人民群众的美好生活需要，影响了社区治理在群众中的满意度。

（二）引领能力不足制约了治理水平

当前，社会结构分化、价值观念多元、利益分配多样等内外环境的变化，给社区党组织自身建设和社区治理带来了一定影响。这意味着社区党组织不能像过去一样依靠行政权力实现对社区各方面力量的组织和管理，而是要通过不断提升自身组织力来巩固社区治理中的领导核心地位，引领社区治理高质量发展。但是目前，河南省许多社区党组织，特别是经济社会发展相对落后地区的社区党组织，弱化、虚化、组织力不强的问题仍不同程度地存在。一是组织战斗力不强，在一些经济发展相对落后的老城区、城郊及农村，社区党组织软弱涣散整顿还不够到位，党组织领导核心作用和党员先锋模范作用在社区治理中的发挥不够突出，未能对社区各方力量实现有效的管理整合。二是工作队伍能力参差不齐，虽然近两年来一些城市的社区人才队伍结构得到优化，年龄结构、性别比例和文化素养情况都有所改善，但在一些中小城市，特别是棚户区、城乡结合区域，社区党组织人才队伍结构失衡问题仍然存在，队伍老龄化、专业水平不高、薪酬待遇偏低等问题尚未得到根本解决。三是部分非公企业、社会组织党建"空转"问题突出。近年来，随着社区党组织触角向下延伸，许多楼宇、小区、企业都建立了党支部。但在社区治理实践中，一些支部由于缺乏党建人才和相关的引领指导，存在党务工作队伍不稳定、组织生活不规范等现象，未能充分发挥战斗堡垒作用，未能充分引导多元主体有效参与社区治理，从而陷入"空转"怪圈。这些问题如果得不到妥善解决，社区党组织治理的能力和水平必然会大打折扣。

（三）建设经费不足影响了治理效能

中共中央办公厅印发的《关于加强基层服务型党组织建设的意见》明确指出："要按照有关规定全面落实基层党组织书记、专职党务工作者报酬及社会保障待遇；建立稳定的经费保障制度，把村、社区党组织工作经费纳入财政预算，为基层党组织开展工作、服务群众创造良好条件。"[1] 近年来，河南不断加大对基层党组织建设的经费投入，逐步提高社区党组织运转经费和服务群众专项经费，以及社区党组织党员干部薪资待遇。但是，与地方经济发展和人民群众需求以及先进省市的投入力度相比，仍存在一定差距。社区治理具有事务多、责任重、难度大的特点，需要有充分的资源特别是物质资源作支撑，才能有效开展。当前，许多社区党组织经费十分有限，财政来源渠道单一，上级党组织和基层政府对社区在人力、物力、财力方面的倾斜比较有限，社区党组织在社区治理中的核心领导力量无法得到充分发挥。此外，社区工作者工资待遇偏低，养老、医疗等保障制度不够健全，晋升渠道尚未打通，对青年优秀人才缺乏足够的吸引力。这些问题的存在，一方面制约了社区工作人员的积极性和创造力，加剧了基层党建人才的流失；另一方面也阻碍了社区各项活动的推进，影响治理效能的发挥，使社区陷入党建落后和治理落后的恶性循环。

（四）体制不健全阻碍了治理深化

制度是管长远、管根本的。习近平总书记指出：要创新社会治理体制机制，把资源、服务、管理放到基层，把基层治理用基层党建结合起来。[2] 建立健全党建引领社区治理的体制机制是实现社区治理现代化的重要手段。当前，河南各地在党建引领社区治理的制度化探索中，积累了一些创新经验，

---

[1] 中共中央办公厅编《关于加强基层服务型党组织建设的意见》，人民出版社，2014，第6页。

[2] 陶焘：《充分发挥党建对基层社会治理的引领功能》，《光明日报》2019年3月29日，第5版。

但总体来看，尚未形成一套成熟的体制机制架构。一是社会组织、社区居民等多元力量在社区治理中的综合功能仍显薄弱，自我发展能力不足。二是社区治理仍存在较强的行政色彩，很多自上而下建立的社区组织有较强的官方性质，过多依赖政府，法人治理结构缺失或流于形式，自律机制、监管和评估机制有所欠缺。三是社区党组织考核评价机制还不够健全，社区治理工作缺乏专门的考核标准和依据，考核评价结果与干部提拔任用、绩效工资、评先树优挂钩的约束激励机制还不完善。四是基层民主机制不够健全，人民群众在社区治理中的意见表达及参与渠道不够畅通，社区信息公开监督机制有待进一步完善，这些问题如果得不到有效解决，势必会影响社区治理的高质量发展。

三 新时代基层党建引领社区治理的创新走向

习近平总书记强调：提高社区治理效能，关键是加强党的领导。[①] 党建引领社区治理是符合我国经济社会发展实际的独特治理模式，是推动新时代社区治理现代化的必然选择。进入新时代，广大社区党组织要牢牢抓住党建引领这个关键，充分发挥党的坚强领导作用，实现基层党建和社区治理的精准对接，切实把党的组织优势转化成社区治理效能，让群众在社区治理中得到更多获得感、幸福感。

（一）加强组织建设，筑牢社区治理的战斗堡垒

强有力的社区党组织是社区治理现代化的重要支撑，持续加强社区党组织组织建设，能够确保党的凝聚、领导、组织、服务功能在社区治理中得到更好发挥。因此，要以服务型党组织建设为统领，不断提升社区党组织治理服务水平，筑牢社区治理的战斗堡垒。首先，要持续加大投入力度，进一步完善规范社区党组织治理阵地建设。按照财政补助、党费支持、社会捐资与

---

① 岳勇：《党建引领基层社会治理创新》，《中国组织人事报》2019年5月15日，第4版。

社区自筹相结合的办法,进一步加大社区活动场所和办公服务用房改造升级力度,完善配套设施,把社区党建阵地打造成集党务政策咨询、便民服务、公共服务等功能于一体的综合服务平台。其次,要持续拓展服务功能,着力构建标准化、精细化、专业化社区服务体系,打造社区服务型党员队伍,建立党员干部直接联系服务群众的长效机制;搭建服务平台,健全多元主体参与的社区服务体系,加强对社会组织的培育和监管,引导社会组织在深度融入社区治理中提供专业化服务,有效整合社会各方面优质资源,提高服务效能。最后,要不断完善社区党建工作机制和创新机制,建立与社区领导服务职能相协调的财政保障制度,持续优化网格化治理模式,理顺权责关系,不断提升社区党组织的组织力、引领力。

(二)强化队伍建设,夯实社区治理的人才基础

社区治理现代化的实现,离不开一支"敢治、能治、善治"的高素质社区工作队伍。持续强化社区党组织队伍建设,充分发挥党员干部的先锋模范作用,能为推进社区治理现代化提供坚实支撑。因此,要在培育和引进社区工作人才上下功夫。第一,要创新选人用人机制,选优配强社区党组织带头人。按照"政治上靠得住、工作上有本事、作风上过得硬"的要求,把那些服务意识强、业务能力高、工作能力突出的优秀人才选拔上来,提升社区党组织领导班子整体水平。第二,要加大培育力度,不断提升社区党员队伍能力素质。充分利用党支部"三会一课""主题党日"等活动,教育引导社区工作者牢固树立"领导就是服务、指导就是帮助"的治理意识。同时,持续加强业务培训,把服务群众需求与党员培训内容相结合,以专题化、短期化、小型化、差别化的培训方式,加强创新社会管理、做好群众工作等方面的内容培训,提升社区治理能力和为民服务水平,确保社区治理各项工作有效落实。第三,要健全社区党员干部激励保障机制,不断提高社区工作者的社会地位和经济待遇,畅通交流晋升渠道,定期对社区治理工作成绩突出的优秀党组织和党员进行表彰和奖励,对工作成绩突出的干部,在职级发展上优先考虑;积极从大学生、转业军

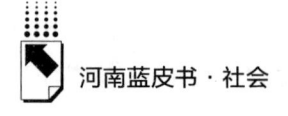

人、优秀社会工作者等群体中发展党员，不断充实社区工作的生力军，夯实社区治理的人才基础。

（三）丰富治理载体，激活社区治理强大合力

当前，广大群众思想意识活跃，对社区治理的参与意识和要求标准不断提升，这就需要社区党组织积极回应群众需求，积极引导社区各方面力量参与社区治理，使其各司其职、协同联动，形成多元主体共建共治共享的社区治理新局面。第一，要进一步加强"区域型""流动型""产业型"党组织建设，继续完善"网格化管理"工作制度，努力打造横到边、纵到底、全覆盖、无缝隙的党组织服务网络，确保社区治理各项任务有效落实。第二，要完善党组织领导下的党员群众参与机制、居民自治机制、社会参与机制等基层民主机制，为社区居民、企业、社会组织等主体参与社区治理搭建平台、提供保障，逐步完善、填补社区治理中的薄弱环节和真空地带。第三，要持续加大在非公有制企业、群团组织等社会组织中组建党组织的力度，不断扩大党的组织和党的工作的覆盖面，增强党组织引领发展的能力。第四，要不断提升社区治理信息化平台的水平，完善以"两微一端"为重点的信息快捷互通平台，加大"智慧社区"建设推进力度，构建线上和线上紧密契合、实体和虚拟相互补充的全方位、立体化社区党建格局。

（四）立足群众需求，健全社区治理长效机制

满足群众美好生活需求是社区治理的目标指向和最终归宿。要立足群众需求，不断健全党建引领社区治理长效机制，使党组织能团结引导群众参与社区治理，群众在参与社区治理过程中监督评价党组织工作运行情况，实现二者的互融互促。让社区治理的各项工作真正做到群众的心坎上，就必须在以下三个方面下功夫。第一，要进一步完善工作联动机制，健全落实社区党组织主导的评议会、听证会等制度，引导社区党员群众、各类组织参与、监督社区各项事务，实现多元主体的有效联动。第二，要进一步完善多元参与机制，积极孵化培育居民自治团体、社会组织、微社团，依托纵横交错的网

格管理，及时梳理反映出的群众需求，推动社区多元主体对社区事务"微治理"，形成自我管理、自我完善的"微循环"，使社区治理从自上而下的行政推动转向上下联动的共建共治共享。第三，要健全群众对社区治理的考核评价机制。要尊重人民群众的主体地位，党建引领下的社区治理究竟怎么样，要由群众说了算；要把群众满意度纳入民生事项、干部绩效等考核中，并提高群众满意度在社区党员干部评优评先、提拔任用中的参考权重，形成组织评价和群众评价相结合的服务绩效评价体系，切实落实"以人民为中心"的社区治理导向。

参考文献

张建新：《平顶山湛河区：社区治理组团党建互联》，《河南日报》2020年4月23日，第6版。

童浩麟：《开封"一中心四平台"建设新闻调查：党建引领城市基层社会治理新探索》，《河南日报》2019年10月31日，第5版。

刘龚君：《党建引领基层协同治理的发展要求、内在逻辑和路径选择》，《中共四川省委党校学报》2020年第3期。

李永胜、张玉容：《基层党建在城市社区治理中的作用、问题及创新研究》，《西北大学学报》2020年第9期。

杜鹏：《迈向治理的基层党建创新》，《社会主义研究》2019年第10期。

李永胜：《区域化党建的内涵特征、时代价值与路径方法》，《国家治理》2018年第8期。

B.11 基于民生财政的河南乡村振兴路径研究

赵 奇*

摘 要： 向民生领域倾斜、以解决民生问题和满足民生需求为根本目标的财政管理理念逐渐得到各级政府的认可和重视，以民生为基础的财政管理逐渐被赋予独立的概念和新的内涵。坚持民生财政管理理念、实施乡村振兴战略成为缩小河南城乡差距、提高河南农民收入、改善河南经济薄弱状态的重要手段。河南通过在财政管理过程中保障基本权益、坚持民主公开、聚焦基层民生等形式积极落实民生财政，使资源配置更加均衡，城乡差距进一步缩小，为河南经济社会发展奠定了基础。近年来，河南财政收支呈现紧张状态，政策规划和资源整合水平有待进一步提升。河南应当在科学预算、合理规划、强化监督以及更新观念上下功夫，建立健全财政管理规章制度体系，优化内部控制，推进基层体制改革，探索出一条具有河南地方特色的新时代乡村振兴新路径。

关键词： 民生财政 乡村振兴 公共服务 城乡一体化 社会治理

一 引言

党中央、国务院高度关注民生问题，党的十九大报告指出，要抓住人

---

* 赵奇，河南省社会科学院办公室研究实习员，国际注册会计师，主要研究方向为财政学、会计学。

民最关心最直接最现实的利益问题,既尽力而为,又量力而行;党的十九届四中全会指出,不断保障和改善民生、增进人民福祉,走共同富裕道路,是我国国家制度和国家治理体系的显著优势之一;在十三届全国人大三次会议上通过的政府工作报告突出了民生导向,要求落实脱贫攻坚和乡村振兴举措,积极保障和改善民生,推动社会事业改革发展。"三农"问题是民生领域的薄弱环节,提高农民生活水平、发展乡镇经济、推进乡村振兴逐渐成为当前经济社会发展状态下保障和改善民生的重要手段。只有科学处理城乡关系,才能真正实现城乡一体化协调发展。党的十八大以来,各级党委、政府高度重视"三农"问题,从多个方面推进新农村建设;党的十九大报告指出,"三农"问题是关系国计民生的根本性问题,正式提出推进和实施乡村振兴战略。

河南是农业大省,经济基础相对较差,从经济社会发展最薄弱的农村入手、实施乡村振兴战略,有利于推动农民收入提升与农村生活改善,使民生问题从根本上得到解决。河南省委、省政府科学领会中央精神、紧跟中央战略步伐,于2018年1月公布了《关于推进乡村振兴战略的实施意见》,立足河南省情,对河南乡村振兴战略提出了总体要求、明确了重点任务、制定了保障措施。2018年10月,河南省委、省政府编制并发布了《河南省乡村振兴战略规划(2018—2022年)》,该文件提出创新乡村振兴机制,走出一条具有河南特色的乡村振兴之路,为河南各地区将乡村振兴战略落实到具体行动中提供了指导依据。河南将民生理念融入财政管理,基于民生财政这一新的管理方向,针对河南经济社会发展特点,积极探索出科学的乡村振兴实施路径。

二 新时代下河南民生财政的具体表现

(一)财政管理保障基本权益

财政伴随国家而产生,政府通过财政来实现对国家的控制和管理,因此财政与生俱来具有公共性，维持国家机构的正常运行和社会正常秩序是政府财政管理的重要目的。民生财政并非成熟的学术概念，在我国并没有被广泛地探讨和深入研究，在社会主义制度下，我国财政资金真正"取之于民、用之于民"。保障人民群众的基本权益，政府责无旁贷，财政管理的最终受益者是全体人民群众，其具有天然的民生属性。财政管理具有调节社会分配、维护国民经济平稳运行等多方面职能。但在民生财政理念下，将保障人民群众的基本权益、维护社会公平、促进社会和谐放在中心位置，在进行财政管理活动时以满足人民对美好生活的向往为根本宗旨。河南坚持落实民生实事资金保障，多方筹措资金，积极改善民生，全省2019年投入财政资金361.6亿元用于民生实事建设保障。在进行财政预算时兜牢民生底线，坚持以人为本，保障人民群众最基本的生存权和发展权，维护社会公平正义。利用财政政策引导，实现中原区位优势，推动乡村经济发展，努力缩小收入差距、优化社会整体环境，实现基本公共服务均等化。

（二）财政收支坚持民主公开

"民生"是典型的具有中国特色的概念，体现了文人情怀和人本思想，字面意思为与全体普通民众生存相关的事宜。在社会主义制度下，政府代表全体人民的利益，真正以人民为中心开展财政收支和社会管理活动。民生财政应当是公共财政的延伸，是适应社会主义市场经济体制的财政管理新模式，要求提升基层人民群众对财政管理的参与度，实现人民当家做主与人民民主监督，推进民生需求与财政预决算紧密结合。财政资金大部分来自税收，全体人民群众应当共同享有财政管理成果，民生财政要求政府财政管理部门在管理理念和收支政策上紧紧围绕人民群众、依靠人民群众、提高人民群众的参与度。2019年河南省财政厅在门户网站上主动公开政府信息1164条，发布政策解读文章99篇，办理依申请信息公开127项，除不掌握的信息外，只有1项依申请公开信息经研究后不予公开。河南各级财政管理部门开始重视人民参与和了解财政决策的权利，通过推进财政信息公开，为实现群众监督创造更便利的条件，不断优化监督流程、改善监督环境、创新监督机制，从财政源头上坚决防止腐败。

（三）财政投入聚焦基层民生

保障和改善民生是社会主义的本质要求，是中国共产党性质和宗旨的重要体现，是贯彻落实科学发展观的需要，是全面建成小康社会的必由之路，符合我国现阶段的基本国情。随着河南区域经济的不断发展，财政收入逐年增加，解决民生问题、改善民生发展的能力逐渐提升，河南已经有实力、有信心解决好民生发展问题。改革开放以来，传统的小农经济仍然对河南社会产生了巨大影响，经济体制改革过程中积累的一些问题并未得到及时解决或妥善处理。近年来，我国经济社会发展进入新常态，河南人口众多、经济基础薄弱，民生领域的矛盾和问题逐渐显现，对党和政府解决民生问题提出了新的要求。2019年河南民生财政支出达7844.5亿元，占一般公共预算支出的77.2%，通过财政支持，河南积极推进社会事业发展，稳步增进民生福祉。在民生财政框架下，河南将基层人民群众的基本生活作为财政重点投入领域，将实现共同富裕作为财政管理的根本目标，贯彻平等发展理念，聚焦基层民生热点，对科学、教育、文化、卫生以及社会福利进行更加科学的、多样化的财政投入。

三 民生财政对河南乡村振兴的影响

（一）均衡民生资源配置，促进社会协调发展

民生财政是财政管理理念在民生领域的重要拓展，在习近平新时代中国特色社会主义思想指引下，河南省委、省政府和地方党委、政府坚持以人民群众为中心，将人民群众的根本需求放在政府决策和财政投入的首位，将改善民生作为制定和落实财政政策的根本出发点。与传统的国家财政相比，民生财政要求利用有限的财政资金最大限度地满足人民群众的基本需求，因此在民生财政

下，河南财政管理应当追求进步、不断完善。地方财政政策需要根据经济社会发展水平进行动态调整，2019年河南全省生产总值达到54259.20亿元，比上年增长7%，这是河南全省生产总值首次突破5万亿元大关，在全面深化改革和经济社会发展进入新常态的特殊时期，需要对财政管理必须与经济社会发展相协调，财政支出额、财政支出结构以及财政支出进度进行科学论证、统筹规划，实现民生领域资源的有效分配，促进社会协调发展。共同富裕是社会主义发展的根本目标，河南人口密度大，经济发展不平衡，应当通过财政管理实现资源在民生领域的科学分配，树立共享发展理念，为此既要解决部分地区公共基础设施无法满足人民群众基本生活的问题，也要解决区域间经济发展和资源配置不均衡的问题，让全省人民共享改革发展的伟大成果。

（二）改变乡村落后面貌，缩小城乡收入差距

人民日益增长的美好生活需要和不平衡不充分的发展之间的矛盾已经成为我国的主要矛盾，解决民生问题有利于从根源上缩小地区和城乡发展差距，满足人民对美好生活的需要。落实民生财政不但要在基础民生领域增加财政投入，还要因地制宜，根据河南各地区实际情况采取针对性措施，提高财政资金使用效率，发挥区域优势，推动基层经济发展和社会进步。作为传统的农业大省，农业对河南经济发展的重要性不言而喻，然而正是农业发展相对滞后，农业的重要地位与其落后的生产效率不匹配，才导致区域经济发展不平衡，城乡收入差距扩大。因此河南省委、省政府更加重视改善和保障民生，将财政管理重点向民生领域倾斜，从经济社会发展的薄弱环节入手，通过实现乡村振兴来提高广大农民的收入水平、改善农村面貌。从图1可以看出，2013~2019年河南城乡居民收入均呈现稳步增长趋势，但城市居民人均可支配收入与农村居民人均可支配收入之比已经由2013年的2.64下降至2019年的2.26，河南通过实施民生财政逐渐缩小城乡收入差距，提高人民生活水平，逐步实现城乡一体化发展。只有解决民生领域的难点、痛点，拓展农民多元化收入渠道，提升农村地区的"造血"能力，才能真正体现社会主义制度的优越性，为经济持续稳定增长提供内生动力。

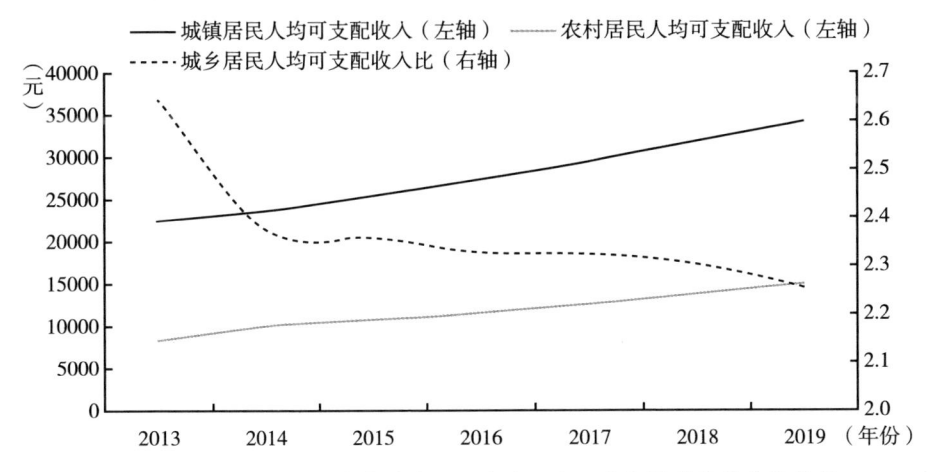

图1　2013~2019年河南省城乡居民人均可支配收入及其比值变化趋势

资料来源：《河南统计年鉴》。

（三）丰富基层文化生活，筑牢区域发展基础

提升基层人民群众的幸福感、获得感成为当前乡村振兴战略的重要抓手，实现乡村振兴，需要提升农民的科学素质和文化素养。只有不断积累文化内涵、丰富知识储备，广大农民才能掌握更多生产技能，改变单纯通过农业耕作或简单劳动来获取收入的局面，进一步拓展收入来源。随着基层文化生活不断丰富，农民的视野变得更加开阔，有利于乡村和谐稳定，形成了文化发展和经济提升的良性循环，增强了经济发展后劲，为区域发展奠定了更加坚实的基础。长期以来，河南科教文卫事业和社会保障事业发展较快，总量也随着经济发展得到一定增长，从整体上看，人民群众的物质生活水平得到提升，文化生活更加丰富。近年来，河南通过落实民生财政坚持推进文化创新、推动文艺繁荣，自2014年起便设立高成长服务业专项引导资金，重点引导文化产业等高成长服务业转型升级，挖掘乡村文化资源，助力乡村特色文化发展。2019年，河南文化产业增加值已达1735.97亿元，较2013年增加了113%，为丰富基层文化创造了良好环境。公共图书馆人均藏书量关系基层人民群众的切身利益和直接感受，河南落实民生财政，不断增加财政

对文化事业的投入,通过安排补助资金以及政府购买服务等方式,支持基层公共图书馆建设,完善基层公共文化体系。通过表1可以发现,2019年河南省人均公共图书馆藏书量已由2013年的0.21册增至0.32册,增加了52.38%,这使农民吸收文化知识的渠道更加丰富,有效推动了基层乡村物质文明和精神文明协调发展。

表1 2013~2019年河南省公共图书馆藏书量及文化产业发展情况

项目	2013年	2014年	2015年	2016年	2017年	2018年	2019年
人口(万人)	10601	10662	10722	10788	10853	10906	10952
公共图书馆总藏书量(万册)	2218	2312.33	2472.3	2673.1	2874.06	3168.7	3493.55
人均公共图书馆藏书量(册)	0.21	0.22	0.23	0.25	0.26	0.29	0.32
文化产业增加值(亿元)	815.69	984.66	1111.87	1212.8	1341.8	1537.79	1735.97
人均文化产业增加值(元)	769.45	923.52	1037.00	1124.21	1236.34	1410.04	1585.07

资料来源:《河南统计年鉴》;《河南省国民经济和社会发展统计公报》。

四 河南推进乡村振兴过程中面临的现实问题

(一)财政收入紧张,支出面临挑战

长期以来,受经济发展水平所限,河南财政收入呈现紧张趋势。受新冠肺炎疫情影响,2020年第一季度河南减税降费达115.3亿元,面临的财政运行形势更加严峻,同时疫情对河南经济发展造成了巨大冲击,税收收入和国有企业收益都大幅减少。截至2020年6月底,河南全省各级财政累计安排资金59.03亿元用于疫情防控,在财政收入恢复增长面临较大压力的背景下,用于支持乡村振兴事业的财政支出必将受到影响。出于疫情防控的需要,部分地区在疫情严重时适当限制人员流动,再加上疫情对经济造成严重冲击,很多准备进城务工的农民失去了收入来源,农民的抗风险能力较弱,面对突如其来的疫情风险,政府仍需在基础设施建设、基本生活保障、乡镇经济发展、社会投入推动等方面加强财政支持。经济的稳定和恢复还需要一

定时间，农村比城市更加需要财政资金的支持和财政政策的引导，河南在推进乡村振兴过程中仍面临较大挑战。部分地区由于经济发展落后，对实施乡村振兴战略有较大期望，对落实惠农支农政策的需求十分迫切，但在财政收入压力较大、无法充分安排惠农支农资金的情况下，很多乡村振兴扶持政策无法得到有效实施，空有好政策却无法使农村地区的落后面貌得到真正改善。

（二）一些政策缺乏规划，脱离农民需求

河南积极创新乡村振兴推进机制，力求找到符合河南省情和各地经济社会发展情况的惠农支农方案。多数地方政府积极推进乡村振兴战略，对增加农民收入、改善农村落后面貌以及提高农民科学文化素质等进行政策扶持和倾向性地财政投入，但部分政策缺乏长远规划和科学论证，无法保证政策的连续性，难以长期实行，没有真正满足农民需求。地方惠农支农政策的制定主体是地方政府和财政、发展改革等部门，很多地方在规划政策时经过了专家论证和多部门联合讨论，侧重点在政策是否符合上级指导精神、预算是否充足以及如何贯彻落实上，忽视了农民的实际需求。惠农支农政策关系农民的切身利益，但农民往往缺乏意见表达渠道，难以将实际需求和意见建议传达到政府部门，同时受文化水平和思想观念的局限，即使有反馈意见建议的机会，很多农民也很难对农村发展政策做出科学判断，更难以站在全局角度维护自身长远利益。致力于提高农民生活水平的财政补助政策须满足各项条件才可享受，改善村容村貌的基础设施建设项目需要群众的广泛配合才能落地实施，但有的基层干部执行力不强，政策宣传不够深入，部分群众难以理解，政策在群众中的知晓率较低，最终只停留在纸面上，无法使群众真正受益。部分贫困村"等靠要"思想严重，没有树立勤劳致富的理念，即使有针对性地出台各项扶持政策，也很难产生发展动力。

（三）涉农资金分散，职责界定不清

政府在涉及民生的多个领域加大对基层乡村发展的支持力度，在科学普及、乡村文明建设、村容村貌改善、基层医疗水平提升、乡镇教育条件优化

以及基础设施建设等多个方面予以资金支持，但是这些资金从财政管理上看分为农业支出、农业综合开发支出、扶贫支出、农村综合改革支出、社会保障支出等科目，科目内容有不少交叉重复之处。从资金来源上看，分为中央预算资金、省级预算资金、市级预算资金等，且资金由不同部门归口管理，各部门在进行业务安排和资金使用规划时往往缺乏统筹，难以形成合力、集中力量完成脱贫攻坚。尽管归口不同政府部门管理的财政资金预算指标由财政部门协调下达，但由于各部门的职责和业务不同，财政部门无法对由其他政府部门归口管理的资金做过多干涉，只能在预算编制和预算执行时进行宏观协调和指导。民生财政得到各级政府的广泛关注，多部门牵头设立了专项资金，并将其投入基层领域，但在实际执行过程中往往缺乏必要的监督。部分领导干部认为只要资金被用于发展本地区的基层事业即可，不管是什么项目，资金都可以统筹使用，无需专款专用，致使很多本该被用于"民心工程"的资金由于不显示"政绩"，经常被挤占用于其他项目。

（四）要素流动受限，制约财政引导

随着经济社会的飞速发展，各项政策的制定和实施应当与时俱进，但河南当前部分体制机制缺乏创新，没有容错机制，部分领导干部产生"少做少错、多做多错、不做不错"的思想，灵活性和主动性较差，致使区域创新发展动力不足。在传统财政管理体制下，不同行政区域间的财政政策可能存在较大差异，制约了生产要素的自由流动，使财政引导乡镇经济发展的效果大打折扣。部分地区针对乡村基础设施建设给予资金补贴，联合金融机构对乡镇企业和农村个体经营者实行贷款贴息政策，但这种惠农支农政策往往以乡镇为单位，相邻乡镇之间经济社会联系密切，惠农支农政策却无法同步落实。基层乡镇经济发展和社会治理情况复杂，不同乡镇具有不同的风俗习惯和生产优势，成功的乡村经济发展模式经常由于"水土不服"而难以复制。社会资本向乡村流动需要乡村发挥自身优势，培育特色产业，但对于部分贫困村而言，历史遗留问题较多，经济基础过于薄弱，盘活农村土地承包权、剩余劳动力、特色自然环境等各项资源要素比较困难。

五 河南推进乡村振兴的财政路径选择

(一)科学预算,优化财政评价体系

推进乡村振兴离不开财政"真金白银"的投入,不管是财政资金的直接投入还是财政政策的间接支持,都需要建立科学有效的预算体系,同时需要优化财政管理模式,使每一笔财政收入都有据可循、有法可依,每一笔财政支出都真正落在实处、做出实效。我国实行财政预决算体制和量入为出的管理方式,因此面对紧张复杂的财政收支形势,政府不应将主要精力放在"开源节流"上,而是要提高财政资金的利用效率,通过优化绩效管理和评价体系等方式,使有限的财政资金在推进乡村振兴的过程中起到更大的作用,推动社会环境的改善和经济发展水平的提升,这样财政收入自然会逐渐增加,有利于形成财政资金收支的良性循环,减轻财政管理压力。各级政府应当充分利用科技手段,依托电子化财政支付系统和预算管理信息系统,组织建立科学的财政绩效评价体系,通过构建量化指标体系的方式对财政管理绩效进行横向对比和纵向分析,更加直观地展现各项惠农支农资金的利用效率和产出效果。以往有不少地区以资金缺口较大为借口,减少对农村地区的投入,影响乡村振兴战略的持续推进。在科学的预算管理和绩效评价体系下,对落实乡村振兴战略的考核重点由支农资金投入的多少转变为支农资金利用效率的高低,这样能够更有针对性地找到乡村振兴工作过程中的薄弱点,督促各级政府及时查漏补缺、积极落实民生财政。

(二)合理规划,统筹整合扶持方向

乡村发展的财政扶持政策需要真正切合当地实际,解决当地农民最迫切的发展需求,省委、省政府对乡村振兴战略进行宏观规划和方向指引,各地方党委、政府应当真正领会上级精神,根据省委、省政府决策部署,制定和实施地方扶持政策。落实民生财政,利用财政政策指引和财政资金杠杆,推

动先富带动后富，在满足人民群众基本生活需求的前提下，稳步提升经济欠发达地区尤其是广大农村地区人民的生活水平，由此进一步维护社会公平正义，实现脱贫攻坚与乡村振兴的良性循环。地方政府在推进乡村振兴战略过程中，应当对政策的制定和执行进行系统性规划，针对贫困乡村、贫困群众进行综合性扶持，补齐脱贫短板，将政策扶持侧重点放在对贫困乡村"造血"功能的改善上，避免简单"输血"、单纯发放政策补贴应付了事。应当坚持政策的持续性，科学领会上级精神，因地制宜落实政策，杜绝换一任领导就变一次政策的现象；坚持政策的衔接性，形成全局眼光和整体战略，不计较个别项目的片面得失；坚持政策的针对性，对于重度贫困地区应当优先保障群众基本生活，对于基础条件较差的乡村应当推进基础设施建设，对于传统风气不适应社会发展要求的地区应当加强现代文化宣传，普及新时代乡规民约；坚持政策的时效性，当前经济社会发展变化较快，政府落实民生财政应当根据人民群众的热点需求，在不同时期、不同阶段采取有针对性的措施。

（三）强化监督，积极推进制度建设

只有加强对项目规划和资金使用的监督管理，坚决防止腐败现象和资金浪费，才能真正实现财政资金取之于民、用之于民。当前社会发展不断加快，财政监督管理也应当适应社会发展变化，充分利用现代科学技术，与时俱进实现现代化管理。财政部门、审计部门和纪检监察部门可以建立电子联网审计监督系统，推广财政支付电子化平台，使每一笔财政资金的来源、用途、流向以及责任部门能够进一步明确且可追溯，清晰划分各部门责任，防止考核时推诿扯皮，同时电子信息化系统能够在支付时对资金流向进行监控，避免资金被挪用挤占，确保专款专用。落实民生财政、推进乡村振兴不能仅仅依靠宏观规划和方向指导，还应当在细节上下功夫，应制定详细的规章制度，利用制度规范财政资金的使用和财政政策的落实，用"法治"替代"人治"，使政策执行更加规范，提高财政资金使用效率。各级政府应当重视内部控制体系建设，特别是乡镇政府需要积极指导基层群众自治组织建立健全内部控制体系，作为政府与人民群众之间的纽带，基层群众自治组织

与人民群众接触最多、关系最密切，更应加强自身建设，提高服务群众的能力和水平。

（四）更新观念，推动基层体制改革

城乡一体化成为目前我国经济社会结构调整的主要趋势，加快城镇化进程能够实现资源优化配置，进而提高居民收入，努力实现共同富裕。推进城乡一体化建设并非单纯地将农民推向城市，而是要使乡村实现跨越发展，让乡村"变为"城市。各地应当树立科学发展理念，摆脱僵化的传统思维，基于省委、省政府指导精神，探索推动基层体制机制改革，建立跨行政区的协调机制，实现城乡协调发展。要健全容错纠错机制，为改革创新留足探索空间，允许干部在推进乡村振兴战略过程中因先行先试、缺乏经验、进行积极探索而产生失误，切实把握乡村振兴落地实施的最后环节，激发基层干部工作的积极性和创造性。同时需要树立系统思维，避免单兵突进和片面冒进，尽量补齐农村市场功能短板，通过差异化财政管理弥补市场调节功能的不足。乡村本来就是经济发展的薄弱环节，农民手中掌握的资源不多，政府应推进农村要素市场化配置改革，盘活农村资源，畅通要素流动渠道，强化农村产权保护和耕地保护，让更多的农村资源在科学规范的指引下进入市场交易，使群众能灵活利用农村资源，切实增加农民收入。

参考文献

郑强、杨果、苏燕：《民生财政支出与新型城镇化：理论与实证》，《生态经济》2020年第8期。

段鹏飞：《公共财政支持乡村振兴的方式及政策选择》，山东师范大学硕士学位论文，2020。

刘天琦、宋俊杰：《财政支农政策助推乡村振兴的路径、问题与对策》，《经济纵横》2020年第6期。

江山：《乡村振兴进程中财政支农资金整合研究》，《农村经济与科技》2020年

第 8 期。

李东东、李钦、魏佳宇、冷滢：《民生财政支出效率及影响因素分析——以重庆市为例》，《财政监督》2020 年第 7 期。

刘薇：《新中国成立以来民生财政研究》，吉林大学博士学位论文，2019。

徐小芳：《中国民生财政支出的国民幸福效应研究》，华东师范大学博士学位论文，2019。

邱柯、辛冲冲：《中国民生财政支出的地区差异及分布动态演进：2007—2017》，《西南民族大学学报》（人文社会科学版）2019 年第 10 期。

刘俊英：《民生财政投入对中国贫困的影响分析——基于空间面板模型的检验》，《河南大学学报》（社会科学版）2019 年第 5 期。

冯炳纯：《民生财政支出对城乡居民消费影响的实证检验》，《商业经济研究》2019 年第 16 期。

B.12
河南省新型城镇化建设进程中民生改善问题研究报告

马银隆*

摘　要： 民生改善作为城镇化建设的根本目的，是衡量城镇化发展水平的决定性因素。自2012年新型城镇化建设以来，河南省的城镇化进程步入了高速发展轨道，城镇化率快速提升，人民生活质量逐渐提高。本文以收入水平、基础教育、医疗卫生、社会保障、劳动力就业创业为视角分析了新型城镇化进程中河南省民生改善的现状和问题，结果表明，新型城镇化进程中河南省民生改善虽然整体取得了显著成效，但也存在着民生改善质量不高和民生改善结构不平衡的问题。因此，本文从强化"以人为本"的新型城镇化建设理念、改革地方政府政绩考核机制、建立基本公共服务多元化供给方式三个方面提出政策建议，为新型城镇化进程中河南省民生改善工作提供基础参考。

关键词： 河南　新型城镇化建设　民生改善

2012年以来，河南省根据国家新型城镇化建设的总体要求，结合本省具体省情，积极探索新型城镇化发展的路径，逐渐完善城镇化建设的思路与措施，城镇化建设质量和水平得到明显提高，城镇化进程取得显著成效。2019年，河南省总人口为10952万人，城镇化率为53.21%，比2012年提

---

* 马银隆，河南省社会科学院社会发展研究所研究实习员，主要研究方向为人口经济学。

高了10.81个百分点，低于全国城镇化率（59.58%）。① 当前，河南省的城镇化建设进入深水区，新型城镇化建设应当速度和质量并重。将改善民生作为城镇化建设的出发点和落脚点，直接反映了河南省新型城镇化的建设水平。基于此，本文以收入水平、基础教育、医疗卫生、社会保障、劳动力就业创业为视角，研究了当前河南省城镇化进程中民生改善的现状，深入分析了民生改善工作存在的问题，并总结经验，提出建设性建议，为城镇化进程中河南省民生改善工作提供基础参考。

一　河南省城镇化进程中民生改善的基本现状

（一）收入水平方面

河南是人口大省，人均收入水平是衡量河南居民生活水平最直观的指标。1978年，河南省居民人均可支配收入只有419.7元，其中城镇居民人均可支配收入为315元，农村居民人均可支配收入为104.7元。改革开放以来，河南省居民人均可支配收入以稳定的速度保持增长。2019年，河南省居民人均可支配收入为23902.68元，比上年增长8.8%，其中城镇居民人均可支配收入为34200.97元，农村居民人均可支配收入为15163.75元，同比分别增长了7.3%和9.6%。随着人均可支配收入的不断增加，全省城乡居民的消费结构也逐渐得到完善，食品消费支出占居民消费总支出的比例逐渐降低，教育、文旅消费支出占居民消费总支出的比例不断增加。2016年全省城镇居民家庭和乡村居民家庭的恩格尔系数基本持平，分别为27.4和28.1，2017年下降至26.7和27.1，2018年全省城乡居民家庭恩格尔系数总体为26.1。② 由此反映出河南省城乡居民不仅整体生活质量不断提高，而且城乡居民的恩格尔系数也逐渐持平。

---

① 《2019年河南省国民经济和社会发展统计公报》，河南省统计局官网，2020年3月9日，http//www.ha.stats.gov.cn/2020/03-09/1373058.html。
② 根据历年《河南统计年鉴》数据整理。

（二）基础教育方面

河南是教育大省，完善基础教育是新型城镇化进程中最重要的任务。当前，河南在基础教育方面取得了显著成绩，教育服务水平不断提升，教育服务体系日益优化。2018年高中阶段毛入学率增长到91.2%，高中升学率为91.1%，相比2017年增长了2.5个百分点。2012年河南省九年义务教育巩固率为91.2%，2018年增长到94.83%，增长了3.63个百分点，高于全国同期平均水平0.3个百分点。

2018年，全省普通小学生师比、初中生师比、高中生师比、中等职业学校生师比分别为19.88∶1、14.34∶1、13.7∶1、22.85∶1。其中，城镇小学和农村小学生师比分别为21.32∶1和16.95∶1，城镇初中生师比、农村初中生师比分别为15.43∶1、12.87∶1。[①] 河南中等职业教育发展水平与全国平均水平相比差距不大，有些年份低于全国平均水平7。

（三）医疗卫生方面

在新型城镇化建设过程中，河南省不断完善基础公共卫生服务体系，不断提高基础公共卫生服务水平。到2018年，河南省卫生机构总数为71352个，其中基层医疗卫生机构数量为67730个，技术人员数量为62.13万人。卫生机构床位数为608519张，其中城市卫生机构床位数为235146张，农村卫生机构床位数为373373张。自2012年新型城镇化建设以来，河南省行政村卫生室的覆盖率持续保持100%，农村卫生员比例持续上涨，2018年河南省城市卫生员为311636人，农村卫生员为551616人。2018年全省婴儿死亡率由2017年的4.0‰下降至3.8‰，孕产妇死亡率从2017年的10.4/10万上升至10.9/10万。5岁以下儿童死亡率从2010年的8.7‰下降至2017年

[①] 河南省统计局、国家统计局河南调查总队编《河南统计年鉴—2019》，中国统计出版社，2019。

的5.3‰，至今保持不变。①

下面本文将从每千人口医疗卫生机构床位数、每千人口卫生技术人员、农村饮用自来水人口占比和农村卫生厕所普及率三个方面说明2008~2018年河南省基本医疗卫生发展状况。

表1数据显示，2018年河南省每千人口医疗卫生机构床位数为6.34张，相比2012年增长了51.3%。其中，河南省每千人口城市医疗卫生机构床位数为10.83张，较2012年增长了36.1%；每千人口农村医疗卫生机构床位数为4.01张，相比2012年增长了53.1%。2018年河南省每千农业人口乡镇卫生院床位数为1.23张，相比2012年增长了15.0%。

总体来看，2008~2018年河南省每千人口医疗卫生机构床位数连续10年保持增长趋势；分阶段看，2008~2012年河南每千人口医疗卫生机构床位数低于全国同期水平。以2012年为界，自2012年新型城镇化建设以来，河南每千人口医疗卫生机构床位数高于全国同期水平。由此可见，在新型城镇化进程中，河南省的基础卫生事业取得了显著成效。

表1 2008~2018年河南省和全国每千人口医疗卫生机构床位数

单位：张

年份	每千人口医疗卫生机构床位数		每千人口城市医疗卫生机构床位数		每千人口农村医疗卫生机构床位数		每千农业人口乡镇卫生院床位数	
	河南	全国	河南	全国	河南	全国	河南	全国
2008	2.55	3.05					0.84	0.96
2009	2.83	3.32					0.94	1.05
2010	3.03	3.58					0.99	1.12
2011	3.20	3.81	7.03	6.24	2.31	2.80	1.00	1.16
2012	4.19	4.24	7.96	6.88	2.62	3.11	1.07	1.24
2013	4.57	4.55	8.44	7.36	2.86	3.35	1.10	1.30
2014	4.87	4.85	8.90	7.84	3.03	3.54	1.11	1.34

① 河南省统计局、国家统计局河南调查总队编《河南统计年鉴—2019》，中国统计出版社，2019。

续表

年份	每千人口医疗卫生机构床位数		每千人口城市医疗卫生机构床位数		每千人口农村医疗卫生机构床位数		每千农业人口乡镇卫生院床位数	
	河南	全国	河南	全国	河南	全国	河南	全国
2015	5.16	5.11	9.36	8.27	3.19	3.71	1.06	1.24
2016	5.47	5.37	9.89	8.41	3.37	3.91	1.08	1.27
2017	5.85	5.72	10.37	8.45	3.61	4.19	1.16	1.35
2018	6.34	6.08	10.83	8.70	4.01	4.56	1.23	1.43

注：表中数据空白部分是由于当年数据缺失，未收录在数据库中，下同。
资料来源：2009~2019年《河南统计年鉴》和《中国统计年鉴》。

表2数据显示，2018年河南省每千人口卫生技术人员数为6.47人，较2012年增长了41.9%。其中，河南省每千人口城市卫生技术人员数为12.34人，较2012年增长了42.2%；每千人口农村卫生技术人员数为3.79人，相比2012年增长了33.0%。2018年河南省每千人口执业（助理）医师数为2.45人，相比2012年增长了37.6%。

总体来看，就河南自身而言，2008~2012年河南省每千人口卫生技术人员数从2.95人增加到4.56人，增长率为54.6%。以2012年为界，2013~2018年河南省每千人口卫生技术人员数从4.24人增加到6.47人，增长率为52.6%。可以看出，以每千人口卫生技术人员数为视角，河南省在新型城镇化建设时期的增长率整体小于旧城镇化时期的增长率，进一步分析发现，这是因为2012年河南省每千人口卫生技术人员数快速增长，之后缓慢增加。

表2 2008~2018年河南省和全国每千人口卫生技术人员数

单位：人

年份	每千人口卫生技术人员数		每千人口城市卫生技术人员数		每千人口农村卫生技术人员数		每千人口执业（助理）医师数	
	河南	全国	河南	全国	河南	全国	河南	全国
2008	2.95	3.81						1.66
2009	3.38	4.15						1.75
2010	3.45	4.37					1.65	1.80
2011	3.63	4.58	7.75	7.90	2.67	3.19	1.66	1.82

续表

年份	每千人口卫生技术人员数		每千人口城市卫生技术人员数		每千人口农村卫生技术人员数		每千人口执业（助理）医师数	
	河南	全国	河南	全国	河南	全国	河南	全国
2012	4.56	4.94	8.68	8.54	2.85	3.41	1.78	1.94
2013	4.24	5.27	9.34	9.18	3.09	3.64	1.92	2.04
2014	5.24	5.56	9.94	9.70	3.19	3.77	2.01	2.12
2015	5.50	5.8	10.40	10.20	3.30	3.90	2.10	2.22
2016	5.70	6.1	11.00	10.40	3.40	4.10	2.17	2.31
2017	6.08	6.47	11.75	10.87	3.53	4.28	2.30	2.44
2018	6.47	6.83	12.34	10.91	3.79	4.63	2.45	2.59

资料来源：2009~2019年《河南统计年鉴》和《中国统计年鉴》。

自新型城镇化建设以来，河南省在推动农村水改和厕改方面取得了突出成效，农村饮用自来水人口比重和农村卫生厕所普及率连续保持正增长。具体来看，新型城镇化建设以前，农村饮用自来水人口的比重从2008年的54.57%，增长到2012年的62.20%；农村卫生厕所普及率从2008年的68.00%，提高到2012年的72.90%。新型城镇化建设以来，农村饮用自来水人口的比重从2013年的61.70%，增长到2018年的86.00%；农村卫生厕所普及率从2013年的74.40%，提高到2018年的82.34%（见表3）。由此可见，与旧城镇化建设时期相比，新型城镇化建设使农村水改和厕改的速度显著提高。

表3 2008~2018年河南省农村饮用自来水人口占比和卫生厕所普及率

单位：%

年份	农村饮用自来水人口占比	农村卫生厕所普及率
2008	54.57	68.00
2009	54.97	69.10
2010	55.10	69.80
2011	59.90	71.10
2012	62.20	72.90
2013	61.70	74.40
2014	69.00	75.30

续表

年份	农村饮用自来水人口占比	农村卫生厕所普及率
2015	73.00	75.60
2016	76.00	79.60
2017	81.00	80.98
2018	86.00	82.34

资料来源：2009~2019年《河南统计年鉴》。

（四）社会保险方面

社会保险是为人民生活兜底、为人民保驾护航的基本民生制度。自新型城镇化建设以来，河南省不断完善社会保险体系，致力于建立一套法定居民全覆盖的社会保险体系。

近年来，河南省各项基本社会保险的参保人数都在稳步增加。表4数据显示，2018年末，河南省居民参加基本养老保险的总数达7089万人，其中，参加城镇职工基本养老保险的人数为2006.54万人，分别比2012年增长了18.3%、57.9%；参加基本医疗保险的人数达10435.74万人，参保率为99.54%，基本实现了城乡居民全覆盖；参加失业保险、工伤保险、生育保险的人数分别达819.97万人、926.26万人和755.35万人，相比2012年分别增长了11.5%、28.5%和45.2%。

表4 2008~2018年河南省基本社会保险参保情况

单位：万人

年份	参加基本养老保险人数	参加城镇职工基本养老保险人数	参加基本医疗保险人数	参加基本失业保险人数	参加基本工伤保险人数	参加基本生育保险人数
2008		948.57	840.87	689.00	501.2	313.35
2009		1019.09	1970.13	694.82	521.02	379.76
2010		1079.33	2043.75	696.46	551.74	412.87
2011	4474.29	1168.38	2122.26	701.19	655.54	460.69
2012	5990.31	1270.63	2222.2	735.50	720.56	520.29

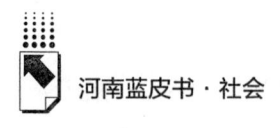

续表

年份	参加基本养老保险人数	参加城镇职工基本养老保险人数	参加基本医疗保险人数	参加基本失业保险人数	参加基本工伤保险人数	参加基本生育保险人数
2013	6192.74	1349.99	2297.20	741.29	773.09	569.60
2014	6275.34	1341.55	2340.03	773.30	805.71	590.17
2015	6362.64	1508.71	2344.90	783.34	856.68	609.46
2016	6643.76	1750.02	2360.75	788.07	876.97	646.80
2017	6907.80	1897.59	10410.70	805.57	900.88	692.73
2018	7089.00	2006.54	10435.74	819.97	926.26	755.35

资料来源：2009~2019年《河南统计年鉴》。

基本养老保险和基本医疗保险是社会保险中最为重要的两个组成部分，本文以参加基本养老保险的人数占总人口的比重和参加基本医疗保险的人数占总人口的比重来计算基本养老保险和基本医疗保险的参保率。自2012年新型城镇化建设以来，基本养老保险参保率从63.69%增加到2018年的75.43%，其中2015~2018年的增速较快，共提高了8.27个百分点。基本医疗保险参保率从2012年的96.63%增长到2018年的99.54%，基本实现城乡居民全覆盖。由此可见，在新型城镇化建设期间，河南各项基本社会保险的参保工作都实现了快速发展。

新型城镇化建设以来，河南省不断改革、健全社会保险制度，逐渐提升基本养老金发放水平，提高医疗保险报销比例，实现城乡基本医疗保险统筹发展。2018年，河南省实施了有史以来增幅最大的一次城乡居民基本养老保险基础养老金最低标准提高政策，在原80元基础上每人每月增加18元，达到每人每月98元，有力地促进了民生的改善。

（五）劳动力就业创业方面

稳就业、保居民就业不仅是"六稳""六保"的首要任务，而且是"六稳""六保"工作的中心和重心。2019年，河南省城镇新增就业人数125.82万人，达到6817.82万人。全省新增农村劳动力转移就业45.76万人，超额完成全年目标任务,农村劳动力转移就业总人数达3040.89万人。新增农民工返乡创业25.67万人,带动就业124.06万人,返乡创业总量达到149.79万人,累计带动就业902.17万人。[1] 2019年,河南省农民工返乡创业投资基金共48.90亿元,扶持返乡创业项目20个,共开展创业培训35.18万人次,带动农民工返乡创业就业5万余人。2019年1~9月,河南省帮扶农村建档立卡贫困劳动力实现转移就业累计达183.21万人,完成全年目标任务的99.7%。[2]

2019年末城镇登记失业人数为49.43万人,城镇登记失业率为3.17%。自2012年新型城镇化建设以来,河南省城镇登记失业率一直低于全国平均水平1个百分点左右,并且保持稳中有降。由此可见,在新型城镇化进程中河南省的就业创业促进工作取得了显著成绩。

二 河南省城镇化进程中民生改善存在的问题

(一)民生改善质量不高

河南省的居民人均可支配收入虽然以稳定的速度保持增长,却一直低于全国平均水平,2019年河南省居民人均可支配收入为23902.68元,明显低于全国居民人均可支配收入30733元;新型城镇化建设以来,河南省虽然在基本公共教育水平方面取得了一定成绩,但与全国平均水平相比还有一定差距。河南省小学和初中阶段的生师比一直明显高于全国平均水平,基础教育需要进一步改善与提升,应该合理规划教育投入结构、加大投入力度,以期拉近与全国平均水平的差距;河南省每千人口农村卫生医疗床位数、每千人口卫生技术人员数和每千人口助理医师数至今未达到全国同期平均水平。由

---

[1] 《最新统计公报来了!截至2019年末,河南省就业人员6562万人》,河南省人民政府网站,2020年9月2日,http://www.henan.gov.cn/2020/09-22/1762525.html。
[2] 《河南农民工返乡创投基金实现三方共赢》,河南省财政厅网站,2019年3月5日,http://www.hncz.gov.cn/2019/0305/14106.htm;河南省统计局、国家统计局河南调查总队编《河南统计年鉴—2019》,中国统计出版社,2019。

此可见，与全国同期平均水平相比，新型城镇化进程中河南省民生改善工作还有待进一步提升。

（二）民生改善结构不平衡

河南省新型城镇化进程中民生改善的不平衡问题主要体现在区域不平衡和城乡不平衡两个方面。从人均可支配收入来看，2019年，郑州、洛阳、济源的人均可支配收入分别为35942元、27101元、29065元，信阳、商丘、驻马店的人均可支配收入则分别为320928元、20175元、19644元。由此可见，经济发达的中心城市的人均可支配收入水平明显高于经济落后的偏远城市。2019年河南省城镇居民人均可支配收入和人均消费支出是农村居民的2倍。基础教育方面，本文用生师比来衡量基础教育水平，一般来说，生师比与基础教育服务水平成反比。从区域视角来看，河南省生师比最高的是豫东（15.08∶1），最低的是豫西（13.52∶1）。从城乡角度看，2018年河南城镇和农村小学生师比分别为21.32∶1、16.95∶1，城镇初中生师比、农村初中生师比分别为15.43∶1、12.87∶1。[①] 由此可见，经济发达地区的基础教育水平要高于经济落后的地区。在九年义务教育阶段，农村生师比明显低于城镇生师比，这说明农村小学和初中教育服务水平一直高于城镇，但农村的教育资源和师资质量与城镇相比仍存在一定差距。从医疗卫生方面来看，河南每千人口城市医疗卫生机构床位数、河南省每千人口城市卫生技术人员数和每千人口执业（助理）医师数增长速度一直高于同期农村水平。由此可见，河南省新型城镇化进程中民生改善存在严重的地区不平衡和城乡不平衡问题。

三 政策建议

（一）强化"以人为本"的新型城镇化建设理念

首先，大力推进城镇化在区域和城乡之间的协调共建。新型城镇化建设

---

① 河南省统计局、国家统计局河南调查总队编《河南统计年鉴—2019》，中国统计出版社，2019。

必须改变过去只重视经济增长的观念，将以人为本作为新型城镇化建设的根本落脚点。城镇化建设的侧重点要从城镇化率的快速提升转向城镇化建设的高质量发展，必要时应该放缓城镇化建设的速度以实现城镇化建设的高质量发展。其次，河南省应该根据具体省情的变化对基本公共服务体系进行及时调整和完善，加速改革不利于促进基本公共服务供给的规章制度。最后，在新型城镇化的建设过程中相关部门要及时准确地满足人民的需求，适时合理地调整基本公共服务的范围和标准，逐渐消除城乡和区域民生改善工作的不平衡现象，提升民生改善的质量。

（二）改革地方政府政绩考核机制

以往城镇化建设水平的考核是以城镇化率和地区生产总值为导向的，尤其是经济发展落后地区的地方政府往往只重视经济增长，却将民生改善抛之脑后，所以，要想使民生在新型城镇化进程中得到改善，首先要改善政府政绩的考核制度。改善政府政绩的考核制度就是要把民生改善质量纳入政府政绩的评价体系，充分发挥政府在民生改善工作中的主体作用，建立对政府民生改善工作的监督问责制度。其次，将民众对于政府民生改善工作满意度评价作为政府政绩考核的一项重要指标，这不仅能够使政府及时地了解民众对于民生改善的需求方向，从而对民生改善工作做出合理的调整，又能倒逼政府提高基础公共服务水平。

（三）建立基本公共服务多元化供给方式

建立基本公共服务多元化供给方式，需要整合政府、社会和市场资源，培育多元主体，建立协同供给的基本公共服务体系。一是鼓励和引导社会力量参与基本公共服务供给，提高民众对政府民生改善工作的认可度；二是积极吸纳市场闲置资本，建立公私融合的基础公共服务供给方式；三是建立信息化基础公共服务平台，提高公共服务效率，降低服务成本。

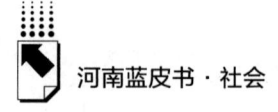

参考文献

王华丽：《提升品位 促进发展 改善民生——积极加快商水城镇化进程的一些思考》，《内蒙古科技与经济》2016年第4期。

胡放之、李良：《城镇化进程中民生改善进程问题研究——基于湖北城镇化进程中低收入群体住房、就业及社会保障的调查》，《湖北社会科学》2015年第2期。

孙红玲、唐未兵、沈裕谋：《论人的城镇化与人均公共服务均等化》，《中国工业经济》2014年第5期。

B.13 乡村振兴背景下河南乡村文化建设研究报告

刘 畅[*]

摘 要： 乡村文化建设，是乡村振兴的铸魂工程。在贯彻落实习近平总书记视察河南重要讲话精神的基础上，在实践摸索自身乡村振兴的道路上，河南乡村文化治理成绩斐然，一是乡村振兴格局构建基本完成，农业农村农民和谐发展；二是公共文化服务体系不断完善，农民基本文化需求得到满足；三是乡村文化治理成效显现，乡风家风民风焕然一新。但同时也存在着一定的问题，促进河南乡村文化治理体系和治理能力现代化不仅需要顶层设计，也需要人民群众广泛参与；不仅需要制度完善、组织充分、引进人才，也需要既传承中国传统文化，又培育新时代中国特色社会主义文化。

关键词： 河南 乡村振兴 文化治理

2020年既是全面建成小康社会的决胜之年，又是脱贫攻坚战的收官之年，而全面建成小康社会和全面建设社会主义现代化强国，最艰巨最繁重的任务在农村，最广泛最深厚的基础在农村，最大的潜力和后劲也在农村。党的十九大以来，以"产业兴旺、生态宜居、乡风文明、治理有效、生活富

---

[*] 刘畅，河南省社会科学院社会发展研究所研究实习员，主要研究方向为文化产业与社会舆论。

裕"为总要求的乡村振兴战略不断推进，实现乡村产业、人才、文化、生态、组织五个方面的全面振兴，一方面满足亿万农民对美好生活的向往，另一方面是新时代做好"三农"工作的总抓手。河南省已经进入农业农村高质量发展实现、乡村社会治理体系和治理能力现代化、乡村振兴阶段性目标完成的关键之年。在2020年7月13日河南省农业高质量发展工作会议上，省长尹弘强调，河南农业发展要深入贯彻习近平总书记关于黄河流域生态保护和高质量发展重要讲话精神以及"三农"工作重要论述，认真落实省委十届十一次全会暨省委工作会议精神，坚定不移走好农业高质量发展之路，加快建设现代农业强省，既为做好"六稳"工作、落实"六保"任务提供坚实支撑，又为实现乡村振兴夯实基础。①

如果说文化是一个民族的血脉，是一个民族的精神家园，那么对于中国而言，乡村文化更是中国文化发展的巨树之根、江流之源。乡村文化的发展不仅蕴含了中国传统文化的历史脉络，也承载了新时代人民日益增长的美好生活需要。乡村文化振兴的实现对于当代中国文化自觉与文化自信的塑造，对于东方智慧与中国方案的表达，都有着不同寻常的价值与意义。乡村文化治理作为实现乡村文化振兴的重要手段，一方面蕴含着从"行政管控"到"统筹善治"的实践转变，另一方面蕴含着文化既是治理工具又是治理对象的二重逻辑。以政府为行为主体的乡村文化治理，更多的是通过文化的手段，例如文化政策的引导、文化体制的建构、文化活动的组织等一系列举措推动乡村文化振兴的实现，推动更广大人民群众享有社会文化发展的成果，满足人民对美好生活的追求与向往。

一 乡村振兴背景下河南乡村文化建设现状

河南乡村文化治理已经初步显现出成效，在乡村振兴战略的统筹下，河

---

① 《尹弘在全省农业高质量发展工作会议上强调坚决扛稳粮食安全政治责任　加快建设现代农业强省》，河南省人民政府网站，2020年7月14日，http：//www.henan.gov.cn/2020/07-14/1739680.html。

南乡村文化治理的顶层政策构建已经完成，公共文化服务平台的构建也已取得一定成效，文化基础设施的完善和多样化文化活动的丰富，都为满足人民群众的基本文化需求提供了切实保障。

（一）乡村文化振兴的制度体制完善构建

为认真贯彻习近平总书记和党中央要求，按照《乡村振兴战略规划（2018—2020年)》的指引，落实省委关于聚焦"五个振兴"实施乡村振兴战略的安排，河南省相继出台了一系列推进乡村振兴战略落地的政策。2020年4月24日，河南省乡村文化振兴工作专班会议原则通过了《河南省乡村文化振兴工作方案（2020—2022年）》，会议强调，工作方案确定以后，要提高站位，主抓落实，高质量推动河南乡村文化振兴，不断提升农民幸福感与获得感。2019年河南省委、省政府发表《关于深入学习贯彻习近平总书记重要讲话精神　全面推进乡村振兴战略的意见》，指出加强农村精神文明建设的重要性，并对2020年全年的农村精神文明建设提出了具体的指标要求。例如持续推动农村精神文明建设，持续推动乡村移风易俗，持续推动农村综合性文化服务中心建设，到2020年六成以上的乡镇和行政村达到文明乡村的要求，到2020年八成以上的乡镇和行政村普遍建立村民公约、道德评议会、红白理事会、村民议事会和禁赌禁毒会。

（二）乡村公共文化服务体系不断完善深化

近几年，河南乡村公共文化服务不断完善，一方面体现在公共文化产品的供给上，基础文化设施日益完善，不断满足乡村居民的基本文化需求。在文明乡风建设方面，河南省加快宜居乡村的建设。农村人居环境整治持续推进，乡镇和行政村卫生厕所普及率大幅提高，美丽乡村建设展现新的面貌。另一方面体现在公共文化服务的供给上，多样化的惠民文化活动不断丰富乡村居民的精神文化生活。河南省文化馆组织全省群众文化活动，如"河南全民艺术普及周"、"乡村音乐厅"、"出彩河南人"第四届河南省优秀群众文艺作品展演等共2000多场次，惠及民众300多万人次；河南省文化馆还承办了2018年河南省文化科技卫生"三下乡"活动等。2019年春节期间，河南省开展了百家"乡村音乐厅"，唱响文化扶贫新曲调，百场"文化共享"情暖基层活动，全省上万名文化志愿者和32支志愿者服务团队开展活动483场，服务群众29.6万人。①

（三）乡村文化治理成效显现

2020年是河南省农村人居环境整治三年行动的收官之年，自2018年实施农村人居环境整治三年行动以来，河南省农村人居环境水平明显提升，截至2020年7月底，完成无害化卫生厕所改造637万户，卫生厕所普及率达到83%，85%以上的县（市、区）建成全域一体城乡融合的市场化保洁机制，95%的行政村生活垃圾得到有效治理，秸秆综合利用率达89%，粪污综合利用率达80%，56个县完成村庄分类和布局规划编制，4221个村完成多规合一的实用性村庄规划编制，群众满意度保持在80%以上。②

通过近两年的乡村文化治理，河南乡风家风民风也呈现出焕然一新的积极面貌。一是主流价值观引领文明乡风建设。河南各地乡村积极打造乡风文明新阵地，注重社会主义核心价值观的引领与精神文明建设。例如舞钢市枣林镇就按照"一镇一所，一村一站"的总要求，成立"新时代农村文明传习所"，在每个行政村成立"新时代农村文明传习站"。二是修家谱、温家训，传承良好家风。近两年河南各地农村高度重视良好家风、良好家训的宣传与推广工作。河南省图书馆推出的"家谱有奖征集成果展览"展示了从社会各界征集的200多套家谱，得到了社会各界的积极响应。在家谱整理和家训提炼的过程中，大家庭的集体归属感与认同感增强，良好的家风悄然形成。三是传统文化的熏陶厚植淳朴民风。根据《关于进一步推进移风易俗建设文明乡风的指导意见》，河南各地积极开展移风易俗活动。2020年3

---

① 《河南文化文物年鉴2019》，中州古籍出版社，2019。
② 《深入开展农村人居环境整治 确保完成三年行动目标任务》，中国网，2020年8月12日，http://news.china.com.cn/live/2020-08/12/content_919830.htm。

月，河南省兰考县东坝头镇张庄村被中央农办、农业农村部等部委推荐为全国村级"乡风文明建设"的优秀典型。① 张庄村通过开展"幸福家园"大讲堂、组织孝老爱亲的饺子宴、成立"梦里张庄"艺术团体等方式，培育乡村文明新风。

二 河南乡村文化建设的问题分析

（一）城乡文化发展失衡

农村在基础设施、社会保障以及公共服务等方面与城市相比依然存在较大的差距。同全国其他地区一样，目前河南省农村人才匮乏，以留守老人和妇女为主的农业生产者适应生产力发展和市场竞争的能力明显不足，城市的高质量生活水平和就业机会吸引着农村大量青壮年劳动力离开家乡到城市寻找发展机会，导致农村"三留守"人员大范围存在，妇女和老人成为农业生产的主体。② 截至2018年，河南农村"三留守"人员共有599.2万人，其中留守儿童162.6万人，留守老人191.9万人，留守妇女244.7万人；平均每个村35.7名留守儿童、42.0名留守老人、53.6名留守妇女。③ 与城市更具有活力、占据更多市场份额的现代流行文化相比，传统乡村文化多少显露出发展迟缓、竞争力不强的特点。城乡文化发展失衡是经济、政治、社会、文化等多方因素造成的，一时间城乡两个不同的文化发展主体不同发展态势的现状并不能完全扭转。乡村文化振兴所要探寻的就是，如何更加合理地分配与利用失衡的文化资源，如何更好地保护与传承式微的传统乡村文

---

① 《农业农村部推介首批全国村级"乡风文明建设"优秀典型案例》，中华人民共和国中央人民政府网站，2020年4月25日，http：//www.gov.cn/xinwen/2020-04/25/content_5505973.htm。
② 李国祥：《如何理解乡村振兴战略的"五个振兴"》，求是网，2020年8月13日，http：//www.qstheory.cn/zhuanqu/bkjx/2019-08/13/c_1124870140.htm。
③ 《〈河南省农村经济社会发展报告〉出炉 3万多农户网上卖货》，新浪网，2019年12月17日，http：//k.sina.com.cn/article_2027773605_78dd5ea50200132xf.html。

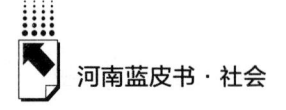

化，如何吸引更多乡村文化的治理者、乡村文化的继承者、乡村文化的建设者投身乡村文化振兴。

（二）多方参与渠道失语

第一层面，乡村文化治理的主体角色乡村干部与村民自身就存在自治意识不强、需求表达不畅等问题。在乡村文化治理的过程中，顶层设计还是以现代性和社会性对传统乡村文化的注入为主，单向度的乡村文化治理模式缺少农民主体意见的表达，忽视了乡村自身的能动性。农民主体在乡村文化建设中长期失语现象的存在，不利于稳定和谐、活泼有序的乡村文化建设。单向度的自上而下的文化动员，而不是互动式的文化参与，正是现代乡村文化治理存在的一个关键性问题。推动乡村振兴，在加强顶层设计自上向下推动的同时，绝不能放弃并且要高度重视农民首创乡村振兴路径。

第二层面，乡村文化治理的其他社会角色也存在参与度不高、互动性不强的问题。事实上，社会力量的广泛参与是实现乡村文化治理主体多元化、乡村文化振兴的内在要求，同时也是实现乡村社会治理体系和治理能力现代化的重要手段。在现实的乡村文化治理的实践过程中，因为长久以来形成的对于行政手段的文化治理的依赖，社会各界力量参与和融入乡村文化治理的机制并不明晰，路径并不畅通。

（三）乡村民俗艺术失传

乡村非物质文化遗产承载了中国的传统智慧与根植于广大人民群众心里的乡土情怀。传统乡村民俗面对激烈的市场竞争以及快餐化的文化消费，其生存与发展的空间不断被挤压，承载着人们"童年记忆"的乡村民俗艺术逐渐失传。河南的传统乡村民俗艺术也面临着同样的问题。虽然政府出台了一系列措施鼓励传统民俗手艺人的申请以及培育，但河南的乡村传统民俗手艺人依然存在青黄不接、种类逐渐减少的问题。虽然客观来说，现代文化的不断发展，导致传统乡村民俗文化缺乏适宜生存的土壤，但是实现乡村民俗艺术或者说乡村传统文化的创造性转化与创新性发展，也是我们继承和发扬中国传统文化的题中之义。

三 推进河南乡村文化建设的思考与建议

（一）组织引领，推进乡村文化治理体系和治理能力现代化

任何成功的社会实践活动都离不开统筹规范的制度引领和科学高效的组织实施。乡村文化治理制度的构建是实现乡村文化振兴的基本保障。全面性、系统性的制度体系的建构对于实现农村高质量发展、繁荣乡村文化、满足亿万农民的多样化文化需求有着非同寻常的意义。河南乡村文化治理应该在习近平新时代中国特色社会主义思想的科学指引下，立足自身发展状况，学习在乡村振兴中文化治理的典型案例，吸取乡村治理实践中的经验教训，破除传统乡村行政管理模式的弊端，创新基层管理体制机制。

（二）"三治"结合，培育文明乡风、良好家风、淳朴民风

河南的乡村文化治理根据"三治"结合的指导思想，可以构建自身的乡村治理体系。就法治层面而言，构建乡村文化治理的法治体系能为乡村文化治理提供制度保障。法律规范、政策文件、规划意见等是乡村文化治理的顶层设计，为乡村文化治理提供了方向与保障。河南的乡村文化治理中法治的完善与建构，就在于区域乡村文化振兴的政策完善、组织清晰。德治就是指在中国特色社会主义核心价值观的引领下，在中国传统文化的传承下，以乡村德治构筑乡村集体价值取向与文化认同。河南乡村文化治理的德治实践可以与"新乡贤""新民约"相结合，继承中华民族传统美德的同时，为德治注入中国特色社会主义核心价值观。通过表彰、宣讲等一系列方式，既生动活泼又潜移默化地培育现代农村"新道德"。就自治而言，乡村文化治理中文化的重要载体究其根本就是乡民本身，乡民们全部的生活实践也促进了乡村文明的动态发展与延续。而所谓乡村文化治理的自治，就表现为乡民自

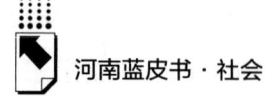

身素质的提高、文化自信与文化自觉的培育。有文化、有素质、有担当、有作为的乡民的培养，也是乡村振兴的题中之义。河南乡村文化治理中自治的关键是人才的培育、乡民自治观念的养成。

（三）化解城乡二元结构矛盾，落实乡村"六稳""六保"

在乡村文化治理，或者说在乡村振兴的过程中，通常面临乡村与城市、传统与现代、保守与激进等多方面对立统一的矛盾。实现乡村与城市的互补交融、传统与现代的和谐共舞，也有助于落实乡村"六稳""六保"。河南文化治理要实现乡村文化的振兴涵养城市的飞速发展，城市的发展红利带动乡村更进一步发展，使传统在继承与创新发展中赋予现代更深厚的意义，使现代反哺并助推传统的传承与深化。

调查篇

Reports on Social Survey

B.14 河南省高额彩礼问题调查报告

杨旭东*

摘　要： 在乡村振兴战略背景下，乡风文明建设、精准脱贫和农村大龄男青年的婚姻挤压都要求治理高额彩礼所带来的社会问题。河南省10万元以上的彩礼占比超过50%，但社会对于彩礼并非完全反对，而是主张维持在合理的价位。因此，移风易俗或者治理高额彩礼问题，应充分了解和尊重风俗的基本规律，适度介入，在努力治理男女性别比例失衡问题的同时，要积极发挥民间组织的作用，培育可接续的新的婚姻风尚，逐步消除高额彩礼造成的负面后果。

关键词： 彩礼　移风易俗　适度干预　新风尚

送彩礼，作为一种风俗或者民间礼仪，属于民俗文化的范畴，本身无可

---

* 杨旭东，博士，河南省社会科学院社会发展研究所副研究员，主要研究方向为民俗学。

厚非，但近些年来，彩礼金额不断攀升，一些地方出现了因婚致贫、因婚返贫现象，甚至在个别地方还出现由高额彩礼酿成的恶性案件，这已经超出了其作为婚姻礼俗的基本范畴，演变成影响社会良性运转的严重社会问题。针对这一趋势，本文采用问卷调查的方法，对河南省的高额彩礼问题进行研究，以准确把握高额彩礼问题的现状及成因，提出合理的对策建议，以期使这一问题得到有效缓解。

一 研究背景

近几年来，国家出台的不少重要政策文件当中屡屡提及"高额彩礼""天价彩礼"问题，特别是2019年《中共中央国务院关于坚持农业农村优先发展做好"三农"工作的若干意见》提出要"对婚丧陋习、天价彩礼、孝道式微、老无所养等不良社会风气进行治理"，明确将彩礼问题纳入社会治理。因此，在新的时代背景下，破解这一问题就显得尤为迫切。

（一）乡风文明建设的推动

党的十九大报告提出实施乡村振兴战略，按照"产业兴旺、生态宜居、乡风文明、治理有效、生活富裕"的总要求，加快推进农业农村现代化。实际上就是要全面振兴乡村社会，推动农村发展进入新的历史阶段。乡风文明建设是乡村振兴的一个重要内容，而乡风文明是一种以乡土文化为底色，兼具现代文明特征的新时代农村精神新风貌，它一方面立足于乡土文化，主张深入挖掘和弘扬优秀农耕文化；另一方面，以现代化和建立现代文明为目标的乡土社会，同时需要摒弃具有负面影响的元素，如包括索要高额彩礼在内的陈规陋俗。也就是说，在农业农村发展进入新的历史阶段的背景下，社会主要矛盾的变化，无论是从政府层面还是从民众的角度，都对乡村社会提出了新的要求，从追求经济发展和物质生活水平的提高，向更加重视人们精神生活的满足和精神文明素养的提升转变。高额彩礼，无论是对婚俗文化的进步还是对社会风气的改变都是巨大的障碍，是乡村振兴的绊脚石。在乡风文明建设的推动下，改变这一陈规陋俗势在必行。

（二）脱贫攻坚任务的压力

精准脱贫是党的十九大报告提出的三大攻坚战之一，要在2020年完成脱贫攻坚任务，一方面，政府要大力发展经济，为群众"开源"，如引入各种扶贫项目、党政机关事业单位与贫困村的对口帮扶等；另一方面，要引导群众"节流"，减少贫困家庭不必要的经济支出。高额彩礼造成的巨大家庭支出让很多一般收入水平的农村家庭难以承受。"'天价彩礼'带来的问题不仅是家庭纠纷、女性婚后权利难以得到保障等，甚至出现农村因婚'返贫'新问题，可以说已经到了相当严重的地步。"[1] 在精准脱贫这一国家重大攻坚任务面前，一切可能引起贫困的因素都被纳入影响预期目标实现的考量，高额彩礼问题正是在这一背景下进入脱贫工作范畴。再加上在这一轮以解决贫困问题为目标的扶贫工作中，特别凸显了"精准"二字，这也使得并不具有普遍性的高额彩礼成为必须治理的问题。

（三）农村大龄男青年的婚姻挤压

陆卫群等的调查研究显示，"由于择偶梯度、婚姻迁移以及出生人口性别比长期高于102~107的正常水平值，我国婚姻市场中出现了大量男性过剩和男性婚姻被挤压的现象"，[2] 而且这种现象会"使经济贫困和偏远农村地区的男性逐渐形成一个规模庞大的失婚群体"。[3] 河南是人口大省，男女比例失调问题较为严重，经济发展水平落后，两个方面因素叠加，而且呈同

---

[1] 丁慎毅：《治理"天价彩礼"需用"组合拳"》，《经济日报》2019年3月1日，第9版。
[2] 陆卫群、杨慧勤、赵列：《婚姻挤压背景下农村大龄未婚男青年主观幸福感的调查研究》，《人口与社会》2019年第3期。
[3] 杨筠、傅耀华：《我国婚姻挤压与人口安全问题研究——视角与范式》，《天府新论》2015年第1期。

向发展的趋势,这无疑加大了农村大龄男青年的结婚难度。值得注意的是,农村地区的男女比例失调问题本就严重,随着人口流动的频繁,农村女性流出人数高于流入人数,更进一步加大了农村大龄男青年的结婚难度,这又是一个双重因素叠加。两个双重因素叠加使得农村大龄男青年的婚姻挤压越发严重,"彩礼高,光棍多"已经成为这一现象的生动总结。

二 河南省高额彩礼的现状及化解的做法

为了准确把握河南省高额彩礼的基本情况,本文采用问卷调查的方式,面向符合本调查相关条件的河南省在校本科生和部分硕士研究生,以河南籍学生为主,通过问卷网发布问卷,以网上填写的形式进行。问卷共设计了10个问题,考虑到疫情期间学生以在家上网课为主,问卷特意设计了父母婚姻中的彩礼问题,要求学生在询问父母之后完成问卷,以此形成两代人之间的彩礼对比。计划完成问卷500份,实际收回问卷427份,其中女生333份,男生94份。

(一)两代人的彩礼对比

1. 父母辈的彩礼状况

参与问卷调查的大学生的父母年龄基本在40~60岁,最大的61岁,最小的43岁,平均年龄48.5岁,结婚时间集中在20世纪90年代。这一时期的河南农村,外出务工渐渐成为潮流,但基本上属于一种候鸟迁徙式的人口流动方式,务工人员常年在务工所在地和户籍地之间往返,务工收入的消费和婚姻的完成大多数是以家乡为主,结婚对象的范围仍然是以户籍所在地周边为主,跨省婚姻较少。统计结果显示,无彩礼婚姻占比为53%(226个家庭),彩礼低于1万元(含1万元)的婚姻占比为28%(119个家庭),剩余19%的婚姻彩礼为实物或超过1万元。

2. 当下的彩礼状况

针对当下河南彩礼的状况,问卷设计了以下三个核心问题。

(1) 彩礼金额

共分四个层次，分别为10万元及以下、10万~15万元、15万~20万元、20万元以上。统计结果见图1。

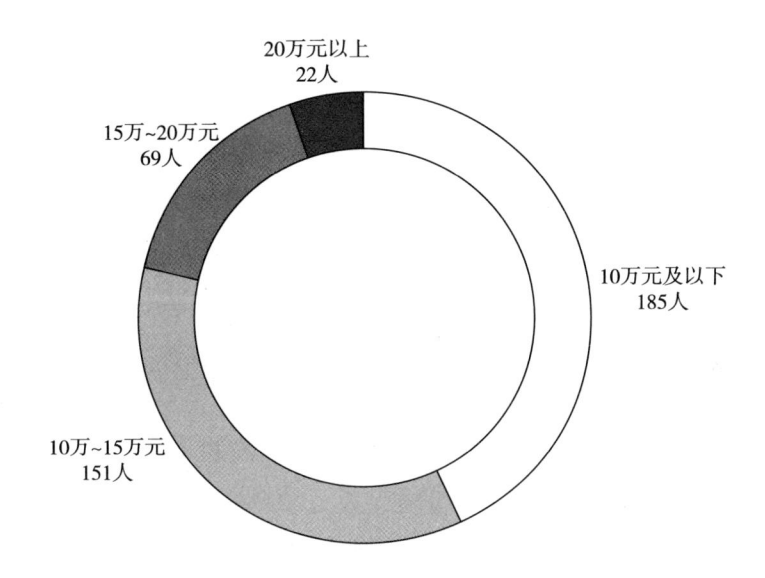

图1 彩礼金额分布

从图1可知，彩礼在10万元及以下的占比为43.3%，10万元以上占比为56.7%，其中，10万~15万元占比为35.4%，15万~20万元占比为16.2%，20万元以上占比为5.2%。

(2) 父母对待彩礼的态度

从统计结果看，完全反对彩礼的比例仅为7%，支持彩礼的比例则为66%，这其中又分为两类：一类是认为应该有彩礼，但应根据家庭实际情况决定彩礼数额的占比为59%；另一类则是把彩礼看作婚姻的必备条件，此类占比仅为7%（见图2）。

(3) 婚前必须购买的物品

根据河南的实际情况，除彩礼外，男方家庭需要为女方购置的物品，也是缔结婚姻过程中占比较重的一笔开支，从20世纪50~70年代时兴的"三转一响"（"三转"是自行车、缝纫机、手表，"一响"是收音机），到20世纪

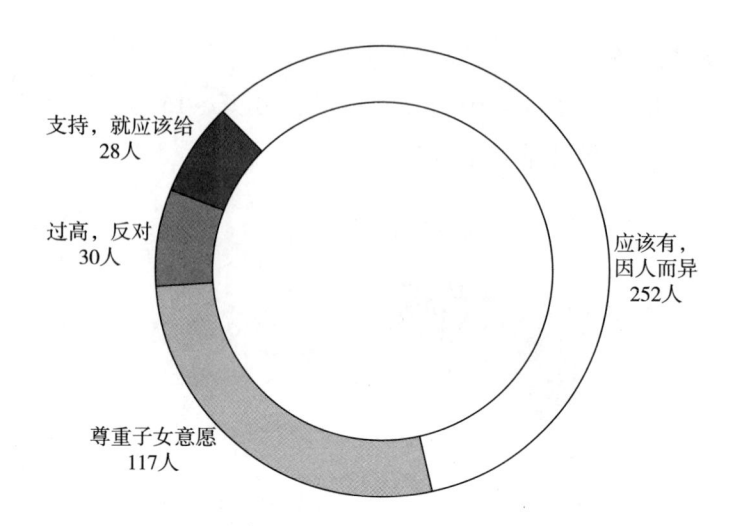

图2 父母对待彩礼的态度分布

（图中数据：支持，就应该给 28人；过高，反对 30人；尊重子女意愿 117人；应该有，因人而异 252人）

80年代的"三大件"（电视机、洗衣机和冰箱），20世纪90年代又出现了所谓的"三金"（金戒指、金手镯、金项链），一直延续至今。在当下的婚俗当中，除"三金"之外，又出现许多必备物品，包括城市住房、汽车、名牌服装及其他物品。统计结果如图3所示。

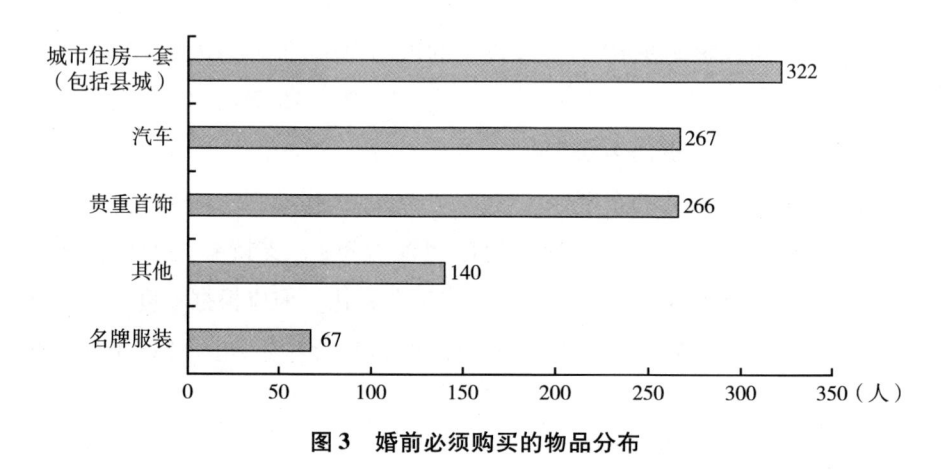

图3 婚前必须购买的物品分布

（城市住房一套（包括县城）322；汽车 267；贵重首饰 266；其他 140；名牌服装 67）

从图3可见，随着时代的发展，婚姻缔结过程中，购买住房已经成为结婚的必备条件，占比高达75.4%；排在第二位的是汽车，占比62.5%；以

"三金"为代表的贵重首饰占比仍有62.3%。另外,还有32.8%选择其他必须购买物品,15.7%选择名牌服装。

(二)问卷分析

综合上述统计数据,对于河南的高额彩礼可以得出以下几点认识。

一是"彩礼"的范畴应包括整个婚姻缔结过程中的所有支出总和,而非仅仅彩礼一项支出。从统计结果看,如果仅以狭义的"彩礼"计算,则高额彩礼并不是一个普遍存在的严重问题。这一点可以从两个方面得到佐证:一方面,完全反对彩礼存在和认为数额应达到15万元以上的占比都较低;另一方面,除了狭义的"彩礼"支出,购买房产和汽车的数额远大于彩礼的数额。因此,今天我们再来讨论"彩礼"问题的时候,应该对其范畴进行重新界定。也就是说,给婚姻中男方家庭造成经济负担,乃至成为社会问题的是缔结婚姻过程中的全部消费的总和,而非狭义的"彩礼"一个方面。

二是"高额"彩礼的界定。被列为移风易俗或者社会治理对象的高额彩礼,又叫天价彩礼,显然是指超出某一标准线的彩礼额度,而这一标准至今并没有明确的规定,一般意义上说,应以当地的经济发展水平和居民收入水平为参照。从统计结果看,选择15万元以下彩礼的占到了全部受访对象的78.7%,如果以此推断,那么是否意味着不超过15万元即为合理的彩礼价位呢?以河南的经济发展水平而言,2019年全省城镇非私营单位就业人员年平均工资为67268元,平均工资第一名的金融业年平均工资是124240元,全省城镇私营单位就业人员年平均工资为43194元,规模以上企业年平均工资为55402元,社会生产服务和生活服务人员年平均工资为44968元,生产制造及有关人员年平均工资为50410元。[①] 如果以这些数据为依据,则15万元的彩礼标准对城镇私营单位就业人员而言属于高额,对非私营单位就业人员而言

[①] 樊霞:《2019年河南城镇单位就业人员平均工资出炉 非私营单位员工平均工资增加最多》,《河南日报》2020年7月3日,第4版。

基本在可承受范围之内。另据华经情报网的数据，2019年河南城镇和农村居民人均可支配收入分别为34201元和15164元。① 如果以此为参考依据，15万元的彩礼是否属于高额恐难下绝对的结论。

三是公众对待彩礼的态度。这是一个值得注意的问题，从党委政府的政策文件和社会舆论看，其对高额彩礼形成了相对一致的负面看法。彩礼对于女方来说有多种解释，但无论哪种解释，女方均是受益者。本文的统计结果显示，受访者中女生占比更高，为78%，男生仅占22%。从某种程度上说，女生的参与积极性以及家长对待彩礼的态度，反映了女性对待彩礼的基本立场，即支持彩礼的存在。从这个角度说，在移风易俗和乡村社会治理的过程中，政府并非要彻底取缔彩礼，而是允许彩礼在一定的数额范围内正常存在。

（三）河南应对高额彩礼的主要做法

1. 制定政策文件，约束党员干部

河南省委宣传部召开了推进移风易俗工作的现场会议，不少地市或者县区以移风易俗的名义制定出台了政策文件，对彩礼、礼金和婚宴规格进行了详细规定。比如，濮阳市规定农村彩礼不得高于6万元，城区彩礼不得高于5万元，文件公布之后，对仍然索要彩礼者将严厉打击。此类政策一方面在社会上营造了降低彩礼的氛围，另一方面通过党员干部的示范带头作用，引导广大人民群众转变观念，改变做法。

2. 治理婚姻中介，严管黑媒婆不良行为

天价彩礼的一个重要原因在于农村的黑媒婆利用手中掌握的未婚青年资源和撮合青年男女的经验，恶意抬高彩礼以从中牟利。针对这种现象，商丘市专门整治黑婚介，对婚姻中介费用进行了规定，成立了红娘协会，加强对婚姻中介的培训、管理，引导红娘协会向公益化倾斜。与此同时，政府利用

---

① 《2015~2019年河南省居民人均可支配收入、人均消费支出及城乡差额统计》，华经情报网，2020年2月6日，https://www.huaon.com/story/507508。

春节假期组织相亲大会，为未婚男女牵线搭桥，降低其对私人婚介的依赖。

3. 成立红白理事会，引导督促村民扭转观念

河南各地都成立了红白理事会，由村民自发形成组织对高额彩礼进行约束和监督。由农村里德高望重的老教师、老党员等乡贤组成的红白理事会将全村的婚嫁纳入管理范畴，通过事先报备、事中监管的方式对村民的彩礼进行引导监督，并对低彩礼或无彩礼家庭进行表彰。

三 产生高额彩礼的原因分析

高额彩礼问题由来已久，之所以再度成为引人关注的社会问题，其背后的原因是复杂的，我们可以从宏观和微观两个层面来进行分析。

（一）宏观原因

1. 经济社会发展不均衡

改革开放四十多年来，中国经济发展取得了举世瞩目的成就，成为世界第二大经济体，经济的高速发展需要成熟的社会体系和现代文明素养与之相配套，而后两者恰恰是中国社会发展的短板。这种短板越往内陆表现得越明显，河南地处中原，农耕文化色彩浓厚，现代社会理念仍然比较薄弱。尽管传统的生产生活方式已经发生了很大改变，但整体上，攀比浪费、大操大办之风仍然存在，社会经济整体发展水平上升空间较大。

2. 思想观念保守落后

内陆中原人们思想观念相对封闭落后，在婚姻问题上仍然有着根深蒂固的传统观念，表现出两极化的倾向，一方面，几乎完全接受了西式婚礼的内容，目前城乡地区的婚礼基本按照西方婚礼的模式举行；另一方面，在以礼俗形式存在的婚姻议定礼仪上，又会沿袭旧的婚俗，彩礼就是其中之一。虽然这一问题在全国各地不同程度地存在，但在农村和经济欠发达地区表现得更为突出。无论是媒人介绍型婚姻还是自由恋爱式婚姻，在进入实质的议婚阶段时，彩礼之类的传统礼仪大都会遵照执行。

3. 男孩偏好造成男女比例严重失调

河南农村地区重男轻女思想相对仍比较严重，男孩偏好依然明显。[①] 其直接后果就是农村男孩数量庞大，适龄男青年短时间内无法解决婚姻问题，就造成了婚姻挤压。大龄男青年的婚恋窘境早已为学界所关注，在相关研究中，一些学者把原因归结为男孩偏好问题，李永萍、李艳、贾志科等人认为河南大龄男青年婚姻问题的原因是男女比例失调，解决的路径在于平衡男女比例。[②]

4. 人口流动频繁导致婚龄女性流失较多

河南是劳务输出大省，人口流动频繁，随着人口流动，跨省婚姻增多。虽然跨省婚姻是双向的，但对于河南而言，这进一步加剧了男女比例的失调。婚龄女性的流失数量尚缺乏准确的数据支撑，但由于河南本身女性数量相对较少，婚龄女性流出与流入的部分抵消之后，显然流入量低于流出量。

（二）微观原因

高额彩礼的产生也有微观上的个体、家庭因素，宏观上的一概而论往往难以覆盖个体性差异造成的高额彩礼，因此，我们有必要剔除一些宏观因素，从微观层面来分析高额彩礼产生的原因。

1. 男青年个体综合评估较低

男女双方如果要在短时间内迅速确定关系，在女方占据主导地位的情况下，做出判断的依据就是女方对男方的综合评估。对于常年在外务工的群体而言，需要回到户籍所在地解决婚姻问题的男青年，实际上已经属于在务工生活中寻找配偶被淘汰掉的一部分，至少他们在与女孩交往中属于处于劣势

[①] 龚为纲、吴海龙：《农村男孩偏好的区域差异》，《华中科技大学学报》（社会科学版）2013年第3期。

[②] 李永萍：《北方农村高额彩礼的动力机制——基于"婚姻市场"的实践分析》，《青年研究》2018年第2期；李艳、李树茁：《中国农村大龄未婚男青年的压力与应对——河南YC区的探索性研究》，《青年研究》2018年第11期；贾志科、沙迪：《贫困农村大龄未婚男青年的婚恋窘境分析——基于河南S村的实地研究》，《河北大学学报》（哲学社会科学版）2016年第3期。

的一类。女方在选择男方时，大致会从相貌、收入、职业前景等方面来衡量，性格、成熟度、家庭名声等虽然也在考虑之列，但没有前面三条直观，相貌是否被接受是最容易做出判断的一项，其次是收入和职业前景，一般而言，成熟女性往往更青睐那些不仅现在收入高，而且有一技之长、职业前景明朗的男性青年。这三项评估分值较高，婚姻成功的概率就大为提升。当然，女方也会衡量自身的条件是否与对方相配，虽然后面在彩礼的议定上也会有一些策略和曲折，但大致不会偏差太大，基本上会是一个男方较为能够接受的价位。那么，究竟哪些群体在承受高额彩礼？自然就是个体综合评估较低的群体。所以个体条件越差，彩礼越高。

2. 男方家庭整体条件相对较差

据调查，在河南一些地方，女方家对男方的要求是"有车有房有爹有娘有姐妹""无债无兄弟""结婚彩礼8万元起价往上抬"。[①] 此类民间俗语所传递出的信息实际上是新时代婚姻议定过程中对男方家庭的新标准。如前所述，"有车有房"可以归入彩礼部分，而"有爹有娘有姐妹""无兄弟"的表述则既有传统上关于"家"的文化心理，又有经济算计的成分在其中。这里的"有"和"无"充分诠释了以下两点。一方面，文化上，中国人有对"家"的完整性要求，父母双全是中国传统观念中对家庭的基本要求。"有姐妹"则是基于经济算计的考虑，一般而言，出嫁的女子对于娘家人总有一种补偿心理，在这种心理驱动下，表现为对赡养父母的自觉承担和对娘家兄弟的贴补。另一方面，婆家兄弟的存在，不仅意味着可能存在财产分割，甚至还可能因此产生一系列家庭纠纷，因此，从女方角度看，婆家兄弟的存在对未来的家庭是负面的。由此，男方家庭结构成为谈婚论嫁的重要考核指标之一。除此之外，父母的财产积累、健康程度、挣钱能力也都是确定彩礼金额的考量因素，因为这些因素都关系到新婚家庭未来的生活水平，财产积累是基本条件，丰厚的财产积累自然可以保障新婚夫妇衣食无忧；而健

[①] 贾志科、沙迪：《贫困农村大龄未婚男青年的婚恋窘境分析——基于河南S村的实地研究》，《河北大学学报》（哲学社会科学版）2016年第3期。

康程度则关系到未来的家庭负担和帮助养育孙辈的能力；挣钱能力，尤其是男方父亲的这一能力同样与未来生活的多方面相关，如家庭经济实力的进一步提升、未来父母的养老支出等。综上所述，包含多种因素的家庭整体条件较差也会成为高额彩礼的重要原因。

值得注意的是，随着人口流动的增强，跨区域婚姻，尤其是跨省婚姻的比例也在不断攀升，与本地婚姻相比，跨省婚姻往往因为风俗差异、区域发展不平衡等，又会出现低彩礼或无彩礼，但不足以改变整体的高额彩礼风气。

四 缓解高额彩礼的对策建议

高额彩礼具有长期性、复杂性和反复性特点，从问题性质上说，它属于社会问题，也属于文化问题，倘若没有引起法律纠纷，难以通过司法途径予以彻底解决。因此，在缓解高额彩礼的问题上，以往的做法虽取得了一定的成效，但存在较大的局限性，应找准高额彩礼产生的根源，制定长期性政策，循序渐进解决。

（一）适度理性干预高额彩礼

彩礼虽然是备受关注的社会问题，但具体到每个家庭来说，高额彩礼属于私人生活领域的问题，所有的政策文件对此做出的规定只能约束党员干部，对于普通人而言不具备法律效力和相应的约束力。从这个意义上说，党委政府应秉持一种适度、理性的立场，不可过分介入，也应尽量避免采取"一刀切"的办法，更不能强制执行。在充分了解民众对于彩礼的态度以及彩礼自身的特点和规律的基础上，适度干预高额彩礼。除加强精神文明建设，营造良好社会氛围以外，可以在婚姻登记阶段对即将步入婚姻的青年男女做一些引导、倡议和鼓励，对党员干部家庭则必须严格要求贯彻落实。同时，制定符合本地经济发展水平和居民收入水平的彩礼指导价位。以民政部近期印发的《关于开展婚俗改革试点工作的指导意见》以及民政部与全国妇联共同印发的《关于加强新时代婚姻家庭辅导教育工作的指导意见》为依据，对婚俗中的彩礼问题进行引导、整治，倡导健康文明、简约适度的婚俗文化。河南可以借鉴经济发达地区的经验，根据本地的经济水平和风俗习惯，对彩礼确定一个封顶价位，先将高额降下来，再采取措施逐步消除这种陈规陋俗。

（二）努力治理男女性别失衡

如果纯粹从男女人口比例看，性别失衡问题的确存在。尤其在具有重男轻女传统的河南农村地区，男孩偏好长期存在，这是男女性别比例失衡的根源所在。近年来这一传统观念已经得到了较大改善，今后应进一步加强对农村地区的教育引导，通过农村老年人晚年得到女儿照顾多的现实案例巩固已有成果。但是必须看到，即使男女比例相对平衡，恐怕也同样会存在高额彩礼问题。尤其是改革开放以来，人口流动性增强，城乡二元结构造成的乡村多"剩男"、城市多"剩女"的问题非常突出，两个群体之间无法实现婚姻的自由匹配则让性别比例失衡成为难以破解的难题。因此，男女性别比例失衡在某种程度上说只是统计学意义上的问题，要真正解决男女性别比例失衡问题，更具深远意义的举措恐怕还在于大力实施乡村振兴，进一步缩小城乡之间的差距，让城乡差别不再成为青年男女婚姻的藩篱。

（三）充分发挥民间组织的作用

除了政府自上而下推动移风易俗之外，还要充分组织、发动和依靠民间社会自身的力量。目前大多数地方成立了红白理事会之类的民间组织，专司乡村红白事的操办、监督。但这样的组织不能流于形式，只有真正信任它们，发挥其作用，高额彩礼问题才有可能得到缓解。红白理事会由村庄内部的成员组成，他们比较了解每个家庭的真实情况，如果切实发挥作用，可以把移风易俗的一些政策落到实处。更重要的是，乡镇及以上的党委政府因为行政层级过多，对农村民风民俗缺乏了解，所制定的政策缺乏可行性，难以产生实际效果，最终成为一纸空文，损害了行政力量的公信力。而红白理事

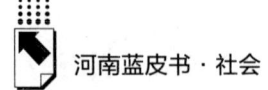

会则具有民间性，凭借其成员的社会威望以及与村民之间的熟人关系，按照乡土社会的运行逻辑，通过村规民约对高额彩礼进行限定，利用同一村落内的邻里、宗亲关系所形成的社会舆论对婚事大操大办、奢侈浪费等行为施加压力，真正形成一种内部事情内部解决的良性治理机制。

（四）积极培育新的婚姻风尚

各级政府不仅要积极"破旧"，更要注重"立新"，培育新的婚姻风尚，这是长期以来政府在移风易俗方面的短板。最近几年，不少地方也进行了一些探索，如举办集体婚礼。实际上，在培育新的婚姻风尚、倡导健康婚俗文化方面，各级政府仍有很大的作为空间。其一，利用婚姻登记对彩礼、随礼、操办等问题进行倡导、建议，鼓励年轻人的个性化婚姻完成仪式；其二，治理婚介、婚庆机构，打击涉婚机构的牟利行为；其三，多方面开展公益性涉婚活动，如搭建婚介平台、定期举行集体婚礼、表彰甚至奖励无彩礼家庭，以营造新的婚姻风尚；其四，对负面人物实施软约束，如媒体曝光、社会舆论评价，通过舆论压力逐步扭转不良社会风气。

B.15
提高保障和改善民生水平的有益探索

——以辉县市裴寨村为例

杜焕来*

摘　要： 辉县市张村乡裴寨村在村党支部书记兼村委会主任裴春亮的带领下，以"五个助推"保障和改善民生，党员群众团结一心、艰苦奋斗，把一个省级贫困村发展成为人均年收入近2万元的新型农村社区，实现了"人人有活干、家家有钱赚、户户是股东"的致富梦。在新冠肺炎疫情防控中做到了"五个坚持"，创造了无一人感染新冠肺炎、快速复工复产的佳绩，促进了社区和谐稳定。裴寨村的经验和做法表明，加强农村社区党建、选好"带头人"，提高乡村治理能力和治理水平是保障和改善民生水平、脱贫致富奔小康的重要举措。

关键词： 裴寨村　民生保障　脱贫致富

党的十九大报告提出，要不断满足人民日益增长的美好生活需要，不断促进社会公平正义，形成有效的社会治理、良好的社会秩序，使人民的获得感、幸福感、安全感更加充实、更有保障、更可持续。辉县市张村乡裴寨村在村党支部书记兼村委会主任裴春亮的带领下，认真践行习近平总书记的重要指示和党的十九大精神，以"五个助推"保障和改善民生，党员群众团

---

* 杜焕来，博士，中共河南省委政研室、文化部艺术发展中心鸟虫篆艺术研究院终身名誉院长，河南省人大常委会立法咨询专家，主要研究方向为管理科学与工程。

结一心、艰苦奋斗，把一个位于太行山区只有595口人、人均年收入不足千元的省级贫困村，发展成入住11800口人、人均年收入近2万元的新型农村社区，实现了"人人有活干、家家有钱赚、户户是股东"的致富梦，有力促进了乡村振兴。并且在疫情防控中做到"五个坚持"，创造了无一人感染新冠肺炎、快速复工复产的佳绩，有效保障和改善了民生，促进了社区和谐稳定。① 为农村脱贫致富和全面建成小康社会、实现乡村振兴提供了可资借鉴的鲜活经验。

一 以"五个助推"保障和改善民生，有力促进乡村振兴

裴寨村位于太行山南麓丘陵地带，土薄石厚，十年九旱。过去，村民吃的是地窖水，走的是泥土路，住的是土坯房，生活困苦，人均年收入不足千元。近年，该村以"五个助推"保障和改善民生，彻底改变了贫穷落后的面貌，极大增强了群众的获得感、幸福感、安全感，有力促进了乡村振兴。

（一）选好带头人，建强党组织

过去裴寨村不仅群众生活贫困，而且村里宗族内斗频繁，五大门、两大派常为了一己私利闹得乌烟瘴气，基层组织软弱涣散，村委会主任连续三届空缺。裴春亮于2010年当选村党支部书记后，致力于扶贫帮困、捐资助学、兴修水利、异地扶贫和乡村文明等慈善事业，累计捐资2.1亿多元，帮助2万多名困难居民告别贫困，过上富裕生活。裴寨村把建强党组织作为头等大事来抓，重视发挥党组织的战斗堡垒作用。制定并严格落实党支部"五个一"制度：每月进行一次政治理论学习，每月召开一次干群联席会，每月组织一次义务劳动，每季度组织一次培训，每年开展一次评选表彰活动。制定并严格落实党支部书记"五个一"制度：每月到居民家

---

① 上述及本文数据均由裴寨村提供和笔者的调查。

吃一顿饭，每月走访一次困难户，每季度给党员讲一次党课，每年走访一遍居民家庭，每年主持召开一次群众大会。两个"五个一"制度的落实，进一步密切了党群干群关系，党支部的凝聚力、战斗力显著增强。裴春亮还重视发挥党员的先锋模范作用，要求村里党员佩戴党徽、主动亮明身份，实行设岗定责和联包帮带，做到平时能看得出来，危急时刻能豁得出来。党员、干部带头做表率，群众就信服。

（二）捐资建新房，修渠建水库

2005年，裴寨村大部分村民还住着20世纪五六十年代的土坯房。裴春亮个人捐资3000万元，带领村民苦干3年半，挖平荒山，不占一亩耕地，建成160套上下两层、每套200平方米的连体别墅楼。2008年冬至，全村153户搬进了二层楼房。和住房一样突出的是水的问题，裴春亮和村"两委"用毁8根钻杆，钻了530米深，打出一眼活水井。为了解决农田灌溉，裴寨村修渠引水，拦洪蓄水，利用辉县南干渠，遇山劈开，遇沟架桥，把100公里外的水引到村头的蓄水池，再用地埋管道通到田间地头；利用村里一条天然深沟建水库。

（三）发展新产业，村民变股东

裴寨村要真正脱贫致富，必须发展新产业。一是发展高效农业和设施农业产业。成立了家家入股的蔬菜花卉种植专业合作社，申报建立无公害蔬菜种植基地，与超市对接销售。二是发展现代水泥产业。创建了以水泥为主导产业的春江集团，年产优质低碱水泥500万吨，低碱熟料400万吨，带动周边群众3000余人在家门口就业，每户都入股，每家每年基本能得到20%的入股分红。三是发展红薯加工产业。利用当地农业优势，积极进行农产品深加工，倡导举办了"中国太行首届红薯粉条文化节"，通过"公司+农户"的模式发展红薯产业，成立了以红薯粉条酸辣粉为主打产品的企业，年销售额超过8000万元。四是发展红色旅游、乡村旅游产业。利用新乡先进群体等红色资源，发展红色旅游。积极开发太行山生态文化旅游，创建国家4A

级宝泉旅游风景区，帮助群众在景区就业，使太行深山区453户1798名群众易地脱贫，间接带动农民数千人就业致富。五是发展现代服装定制产业。以时尚优雅的设计理念，采用非接触式量体提取人体数据，主要生产男女正装、羊绒大衣、衬衣等各类定制类服装，年产量超40万件，联合打造全国领先、定制一流的现代服装设计、定制、生产、销售、物流中心。六是发展跨境电商产业。积极推进"品牌化输出＋农村电商＋农业产业化＋乡村振兴"的发展战略，重点打造以"裴寨村"品牌为引领的农产品品牌，推动农产品电商发展。裴寨村的红掌、绿萝在行业内享有较高的品牌知名度，带动了花卉种植产业发展，产品覆盖河南、山东、山西、河北、北京等省市。

（四）建设新社区，服务上水平

张村乡以裴寨新村为依托，整合11个行政村，建成了入住11800口人的裴寨社区，任命裴春亮担任社区党总支书记。精心搞好社区公共服务，裴寨社区建起了幼儿园、小学、卫生院、污水处理厂，水电暖、天然气户户通，新乡城际公交通到了裴寨社区。还规划重建了宽25米的裴寨商业街，建成了900间楼房门店，面积3万平方米，180多家商户承包入驻，银行、超市、饭店一应俱全，裴寨社区像城市社区一样宜居宜业，且空气新鲜、环境优美。

（五）弘扬新风尚，树立好乡风

裴寨村成立了红白理事会，建起了红白理事会大厅，定下标准，每桌不能超过200元钱。制作了宣传社会主义核心价值观等通俗易懂的标语在全村张贴，还建起了党建展览馆，开办"习书堂"、农民红色课堂，建成初心广场、太行初心馆、家风馆。7名年轻党员创办了"大喇叭朗读时间"，义务轮流播报时事新闻、法治案例、健康常识等，潜移默化影响教育群众。裴寨村认真落实习近平总书记提出的"没有全民健康，就没有全面小康"[①] 的重

[①] 《习近平总书记在全国卫生与健康大会上的讲话引起强烈反响》，新华网，2016年8月21日，http://www.xinhuanet.com/politics/2016-08/21/c_1119428119.htm。

要指示精神，不断提高村民健康水平，村里设置了18块健康提示牌，提醒村民"少吃油和盐""吃米带糠、吃菜带帮""按时入睡，定时起床"。还与河南省职工医院建立共建关系，以家庭为单位签订《裴寨村家庭保健协议》，让村民不出家门就能寻医问药，享受全方位的健康服务，努力营造健康向上、文明和谐的社会环境。

二 做到"五个坚持"，同心战疫情，有力促进社区和谐稳定

在抗击新冠肺炎疫情斗争中，裴寨村党支部认真落实习近平总书记提出的"要把人民群众生命安全和身体健康放在第一位"[①]等重要指示精神，运用"五个坚持"抗疫党建工作模式，组织动员党员、群众积极投入疫情防控和复工复产工作，让党旗在战"疫"一线高高飘扬，创造了无一人感染新冠肺炎、快速复工复产的佳绩，为贫困村脱贫致富奔小康增添了出彩华章。

一是坚持听党指挥，闻令而动战"疫"情。听党话、跟党走是裴寨村党员和群众立下的铮铮誓言。疫情发生后，裴寨村党支部认真学习习近平总书记和党中央关于疫情防控的重要指示精神，严格落实各级党委、政府疫情防控决策部署，迅速成立了疫情防控工作小组，制定和落实《裴寨村防控疫情十二条规定》，努力构建全天候、无死角的疫情防控坚固防线。加强宣传引导。通过"裴寨党支部群""裴寨大家庭联系群"等微信群，"裴寨社区"微信公众号、"大喇叭"以及美篇和现场云等信息平台，让群众准确了解疫情信息，掌握防护知识，消除恐慌心理。严格实施疫情防控。严禁人员聚集、走亲访友。村里专门在村口防控点放置了口罩、消毒液，对有特殊情况需外出的群众进行现场消毒，免费发放口罩。村民实行居家隔离，搞好个

[①] 《习近平对新型冠状病毒感染的肺炎疫情作出重要指示 强调要把人民群众生命安全和身体健康放在第一位 坚决遏制疫情蔓延势头 李克强作出批示》，新华网，2020年1月20日，http://www.xinhuanet.com/2020-01/20/c_1125486561.htm。

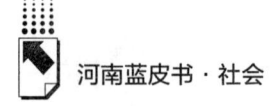

人防护。实施丧事简办。

二是坚持发挥村党支部战斗堡垒作用。村党支部书记裴春亮奋勇当先、统筹指挥，组织村"两委"班子成员深入一线，带领群众奋力抗疫，并主动向新乡市红十字会捐款500万元建设新乡版"小汤山"——新乡市太公山医院，仅10天时间医院就顺利建成挂牌运行，收治新冠肺炎患者。裴春亮的模范行为产生巨大的激励感召作用，村"两委"成员积极承担值班、巡逻、消毒、代购生活用品等任务。

三是坚持发挥党员的先锋模范作用。在疫情防控斗争中，党员始终冲在第一线。村民们在党员感召下积极为疫情防控点捐款捐物，先后有139名村民捐款36805元，39户家庭捐出各类生活、防疫物资价值3万余元。

四是坚持发挥志愿者服务队骨干带头作用。该村组织党员、退役军人、民兵预备役成立志愿者服务队，24小时轮流值班服务。村民主动参加、自愿服务。805口人的裴寨村，志愿者人数多达179名。父子兵、夫妻岗、姐妹组，男女老幼齐上阵。

五是坚持以党建促防疫和复工复产。村党支部以党建为抓手，统筹推进疫情防控和复工复产，科学有序开展麦田返青浇灌、大棚育苗等春耕备耕和蔬菜大棚黄瓜、西红柿种植；村里的扶贫电商、酸辣粉厂全面复工复产；对需要外出复工的村民，村干部上门服务办理健康证。裴寨村与昆山澄新服装厂正式签订合作意向，为裴寨社区服装产业园增添新的力量。

三 保障和改善民生的成效

（一）把一个省级贫困村建设成为人均年收入近2万元的"全国文明村"，辐射带动邻近贫困村共同富裕

裴寨村坚持听党话跟党走、同创业共致富，艰苦奋斗、建设新村，兴修水利，发展高效农业，兴办工商业，创建股份制企业春江集团，促进产业兴

旺、建设生态宜居新型社区，打造"豫北特色小镇"，使这个省级贫困村发展成为人均年收入近 2 万元的"全国文明村""全国乡村旅游模范村"。积极参与精准扶贫和"千企帮千村"行动，辐射带动 11 个行政村共同富裕；发展文化旅游产业，建设宝泉旅游景区，结对帮扶辉县西部太行深山区 4 个贫困村实现搬迁脱贫，捐资 8000 万元新建宝泉花园社区，让搬迁群众安家居住；协调 6000 万元信贷资金，帮助 6000 户贫困家庭增收。为实现共同富裕和全面小康做出了积极贡献。

（二）群众精神文化生活丰富多彩，乡风文明建设硕果累累

裴寨村坚持把提高党员群众的道德修养、法律意识、文化素质放在和发展经济同等的高度来抓，实现乡风文明。政治和科学文化知识学习蔚然成风。创办了"裴寨村读者服务站"，创建了"习书堂"，制定《党员学习制度》，每周一为"党员学习日"，建起了"农民红色课堂"，经常邀请老党员、退休干部、党校老师等宣讲红色故事，建起了"远程教育学习室"，开展现代农业知识、创业技能、法律知识等分类培训，有效提升了党员群众的思想觉悟和科学文化素质。优良家风和文明乡风得到大力弘扬。创办了"家风馆"，传承和弘扬优良家风家训，每两年开展一次"五好文明家庭"和"爱在裴寨——身边的道德模范"评选活动，用身边人、身边事感化教育身边的群众。实施文明积分换物办法，调动了村民参与优良家风和文明乡风建设的积极性，社区居民互帮互助、乐于奉献。

（三）"情德法"融合治村，乡村治理有力有效

村党支部探索提出了"情德法"融合治村的理念，坚持"大家的事儿，大家商量着办"，形成支部党员大会、村民代表大会统一意志，安排小组会反馈听取社情民意，监督委员会全程跟踪问效的联动工作机制，逐步构建自治、法治、德治"三治融合"的乡村治理体系。以楼排为单位实行自治管理，及时发现身边的好人好事，调解邻里矛盾，劝阻、举报各类不良陋习和违法犯罪行为。健全社团志愿服务组织，群策群力实行自治。由党支部牵头每月召

开的干群联席会雷打不动，围绕村里的大事小情开会协商，群众代表监督落实，做到事事有回应，件件有落实。创建24小时值守社区服务中心，让群众的心里话有处说、牢骚话有人听、烦心事有人管，做到小事不出村、急事不过夜。

（四）群众幸福感获得感日益增强，党群干群关系更加密切

"小康不小康，关键看老乡。"① 裴寨村群众安居乐业、团结互助，都以自己是裴寨人为荣，幸福指数不断攀升。党员干部和德高望重的人带头参加公益活动。

（五）疫情防控无一人感染，确保了群众生命安全和身体健康

在疫情防控中，裴寨村党支部运用"五个坚持"抗疫党建工作模式取得了显著成效，有力推动了疫情防控和复工复产。充分发挥了村党支部的战斗堡垒作用、党员的先锋模范作用和志愿者服务队的骨干带头作用，村党支部应对和处理重大公共卫生事件和风险的能力与水平得到有效提升，党组织的凝聚力、战斗力显著增强；培育和锤炼了一大批听党话、跟党走的优秀党员干部、群众和志愿者；充分发挥班排长负责制就近服务群众的作用，形成了简便高效的管理机制。圆满完成了疫情防控主要任务，确保无一人感染新冠肺炎，有力推动了复工复产和经济高质量发展。

四 保障和改善民生的主要启示

裴寨村着力保障和改善民生、积极推进脱贫致富奔小康和开展疫情防控的实践经验和做法，也带给我们深刻的启示。

第一，加强农村社区党建是保障和改善民生、脱贫致富奔小康的核心。基础不牢，地动山摇。裴寨村能从一个省级贫困村发展成全面小康村和"全国文明村"，得益于社区党建工作做得扎实有效。该村坚持落实党支部

---

① 《习近平总书记系列重要讲话读本》，学习出版社、人民出版社，2014，第68页。

"五个一"和党支部书记"五个一"工作,把党小组建在产业链上。村党支部每月牵头召开干群联席会,由党员干部代表和群众代表就村里的发展开会协商,做到事事有回应,件件有落实。村里党员佩戴党徽、主动亮明身份,做到平时能看得出来,危急时刻能豁得出来。党员、干部带头做表率。党员威望高了,党支部的凝聚力、吸引力就强了。因此,必须把农村社区党建工作放在更加重要的位置,切实抓紧抓细抓好,夯实党的执政根基,确保农村和谐稳定、长治久安。

第二,选好"带头人"是保障和改善民生、脱贫致富奔小康的关键。"火车跑得快,全靠车头带。"裴春亮担任裴寨村村委会主任、党支部书记和社区党总支书记以来,把报答乡亲、回报社会、建设家乡作为毕生信念,带领党员群众艰苦奋斗,先后捐资2.1亿元建设新村、发展致富产业,使裴寨这个曾经的省级贫困村发展成为人均年收入近2万元的"全国文明村""全国乡村旅游模范村",并辐射带动11个行政村共同富裕。裴寨村致富历程证明,农村社区要搞好,必须下大功夫选拔好社区党组织"带头人",这是许多农村社区发展反复证明的经验,应该认真学习借鉴。

第三,提高乡村治理能力和治理水平是保障和改善民生、脱贫致富奔小康的重要保障。裴寨村坚持"外在美"与"内在美"一块抓,实施"情德法"融合治村务实管理,加强乡风文明建设,推行《文明积分换物实施办法》,开展"爱在裴寨——身边的榜样"评选活动,建成初心广场、太行初心文化馆、家风馆,打造红色文化室,开辟《大喇叭朗读时间》广播,传播新风尚。坚持依法治村,引导村民依法办事。在疫情防控中运用"情德法"融合治村效果彰显,筑起了疫情防控的坚固防线。实践证明,构建自治、法治、德治"三治融合"的乡村治理体系,要重视吸收基层治理经验和方法,为保障和改善民生、脱贫致富奔小康创造优良社会环境。

五 对策建议

推进乡村振兴战略,保障和改善民生、脱贫致富奔小康,最突出的问题有两点。一是乡村产业发展存在"用地难"问题。耕地红线要保护，乡村振兴要发展，土地成为乡村产业发展最大的制约因素。二是乡村人才缺乏，经济发展不平衡不充分的问题突出。乡村尤其是山区年轻人大多数到城镇工作，留守老人、留守儿童、留守妇女多，这使保障和改善民生、实施乡村振兴战略面临较大困难和压力。

为破解乡村尤其是山区产业发展"用地难"和人才短缺等突出问题，提高保障和改善民生水平，促进乡村振兴和乡村经济高质量发展，应着力从以下几个方面入手。

一要加大对乡村尤其是山区、丘陵地区全域土地综合整治力度，适当扩大试点范围。中共中央、国务院《关于抓好"三农"领域重点工作确保如期实现全面小康的意见》提出"要开展乡村全域土地综合整治试点，优化农村生产、生活、生态空间布局"，要求对田、水、路、林、村、矿进行综合整治，形成农田集中连片、建设用地集中集聚、空间形态高效节约的用地格局。这必将为乡村振兴提供有力的土地支撑。平原地区地势平坦，农田、村庄格局也比较规范，发展潜力相对较小；山区丘陵地带村居分散，农田零星分布，荒滩工矿废弃地多，空心村也很多，整治效果更明显。在乡村振兴工作中，涉及村庄整体规划、农村土地使用产权改革等问题，和全域土地综合整治工作有很多关联，应适当扩大试点范围，让有条件的地区都能尽快实施，不仅可以避免重复性建设，而且有利于实现耕地集中连片、建设用地集中布局、生态空间绿色宜居，有力推动乡村振兴和乡村经济高质量发展。

二要提升保障和改善民生水平，实现乡村振兴。习近平总书记在党的十九大报告中提出"乡村振兴战略"，明确了"产业兴旺、生态宜居、乡风文明、治理有效、生活富裕"的总要求，强调"要坚持乡村全面振兴，抓重点、补短板、强弱项，实现乡村产业振兴、人才振兴、文化振兴、生态振兴、组织振兴，推动农业全面升级、农村全面进步、农民全面发展"。认真落实习总书记提出的乡村振兴的总要求和"五个振兴"的重要指示，必须突出重点、统筹兼顾，全面推进、协调发展，敢于打破原有的"坛坛罐罐"，要以产业振兴为重点，加大对乡村产业发展的土地、技术、资金、政策等支持力度，积极建好"扶贫车间"，发展乡村生态文化旅游产业，创建农产品加工产业园等，使群众在家门口就近就地就业。打造一支强大的乡村振兴人才队伍，在乡村形成人才、土地、资金、产业聚集的良性循环。积极鼓励和支持科技人才、机关干部、管理人才、企业家、教师、大学生、医务人才等向乡村流动并在乡村工作，开展志愿服务和干事创业，努力补齐乡村人才缺乏的短板。强化文化振兴和生态振兴，发挥组织振兴的引领和保障作用，建强乡村基层党组织和自治组织，选好配强"带头人"。要用创新的思路和举措为村集体增收、百姓致富搭建平台，奋力建设美丽富饶乡村，为全面建成小康社会、推进乡村振兴、实现中原更加出彩和中华民族伟大复兴贡献智慧和力量。

B.16
河南省个性化养老服务需求调查报告
——基于郑州市的考察

闫 慈*

摘 要： 人口老龄化是世界人口发展的必然趋势，也无法逆转，这是经济社会快速发展的结果。就河南省而言，与全国相比，由于庞大的人口基数，人口结构转型加速，全省老龄化水平快速攀升。伴随着养老服务需求的个性化和多样化，老年人的健康保障、生活照料和精神关怀等问题日益突出。本文以老年人的个性化需求研究为切入点，提出从养老服务机构建设、服务供给、科技创新和资源优化等方面综合施策，着力打造个性化养老服务供给的"河南方案"。

关键词： 河南 个性化养老服务 养老需求

一 河南省人口老龄化现状及其影响

河南不仅是人口大省，也是老年人口大省，并且老年人口数量还在不断增加。自2000年河南正式步入老龄化社会以来，老年人口更是以加速度增长。人口老龄化问题已不单单是老年人口数量的增长与养老保障问题，更是新时期、新形势和新特征背景下，实现积极老龄化与国家可持续发展基本方

---

* 闫慈，河南省社会科学院社会发展研究所助理研究员，主要研究方向为应用社会学。

略的深度融合问题。对河南人口老龄化现状的分析,对于更好地满足老年人的养老服务需求有重要意义。

(一)发展现状

2020年3月发布的《2019年河南省国民经济和社会发展统计公报》显示,截至2019年底,河南省常住人口9640万人,65岁以上的老年人口为1076万人,占总人口的比重为11.16%,全省人口老龄化趋势明显。结合第六次全国人口普查结果来看,当前河南省的人口老龄化具有以下特征。一是老年人口总量大,这也与河南全省的人口基数存在正相关关系。二是发展速度快。1982年河南全省的人口年龄结构为成年型社会,进入老年型社会只用了18年。三是老龄化在城乡之间也存在巨大的差异。农村老年人口占河南全省老年人口的绝大多数,一方面农村空心化现象严重,大量青壮年人口流向城镇,导致人口基数缩小,人口老龄化明显;另一方面城镇人口流动增速快,经济快速发展吸引外来年轻人工作生活,一定程度上降低了老年人口的比例。四是年轻人口(0~14岁)在总人口中所占的比重下降与老龄化同步出现。五是未富先老。当前,全省的城镇化、现代化水平无法与老龄化相平衡,尚不能完全满足老年人口的养老需求。有数据表明,2050年河南省60岁及以上老年人口的比重将达到33%。[①]届时,为数众多的老年人将对养老服务提出更高的要求。未来,在河南省老龄化程度快速加深的同时,随着医疗水平的不断提升,高龄(80岁及以上)老年人增长速度会更快,河南省正在逐步由老龄化走向高龄化。同时,伴随着家庭少子化、人口流动代际分居普遍化,传统的家庭养老功能正在不断弱化,亟须完备的社会养老服务体系满足老年人口的养老需求。然而,在当前"未富先老"的背景下,河南省的养老服务业还面临诸多发展障碍,难以满足老龄群体多层次、个性化的养老服务需求。因此,在人口老龄化日益严重的情况下,通

---

① 《河南跑步进入"老龄化"社会 预计2050年每3人中就有1个老年人》,大河网,2019年9月29日,https://news.dahe.cn/2019/09-29/542298.html。

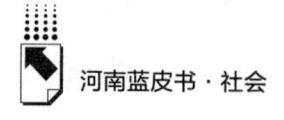

过增强多元养老服务主体的功能实现个性化养老服务需求成为当前需要重点思考的问题。

（二）突出影响

1.老龄化程度加深可能会导致代际利益竞争更加严重

当前，河南省的老年人口规模正在与日俱增，老年人在日常工作、生活、社交、娱乐等方面所占有的资源比例也在不断扩大。从社会整体层面上来讲，老年群体将会与其他年龄段群体存在明显的资源竞争关系。尤其是老年群体与其他群体在公共服务、公共资源等方面存在对立，社会又缺乏专门针对老年群体的应对保护手段，就会导致这种资源竞争不断激化，久而久之对社会和谐稳定产生不利的影响。通过政策安排，均衡老年群体利益与其他群体利益，提供个性化的养老服务以满足老年群体利益，将会是解决此问题的良策。

2.老龄化程度加深为养老服务业的纵深发展带来挑战

河南人口老龄化问题的不断显现，对现有养老服务业的发展提出了诸多挑战。一是受中国传统文化的影响，家庭养老始终是老年群体更为倾向的养老模式。然而伴随着经济社会的发展，人口流动的常态化以及生育观念的改变，家庭规模和结构都在不断缩小，传统的养老模式已经难以为继，亟须社会养老服务业的托底和支撑来满足老年群体不断增加的养老需求。二是老年群体对居家养老的需求已不再是简单地"吃饱喝足穿暖"，而是更多的个性化需求和多元化需求。当前社会养老服务的实际能力和公共服务的供给水平还无法与之相匹配，尤其是经济支持、生活照料、精神慰藉等方面更是难以达到老年群体的期望。三是机构养老与老年群体的支付能力及观念转变之间仍然存在难以逾越的鸿沟。尽管养老机构在近年来如雨后春笋般出现，然而机构形式单一、运行封闭、效率低下、服务不周等问题使得机构养老的补充作用未能充分发挥，不能满足庞大的城乡老年群体的养老服务需求。

二 河南省养老服务需求调查

(一)数据来源

笔者对河南省郑州市 65 岁及以上老年群体以及老年工作从业者进行了问卷调查和深度访谈调查,共随机选择 50 人。其中 40 人为来自郑州本地、本省其他城市农村以及外省的老年人,剩余 10 人为郑州市老年工作从业者,具体情况见表 1。通过问卷调查,对郑州市养老服务需求进行梳理研究和系统分析。

表 1 访谈对象基本情况

单位:人,%

变量	指标	人数	占比
性别	男	14	35.0
	女	26	65.0
年龄	65~74 岁	14	35.0
	75~79 岁	9	22.5
	80~84 岁	10	25.0
	85~89 岁	5	12.5
	90 岁及以上	2	5.0
婚姻状况	未婚	0	0
	已婚	34	85.0
	离异或丧偶	6	15.0
健康程度	健康	4	10.0
	比较健康	16	40.0
	比较不健康	12	30.0
	非常不健康	8	20.0
经济收入	2000 元及以下	21	52.5
	2001~3000 元	8	20.0
	3001~4000 元	5	12.5
	4001 元及以上	6	15.0

续表

变量	指标	人数	占比
居住情况	与配偶同住	24	60.0
	与子女同住	10	25.0
	与他人同住	0	0
	独居	4	10.0
	养老机构居住	2	5.0

（二）结果分析

1. 养老服务供给现状

一是社会养老服务体系的最终目的是满足老年人的养老需求，而其内涵极为丰富且涉及多个不同层次。受生活环境、思想观念、家庭关系等因素的影响，老年人的关注点和所追求的养老服务也存在着巨大的差异。一位养老机构的负责人就谈道，老年群体不同于其他年龄段群体，他们的生理机能、价值观判断和生活偏好都各不相同，因此，他们也具有不同的内在需求，并且越是经济稳定的老年人对养老服务的需求就越高。在调查中，很多老年人提到："现在城市的交通是越来越发达，但是车流量也很大，人行道基本被占用，对我们老年人的需求欠缺考虑，我们在路上行走时心有余悸，总是怕被车碰着，另外我们乘坐地铁，有时上下换乘没有电梯，真是太不方便了。"其实，不只是在交通出行等方面，在就医问诊、社交活动中同样面临诸多问题。可见，传统的养老服务体系不能满足不同老年人群的需求。在满足本地区主体老年人群的养老需求的基础上，还要兼顾其他老年人群的较高层次的养老需求，需要结合不同人群的特征做出相应的制度安排，从而充分满足不同人群的个性化养老服务需求，充分体现公平与效率。

二是个性化养老服务需求未能充分融入当前的养老服务体系。"十三五"规划明确指出："要突出体现家庭养老的理念，结合社区、机构、政府的优势满足多样化、个性化的养老服务需求。"目前，郑州市的养老服务主要是以家庭养老为主，以机构养老、社区养老和政府供养的养老方式为辅。但是，以目前的发展状况来看，养老服务软硬件设施和服务水平都难以满足老年人日益增长的物质和精神需求。很多老年人在访谈中提到，他们平时很少参加社区的活动，社区的养老服务更是很难体验到，一些配套的养老设施也较少，利用率就更低，而能够提供服务的社会化组织和机构也是严重不足。近年来，郑州市一直在推行政府购买服务政策，取得了明显效果。然而在实际工作中还是存在诸多困难，如很难找到合适的服务提供商，供需失衡现象明显。一些社区和养老机构也在积极谋划推出个性化养老项目，但在经费、政策、人员、推广等方面都存在重重障碍。

三是养老服务的覆盖面还需进一步扩大，养老服务发展要尽快平衡。目前，郑州市的整体社会养老服务体系已经相对完善，服务的覆盖面也在不断扩大。但从调查结果来看，养老服务发展还不平衡。在对郑州市诸多社区的走访中可以发现，公共设施不适老的问题尤为突出，那么农村的情况可想而知。除此之外，老年人的精神关怀和心理慰藉服务更是严重缺失，其中农村老年人、高龄老年人、流动老年人的精神孤独问题更加明显。

2. 个性化养老服务需求的影响因素

在研究养老需求时通常要考虑地域、家庭、身体状况及养老模式等因素的影响，因为不同老年群体在居家养老服务需求（经济保障需求、医疗服务需求、生活照料需求、娱乐活动服务及精神和心理需求）方面存在异质性和特殊性。从个体差异的视角来看，影响老年人对养老服务需求的主要因素包括年龄、性别、居住安排、家庭结构和子女关系等，这其中独居老人、失能失智老年人往往需要更加专业化和个性化的老年服务，而80岁以上的老年人对精神慰藉陪伴则有着更高的需求。老年居住安排、家庭结构和子女关系，则显示出独居老人对个性化、专业化的养老服务有着更高和更多的需求。因此，养老服务不是标准化、大规模生产制造的产品，而是一个持续的综合的复杂的系统工程，老年人身心的个体差异对养老服务需求存在强异质性，可以看出老年人对个性化养老服务的需求是巨大的。

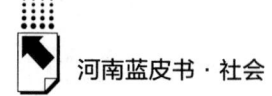

(1) 年龄

从调查结果来看，年龄对于养老服务需求的影响是极为复杂的。"养儿防老"一直是中国社会对待养老问题的强烈共识，并且在老年群体中已经成为不争的事实。老年人在能够自主选择养老方式的情况下，95%以上都会选择传统的养老方式，即居家养老。他们认为这是祖祖辈辈的惯习，也是维系亲情、稳固家庭结构的重要方式，不可轻易改变，但受到现实社会经济发展、观念变革等因素的影响，即使不能够完全做到居家养老，也会选择社区养老与居家养老的结合搭配。只有年龄尚轻、经济能力尚佳、子女无力照顾的老年人才会选择机构养老，除此之外，老龄、生活无法自理、丧偶后无人照顾的老年人也会选择机构养老。这就是年龄作为影响因素在养老服务需求方面的复杂显现。低龄老人和高龄老人都会选择机构养老，一方面是因为时代特征和少子化现象，低龄老人更容易接受居家养老之外的养老方式；另一方面是高龄老人受自身健康条件的影响更为被动地选择机构养老。

(2) 职业

在调查中发现，职业对于个性化养老需求也有一定的影响。其中，教师、公务员对于社区养老和机构养老的接受程度远高于其他群体，这可能与他们本身的观念和思想有着必然联系。而来自农村的老年人在选择养老方式时只有不到10%的人愿意考虑机构养老，他们不到万不得已，是不会选择离开自己的家乡和家庭，甚至宁愿独居也很难接受去养老机构安度晚年。

(3) 家庭

在此谈到的家庭因素包含两层含义，即家庭结构、家庭关系，都是影响养老需求的重要变量。通过访谈可知，丧偶或独居老人对社区养老和机构养老的需求远高于其他老年群体；同时，家庭关系、代际关系融洽的老人则更倾向于居家养老。但这都存在不确定性，随着年龄的增长，家庭结构会发生改变，当偶居老人失去相互照应的配偶或子女不再与之同住时，他们的需求就会随之改变。

（4）收入

收入水平是影响老年人养老需求的最直接因素。以郑州市为例，中等偏上水平的养老机构每月的收费在5000元以上，根据老年人的健康情况还会有所调整。郑州市普通企业退休职工的平均工资不足3000元，农村老人的养老金则更低，这就直接导致一大部分老年群体不具备选择机构养老的条件，也就更难选择个性化的养老服务项目。这也是制约当前养老服务产业发展的重要障碍。

三 构建个性化养老服务机制以破解难题

个性化养老服务的供给对象是老年人，供给方式是"以人为本"的个性化需求理念。"个性化的服务显著体现了用户的利益，因为接受这项服务是与他们自己的行为相适应的。"[1] 因此，构建个性化养老服务机制是妥善应对老年人群复杂性和个体性生活需求的重要模式，让老年群体能够从容"变老"、安心"变老"。

（一）构建个性化养老服务机制的必要性分析

近年来，河南省在继续完善养老保险制度并不断提高养老金水平的同时，将养老服务体系建设摆到了重要位置。从政府到社会各界都在大力支持养老服务业发展，政府对养老服务业的支持力度也在不断加大。目前以居家为基础、社区为依托、机构为补充的养老服务体系正在稳步形成和完善。然而，由于无法满足各年龄层、各类型老年人的个性化养老服务需求，当前老年人选择社会养老等养老方式的概率还十分低下，河南养老服务业依然发展缓慢，尚未充分发挥社会养老的重要作用。因此，构建个性化养老机制不仅能够解决当前所面临的问题，也是对十九大报告中"积极应对人口老龄化，

---

[1] Kasai, H., Uchida, W., Kurakake, S., "A Service Provisioning System for Distributed Personalization with Private Data Protection", *Journal of Systems and Software*, 2007（12）.

构建养老、孝老、敬老政策体系和社会环境，推进医养结合，加快老龄事业和产业发展"① 要求的积极回应和有益探索。

（二）构建个性化养老服务机制的可行性分析

当前，老年群体已经开始趋向于接受个性化、专业化的养老服务。随着人口老龄化日益严重，经济体制改革和经济发展都会改变老年人及其家庭的养老观念。随着老年人可支配收入、对生活质量要求的不断提高，以及高龄老人的增多，未来对专业化、个性化养老机构会有更大的需求。同时，为了进一步推进我国养老服务业的发展，国务院多次发布有关养老服务业发展的文件，其中《国务院关于加快发展养老服务业的若干意见》和《国务院办公厅关于全面放开养老服务市场提升养老服务质量的若干意见》两份文件印发后，各地都在创新发展养老服务业。河南省也积极响应号召，发布《关于全面放开养老服务市场提升养老服务质量的实施意见》等系列文件以实现"养老服务产品更加丰富"的目标，为构建个性化养老服务机制提供了政策引领和落实方向，也为基于个性化需求的养老服务升级开辟更广阔的市场空间。

（三）完善养老服务需求综合评估体系

要推动养老需求综合评估体系建设，对老年人的健康状况、精神心理、生活状况等方面进行综合分析和评价。科学地确定养老服务层次类型、养老护理等级，为老年人享受福利补贴或者接受居家和社区养老服务、入住养老机构等提供依据。再者，要推动医疗机构设置养老需求综合评估中心，在有条件的社区健康服务中心建立养老需求综合评估站，为社区老人提供综合评估服务。养老机构要提供精细化的养老服务，让老年人能够自由选择服务内容。同时社区要充分发挥好基础性养老平台的作用，在养老服务网络中担当重任。

---

① 《习近平在中国共产党第十九次全国代表大会上的报告》，中国共产党新闻网，2017年10月28日，http://cpc.people.com.cn/n1/2017/1028/c64094-29613660.html。

（四）全方位健全个性化养老服务体系

一是要进一步优化养老服务供给结构，加大养老服务供给侧改革力度。全面建成以居家为基础、社区为依托、结构为补充、功能完善、规模适度、覆盖城乡的养老服务体系。要积极创新养老服务模式，建立居家养老服务网络，让老年人能够不出家门就享受到各种养老、惠老服务。通过发展社区的日间照料服务，不断增强社区在养老服务体系中的依托功能，充分发挥社区公共服务设施的养老服务作用。同时还要鼓励社会力量兴办养老机构，在充分发挥公办养老机构托底作用的同时，挖掘现有各类资源的潜力，推行"政府主导，社会参与"的经营模式，整合、改造、兴办民办养老机构。推动医疗卫生与养老服务深度融合，充分考虑老年人实际需求，以为老年人提供健康的晚年生活为目标，将医疗卫生与养老服务不断结合。

二是要统筹推进城乡养老保障体系建设。要根据老年人的个性化养老需求合理安排养老资源，优化养老服务类型，促进养老服务多样化、个性化发展，从"一刀切"走向"个体需求""分类服务"的养老服务供给模式。建立以个性化养老服务需求为导向的精细化养老服务供给，一方面能够满足老年人的养老需求，另一方面可以消除养老服务需求和供给不平衡问题。当前"老有所养"依然是河南省农村养老服务的中心任务。在发展农村居家养老服务的同时，应侧重于保障老人的基本生活来源及日常生活照料，而在城镇则应不断提高居家养老服务的质量和水平，做好分类服务，满足不同老年群体的个性化需求。

三是积极发展"互联网+"养老服务建设。通过发展智慧养老服务，加快互联网与养老服务的深度融合，精准对接需求与供给，推动不同层次、不同部门的老年信息资源的互联互通、共建共享。利用当前发展迅猛的人工智能技术开发制造养老智能机器人，充分发挥其生理健康信号检测、语音交互、智能聊天、远程医疗等功能，不断提升老年人的生活质量，满足老年人的个性化需求。

四是提升社会长期照护资源供给能力。在预期寿命延长和老年人群慢性疾病患病率上升等因素的共同影响下，失能老年人群的规模和比重不断增加，这也意味着对社会长期照护资源的个性化需求将与日俱增。因此，要做到未雨绸缪，积极探索建立长期护理保险制度，鼓励老年人通过购买包括长期商业护理保险在内的多种老年护理保险产品保障自身的长期护理服务需求。与此同时，要落实好将有关医疗康复项目纳入基本医疗保障范围的政策，为失能、半失能老人康复治疗服务提供相应保障。

B.17
老旧小区无主管楼院的治理现状及优化策略[*]

——以郑州市为例

潘艳艳[**]

摘　要： 无主管楼院是无主管单位、无物业、无专人管理的居民楼院，是城市老旧小区的重要组成部分。老旧小区无主管楼院具有形成背景复杂、人居环境较差、人口结构弱势化、社区文化异质性高等特征，是老旧小区改造的重点和难点，也是社区治理的薄弱环节。近年来，郑州市全力开展老旧小区无主管楼院的整治提升行动，在完善政策设计、加强党建引领、引导居民自治、创新治理机制方面展开积极探索并取得了显著成效，但也面临社区顽疾难以整治、资金短缺问题突出、物业管理入驻困难、社区自治水平有待提升等问题。本文对优化提升老旧小区无主管楼院治理的建议是：加强督促引导，巩固深化整治效果，整合社会资源，建立资金共担长效机制；创新服务方式，实施物业管理差异化模式；加强居民自治，提升楼院管理服务水平。

关键词： 老旧小区　无主管楼院　居民自治

---

[*] 本报告系 2020 年河南省社会科学院创新工程一般项目（20A34）、2020 年河南省社会科学院基本科研经费项目（20E43）的阶段性成果。
[**] 潘艳艳，河南省社会科学院社会发展研究所研究实习员，主要研究方向为社区治理。

无主管楼院是老旧小区的重要组成部分，顾名思义，指的是无主管单位、无物业、无专人负责管理的居民楼院。长期以来，无主管楼院因为建筑设施陈旧老化、社区秩序混乱、人居环境"脏、乱、差"等问题而备受诟病，不仅是老旧小区治理的薄弱环节，也对城市整体形象造成了消极影响。2019年，河南省出台《关于城镇老旧小区改造工作的指导意见》，全面启动老旧小区改造工作，计划用3年左右的时间，基本完成2000年以前建成的城镇老旧小区改造工作，这是河南省一项重大民生工程。郑州市作为省会城市，在推动老旧小区改造提质工作上一直走在全省前列。据有关数据显示，郑州市区共有居民区4647个，其中没有专业化物业管理的老旧小区3102个，占总数的66.75%。老旧小区无主管楼院的整治是当前老旧小区改造工程的重点和难点。近年来，郑州市站在城市高质量发展的高度，将老旧小区改造及无主管楼院整治工作作为加强国家中心城市建设的重要内容，全市各地开展无主管楼院整治工作积极实践，取得了显著成效，也面临一些发展问题。归纳总结当前无主管楼院治理现状和存在的问题，探索无主管楼院的提升和优化策略，对于加强和创新基层治理、增强城市治理能力、提升人民群众的生活满意度和幸福感有重要的现实意义。

一 老旧小区无主管楼院的主要特征

城市老旧小区数量众多、各具特色，但是在形成背景、居住环境、人口结构、社区文化方面也有一定的共性特征，具体表现在以下几方面。

（一）形成背景

老旧小区无主管楼院大多建于20世纪八九十年代，是在单位职工福利分房以及社会福利分房基础上形成的，属于某些国有企业或单位的职工家属院。之所以变成无主管楼院，原因主要有以下两种。一是有主管单位但单位无人出面管理。这些家属院因为主管单位经济效益不佳或者家属院管理难度大而不愿承担相应责任，逐渐成为无主管楼院。二是因为历史原因已无主管单位负责管理。这类家属院由于企业改制和住房政策改革，原主管单位破产解体或合并后已经不存在而变成了无人管理的楼院。

（二）居住环境

无主管楼院大多是开放式或半开放式老旧小区，位于人口密集、交通便利的中心城区，小区内房龄为30年左右。由于建筑年代久远，受当时建筑条件与建筑技术的限制，小区房屋建筑质量不高，基础设施不完备。经过长时间的自然老化，小区普遍面临着屋顶渗漏、围墙失修、道路破损、绿化缺损、居民活动场地缺乏等问题。还有一些老旧小区楼院背街离巷，位置偏僻，占地面积较小，长期无物业、无人管理导致院内卫生情况较差，治安消防隐患较大，居民生活环境堪忧。

（三）人口结构

因为建筑年代久远，人居环境较差，原老旧小区内住户有条件的多已搬离社区，人户分离现象比较普遍。与其他新型商品房社区、一般单位制社区相比，老旧小区的人口最显著的特点是弱势群体较多，是企业离退休人员、下岗失业工人、低收入家庭、困难人员等"四难人群"的聚集地。同时，还有不少外来流动人口出于租金低或交通便利等原因租住于此，在老旧小区的人口结构中，老年人、残疾人、外来人口所占比例非常高。

（四）社区文化

生活在老旧小区无主管楼院内的居民很多曾经是同一单位的职工，有共同的生活背景、相近的价值观以及互相重叠的社会网络。"业缘性"叠加"地缘性"使得老旧小区近似于乡村的"熟人社会"，居民之间的熟识度较高，居民的归属感较强，群体之间存在一定的凝聚力，社区文化同质性较强。近年来，外来流动人口租住老旧小区的数量不断增多，带来了不同的生活习惯和文化风俗，导致老旧小区原有的社会关系网络受到一定程度的破坏，社区文化的异质性逐渐增强，社区认同感和融合度不断降低。本地文化与外来文化在社区内交融、碰撞，既有融合，也有冲突，给新时期社区治理工作带来了新的挑战。

二 郑州市开展老旧小区无主管楼院整治的实践探索

2020年，面对新冠肺炎疫情期间暴露出的老旧小区无主管楼院治理短板，郑州市审时度势，以深入开展老旧小区改造为契机，以无主管楼院治理为重点，在全市大力开展老旧小区无主管楼院的整治提升行动，实现了老旧小区人居环境改善和治理水平提升。

（一）坚持政策先行，为开展整治工作奠定制度基础

为深入推进全省老旧小区改造工作，贯彻落实好郑州市委"三项工程、一项管理"（城市道路综合改造工程、老旧小区综合改造工程、城乡接合部改造工程和城市精细化管理）的工作部署，郑州市将无主管楼院整治提升作为加强城市更新、创新基层治理的重要举措。4月制定了《关于建立"一核多元融合共治"工作机制提升无主管楼院治理水平的指导意见》，探索建立针对无主管楼院治理的"一核多元融合共治"工作机制。5月又印发了《郑州市无主管楼院整治提升行动计划（2020—2021年）》，计划用两年时间，在全市采取建立楼院组织、清洁楼院卫生、美化楼院环境、规范楼院秩序、维护楼院安全、提升楼院文明等六项措施，从根本上改善无主管楼院的人居环境，把无主管楼院建设成干净整洁、管理有序、群众满意的生活共同体。在政策指引下，各市区积极响应，根据本地实际情况制定了不同实施方案或配套政策，如金水区出台《加强老旧住宅小区物业管理工作指导意见（试行）》，对无主管楼院入驻物业实施专项奖补政策；二七区印发《关于在全区无主管楼院开展"服务社区，我当先锋"活动的实施方案》，广泛开展无主管楼院整治主题活动；巩义市制定《示范点打造计划》，确定首批无主管楼院整治提升示范点开展集中攻坚；等等。这些政策为全市深入开展无主管楼院治理提升工作提供了重要的制度遵循。

（二）强化基层党建，引领整治工作有序开展

无人员或单位负责管理、组织结构不健全是老旧小区无主管楼院的最突出问题。围绕解决无主管楼院"如何有效管"这个中心问题，郑州市以加强基层党建为抓手，不断强化党组织在无主管楼院整治提升中的领导核心作用，推动党建触角向基层延伸、向楼院延伸、向居民群众延伸，实现了整治工作的顺利推进。一是健全基层党组织体系，自"三项工程、一项管理"工作启动以来，郑州市各区坚持"党委工作推进到哪里，党组织就要组建在哪里"的原则，努力构建"街道（党）工委—社区党组织—楼院（片区）党支部—楼栋党小组"四级组织架构，促进楼院党组织在无主管楼院的全覆盖。二是实行机关党支部联建，建立机关党支部与无主管楼院的常态化结对联系机制和干部分包机制，确保每个楼院都有1个机关联建单位和1个科级干部分包，充分发挥机关资源与人才优势，落实好自治共建、活动联建、资源共享三项任务，切实把党最坚实的战斗堡垒在一线楼院中建强。三是完善党建网格建设，实行"双报到"机制，依托社区网格化管理平台，将分包干部和党员"编进网格"，"定岗定责定奖惩"，并对楼院党组织、居民自治组织、党员进行公示，自觉接受群众监督，促进了无主管楼院有序化、规范化管理。

（三）引导居民自治，打造共建共享的社区治理格局

在老旧小区无主管楼院整治工作中，基层党组织是"领头雁"，居民群众是主力军。郑州市在加强基层党建、夯实组织基础的同时，注重调动社区居民参与的积极性和主动性，充分激发无主管楼院治理的内生动力。一是建立居民自治组织。充分发挥基层党组织的引领作用和党员的先锋模范作用，指导和帮助老旧小区无主管楼院成立业主委员会或楼院自管会。根据《楼院自管会建设十条》，议定居民公约、完善议事规则、事务完全公开，让群众自己"管起来"。如上街区、中原区等地成立"红色议事会""小马扎恳谈会""微议事"等自治载体加强居民群众在无主管楼院

整治方面的有效参与。二是培育社区社会组织。挖掘热心社区事务、责任心强的社区能人或社区领袖，组织成立党员志愿者服务队或居民志愿者服务队，在社区内开展环境维护、安全督导、矛盾纠纷调解等各类治理活动，推动无主管楼院居民自我管理、自我服务，共同打造"美丽楼院"。通过以党建为引领、以居民自治为基础、以社区社会组织为补充，逐步形成共驻共建的社区治理格局，推动楼院由"无主管"向"群众主导、管理有序"的自管模式转变。

（四）创新治理机制，着力提升楼院治理水平

自无主管楼院整治行动开展以来，郑州市就以推行"一核多元融合共治"工作机制为契机，强调以党建引领为核心，突出共治共享、共驻共建，着力破解无主管楼院小区的基层治理难题。各区根据辖区楼院实际，不断创新无主管楼院治理机制，形成了一些特色鲜明的治理实践。如在加强党建引领方面，新密市借鉴驻村"第一书记"模式，选派市直机关年轻干部到老旧小区担任"无主管楼院第一书记"，围绕健全组织体系、推动管理有序、办好惠民实事三项任务推进单位共治共建。在引进物业方面，二七区创建"红色物业联盟"，坚持"动态管理、双向选择"原则，畅通企业参与无主管楼院治理的途径和渠道，对点链接红色物业企业与街道无主管楼院。通过政府补贴、物业保本、群众自缴的方式，为无主管楼院提供基础性、保障性物业服务。[1] 在加强资金保障方面，中原区以培育10个示范社区为目标，举办"亮赛比"暨"三项工程、一项管理"专场比学交流会，区财政拿出100万元专项资金，重奖"十佳"村（社区）党组织书记并对年终排名末位的村（社区）党组织书记进行诫勉谈话。[2]

---

[1] 《二七区组建"红色物业联盟"，破解无主管楼院治理难题》，郑州市人民政府网站，2020年6月12日，http：//www.zhengzhou.gov.cn/news3/3422995.jhtml。
[2] 《中原区创新实招促无主管楼院"蝶变"》，搜狐网，2020年8月21日，https：//www.sohu.com/a/414165350_160386。

三 当前老旧小区无主管楼院治理面临的主要问题

随着老旧小区改造和无主管楼院治理工作的推进，郑州市许多老旧小区面貌焕然一新，无主管楼院治理井然有序，社区服务和治理水平不断提升，但是受政策环境、社区基础条件、资金实力、居民素质等因素的影响，不同区域的老旧小区无主管楼院整治工作进度不一，治理长效性难以保证，无主管楼院治理仍存在诸多困难和障碍。

（一）社区顽疾难以整治

老旧小区无主管楼院基本具有"老、旧、小"的典型特征，再加上长期无专业化管理主体，导致这些居民区卫生环境差，基础设施缺失破损严重，社区秩序混乱，这给居民日常生活带来了很大不便。尽管在开展无主管楼院整治工作后，大部分社区楼院经过墙面刷新、路面硬化、管线改造、增建停车位、增设健身器材等一系列改造措施，居住环境得到很大程度的改善，然而，与一些小区新建工程不同，老旧小区无主管楼院的改造整治量大面广，关系千万家庭的切身利益，在一些问题上往往"众口难调"，这导致部分小区楼院改造整治阻力较大，如引进物业意见不统一，加装电梯高低层存在利益冲突，停车场改造存在有车无车利益博弈，等等。还有一些小区楼院内人际关系复杂，干群矛盾突出，对社区改造和整治工作不予配合，致使小区无主管楼院整治的工作效果不尽如人意。

（二）资金短缺问题突出

无主管楼院的整治提升与老旧小区改造工作密不可分，且都需要大量的经费支持。目前无主管楼院整治工作主要由基层政府财政支持，但受新冠肺炎疫情影响，政府财力紧张，导致部分地区在推进老旧小区改造和无主管楼院整治方面脚步放缓甚至停滞不前。资金短缺是老旧小区无主管楼院整治工作面临的最大难题，这意味着政府单方面的财政投入不能成为老旧小区无主管楼院治理困境的破解之道，建立政府、社会力量、居民共担的资金机制，协调各方利益，合理分摊改造成本是推进老旧小区无主管楼院亟须解决的问题。

（三）物业入驻管理存在困境

物业管理是当前社区治理的一个重要维度，直接决定着社区秩序的好坏和社区治理水平的高低。引入物业是当前郑州市各区推进无主管楼院整治提升工作的重要举措，但老旧小区无主管楼院因为其特殊性，各地在引进和实施物业管理过程中存在不少困难，主要表现在以下三方面。一是物业进驻进度缓慢。各区老旧小区情况差别较大，一些基础条件较好的楼院引进物业相对顺利，但许多位置偏僻、楼院规模小或环境及基础设施问题严重的楼院引进物业存在很大问题。目前郑州市内列入整治提升计划的老旧小区，有专业化物业、报到区房管部门的只有极少部分，物业公司大多持观望态度。二是物业费收缴困难。在部分物业公司入驻的老旧小区，居民收入偏低，认知能力有限，对物业"收费服务"普遍存在抵触心理，再加上老旧社区内房屋空置或出租较多，业主难以找寻或不配合工作，导致物业费收缴困难问题较为严重。三是物业服务质量和持续性难以保证。很多进驻老旧小区的物业企业因规模相对小、资金实力不足、管理效果不良，在物业费收取率低和政府财政补贴不能及时到位的情况下，物业公司运营压力较大，以致后续管理和服务跟不上，甚至会中途退出，容易引发业主不满情绪，反过来进一步加大物业费收缴难度，从而陷入一种"收费难、难服务"的恶性循环。

（四）社区自治能力有待提升

老旧小区无主管楼院因长期无物业、无专人管理，对居民自治有更迫切的要求。郑州市在鼓励引导无主管楼院建立楼院自管会、业主委员会等楼院自治组织，调动楼院居民自治主动性方面也下足力气，但从目前来看，实施效果并没有达到预期，各区楼院自管会仍处于试点探索阶段，并没有普及，而成立业主委员会并能够发挥作用的社区楼院更是屈指可数。一方面，无主管楼院大多曾经是国有企业或机关的家属院，在早期单位"包揽一切"的体制下，对基层政府形成一定程度的依赖惯性，居民群众多认为当前老旧小区改造、无主管楼院整治应该都是政府的事，改造和整治的被动性较强；另一方面，无主管楼院内常住居民多属于低收入群体，贫困问题比较严重，受文化程度低、经济情况差、时间精力少等多种因素的限制，居民主动参与楼院治理的热情不高，而外来流动人口对租住的社区楼院普遍缺乏归属感和认同感，参与社区自治的积极性更低。

四 优化提升老旧小区无主管楼院治理的对策建议

老旧小区无主管楼院整治涉及规划、城管、民政等多个部门，是个综合、复杂的系统工程。受社会背景、地理位置、组织结构、周边环境等多方面因素的影响，无主管楼院不能简单参照一般老旧小区的治理来推进，也不能搞"一刀切"，而是既要"改"又要"治"，既要"有人管"又要"管得好"，要根据各地实际，选择适宜不同楼院的多元化治理模式，建立健全无主管楼院治理长效机制，努力将无主管楼院打造成干净整洁、安定和谐、管理有序的生活共同体。

（一）加强督促引导，巩固深化整治效果

房子老、楼院老、设施老、环境差是老旧小区的通病，在2020年抗击新冠肺炎疫情期间，老旧小区无主管楼院防控力量不足、社区治理水平偏低问题更加凸显，但也正是在此次战"疫"中，基层党组织充分发挥战斗堡垒作用，凝聚机关下沉人员、居民党员、志愿者等多方力量，构筑起联防联控、群防群治的坚固防线，为全省乃至全国取得抗击疫情的阶段性胜利奠定了基础。当前，我国的疫情防控进入常态化，将战时经验转化为基层治理的

长效机制，进一步加强老旧小区无主管楼院的综合治理，实现居民居住环境和生活质量的双重提升，是一项非常重要而紧迫的民生任务。下一步，一方面，要加强无主管楼院整治的统筹领导。市、区级层面要统筹组织、规划、住房保障等部门加强无主管楼院相关的政策指导，街道、社区要落实属地责任，建立辖区无主管楼院工作台账，坚持"一楼一策""分类管理"，针对工作中存在的治理"顽疾"，组织开展集中攻坚行动，细化整治方案，明确时间节点，循序渐进推进整治工作。另一方面，要强化整治工作落实。健全和完善干部分包制度，逐级压实工作责任，将无主管楼院整治提升工作纳入基层党建和城乡社区治理考核事项，定期开展调研走访、督导观摩活动，及时检验和评估工作效果，确保整治工作落实到位。

（二）整合社会资源，建立资金共担长效机制

面对当前老旧小区无主管楼院改造整治过程中出现的资金困境，仅仅依靠政府单方面力量无法弥补巨大资金缺口，因此，在政府财政投入基础上，要最大限度地整合社会资源，建立健全"政府引领，社区主导，业主主体，多方支持"的资金共担机制，通过"政府支持一部分，社区专项经费奖补一部分，驻区或业主单位支持一部分，社会力量赞助一部分，业主自筹一部分"的方式多渠道筹集资金，确保无主管楼院整治提升工作顺利推进。一方面，要加强政府财政保障，按照各地制定的无主管楼院整治方案，推动各类财政补贴落实到位，在严格控制基层政府财政预算总额的基础上，将社区服务专项经费、社区党建经费重点向无主管楼院或楼院党支部倾斜。鼓励各县区将楼院负责人补贴纳入财政预算，并对楼院负责人进行物质和精神补贴。另一方面，要鼓励社会资本力量参与，探索政企合作的PPP模式、政府采购服务模式等途径，引导爱心企业和专业社会服务机构参与无主管楼院建设管理，特别要重视社会资本的资金实力和可持续运营能力，在改造提升后可引入养老、托幼、停车场等有偿服务项目来增加社会资本的收益，从而增强各类社会资本参与无主管楼院治理的动力。

（三）创新服务方式，实施物业管理差异化模式

物业管理作为市场经济和房地产发展的产物，目前已经成为社会经济发展中的一个新兴产业，在老旧小区改造后，鼓励引导物业公司进驻老旧小区开展专业化管理服务是加强老旧小区无主管楼院整治工作的必要手段。要紧紧围绕居民需求，通过基层政府政策吸引，街道、社区牵线搭桥，建立物业公司与社区居民之间的良性互动关系，促进物业公司顺利入驻并开展管理服务。一是要加大政府支持力度，积极落实政府对老旧小区的物业费补贴制度，并在增加活动场地、减免相关税费等方面给予物业公司更多支持，鼓励入驻老旧小区的物业公司增强自身"造血"能力，在常规收取物业费用之外，开展诸如家政、洗衣、家电维修之类的定制化、个性化服务来增加营业收入。二是创新物业管理服务模式。根据小区楼院实际，探索不同类型的物业管理模式，如对于居民经济条件和小区封闭性较好的老旧小区可以采取现代物业管理模式，由街道、社区指导成立业主委员会，代表全体居民聘请专业物业团队进行物业管理；对于居民经济条件较差、无法封闭的老旧小区可以实行"居民自治+物业托管"模式，由楼院自管会代行基本物业管理职能，委托保洁公司、保安公司、绿化公司和维修公司等专业公司对小区进行卫生、治安、绿化方面的管理维护；对于一些规模较小的小区楼院可以实行"连片开发"模式，将位置相邻、情况相似的小区打包合并给一家物业公司进行集中管理，实现小区在物业资源方面的共建共享。

（四）加强居民自治，提升楼院管理服务水平

老旧小区无主管楼院的改造和整治问题是居民群众最关心最现实的利益问题，如何加强老旧小区无主管楼院的综合治理，居民群众应该最有发言权，其关键是要以党建引领为支点，撬动居民自治的强大力量，让群众真正成为楼院治理的"主人翁"，实现居民自我管理、自我教育、自我服务、自我监督。一是建强群众性自治组织。进一步推进楼院自管会、居民议事会等居民自治组织在老旧小区无主管楼院的全面覆盖，条件成熟的小区楼院可建

立业主委员会并明确职责范围。推行楼院党组织与自治组织交叉任职，注重挖掘退休党员干部、居民代表、楼栋长等热心居民事务、有奉献精神、有一定威望的常住居民，并推选为楼院自治组织成员。引导居民自治组织自觉接受社区、楼院党组织的领导和监督。二是健全居民协商议事机制。由社区指导，楼院党组织牵头，在居民公约基础上建立健全民主协商制度、楼院事务公开制度，定期召开联席会议、居民议事会议等，召集物业企业、驻区单位、群众性组织、居民代表共同参与，也可拓展业主微信群、社区App、社区热线等线上方式，及时收集群众意见建议，共同商议管理楼院事务。三是加强楼院文明建设。继续发挥党员带头作用，利用社区志愿者资源，广泛动员无主管楼院内退休职工、教师、专业技术人员等群体成立志愿服务队、合唱队、舞蹈队等群众性组织，开展政策宣传、环境清洁、扶贫济困、文化娱乐等公益性活动，引导居民加强互动交往，增进邻里感情，丰富居民生活，提高居民文明素养。

参考文献

《河南省人民政府办公厅关于推进城镇老旧小区改造提质的指导意见》，河南省人民政府网站，2020年1月13日，https://www.henan.gov.cn/2020/01-13/1245710.html。

沈建新：《和谐视角下老旧住宅小区物业管理困境及管理服务模式创新》，《住宅与房地产》2020年第18期。

《宜昌：深化社区治理新实践 打造老旧小区改造新样本》，《城乡建设》2020年第15期。

宋凤轩、康世宇：《人口老龄化背景下老旧小区改造的困境与路径》，《河北学刊》2020年第5期。

B.18
党建引领城市基层社会治理的制约因素与创新路径

——以郑州市基层党建实践为例

李中阳*

摘　要： 中国特色社会主义进入新时代，对城市基层社会治理提出了更高的要求与期待。当前，以郑州市为代表的河南省各地市纷纷对如何更好以党建引领城市基层社会治理开展实践探索，取得了一定成效。以党建引领城市基层社会治理，要着重破除体制机制、党建基础、价值认同等层面制约因素，从完善组织架构、深耕社区文化、强化队伍建设等方面入手加以创新。

关键词： 郑州市　党建　基层治理

党的十九大报告强调，要加强和创新社会治理，打造共建共治共享的社会治理格局，形成有效的社会治理、良好的社会秩序。[①] 改革开放以来，伴随着经济结构、利益格局和思想观念的深刻变化，城市社区结构、社会群体结构也发生了具有深刻意义的历史变迁，对完善基层社会治理架构提出

---

* 李中阳，河南省社会科学院政治与党建研究所研究实习员，主要研究方向为基层党组织建设。

① 习近平：《决胜全面建成小康社会　夺取新时代中国特色社会主义伟大胜利》，《人民日报》2017年10月28日，第1版。

了更高要求。中共中央组织部《2019年中国共产党党内统计公报》显示，截止到2019年，全国共有8636个城市街道105257个社区（居委会）建立了党组织，覆盖率超过99%。① 随着覆盖率的不断提升，城市街道、社区党组织已经成为能够引领城市基层社会治理的创新主体与基础领导力量。以基层党建引领城市社区治理创新已经成为新时代完善城市基层社区治理架构、有效化解基层社区治理矛盾的根本举措。

郑州市是河南省会、国务院批复确定的中国中部地区重要的中心城市，截止到2019年，常住人口已经达到1035.2万人，市区面积大、人口基数大、外来人口多、民族成分多，具有典型的中部大型城市特征。新时期以来，郑州市各主要城区以党的十九大报告精神为遵循，坚持以党建引领创新完善城市社区治理，取得了一定的成效，形成了不少典型经验。郑州是河南城市发展的代表，对郑州当前党建引领城市社区治理实践经验加以分析总结，无疑对进一步创新凝练河南基层党建引领城市社区治理先进模式、提高河南城市社区治理效能具有重要意义与价值。

一 党建引领城市基层社会治理创新的现实逻辑

当前，我国正处于经济转轨和社会转型的加速期，经济社会不断发展造成社会群体结构的不断变化，对城市基层社会治理提出了新的要求。社区治理方式的日趋丰富也为城市基层党组织建设提出了更高的要求。创新以党建引领城市基层社会治理的方式方法，具有深厚的现实逻辑基础。

（一）新时代经济社会发展对城市社会治理创新提出了新的要求

改革开放以来，我国经济社会结构发生了深刻变化。从城市基层社会治理特征来看，传统"国家—单位"二级管理体制消解殆尽，基层治理逐步

---

① 《2019年中国共产党党内统计公报》，共产党员网，2020年6月30日，http://www.12371.cn/2020/06/30/ARTI15935148942173966.shtml。

向社会化、多元化发展,在这个过程中,以社会组织为代表的各类社会治理参与主体纷纷涌入,形成了以政府管理为主导,社会各部门、各群体参与,民众自我约束和管理的一种多元化社会治理结构。在这个结构下,社会治理越来越强调"过程""多元""互动""调和"的治理特征,① 即把社会治理当作一个动态发展的过程,在治理主体上不论多寡、强弱、公私都需要充分兼顾其群体利益,在治理过程中强调主体之间的协商与互动,在治理目标上强调让社会自我发展、自我纠错、自我修复。在治理内容上,随着社会结构的深刻变革,城乡二元结构的逐步打破,城市社区大量不同地域、不同行业、不同背景的居民混居杂居已成为新的常态,不同群体之间相互摩擦影响势必会伴生出大量的社会治理问题与矛盾,社会治理也承担着化解沉积矛盾的特殊职责。对此,当前一些学者已经提出,要从组织集体消费、管理公共和共同资产、提供社区服务、协商公共事务、塑造社区文化、协调矛盾纠纷等六方面入手创新社会治理内容。② 这些都使新时期城市社区治理创新需求愈加迫切。

(二)新时代完善城市治理架构需要党组织的有效补充

当前我国政治制度的不断完善,对县、区街道办事处的行政半径界定愈加明晰,加之社会组织如雨后春笋般快速发展,未来社会治理"小政府、大社会"格局已初步显现。但就目前来看,我国的基层社会治理格局转变仍处在过渡阶段,基层社会治理主要依靠社区自治组织、社会组织等来实现,我国的政治制度将县、区街道办事处作为基层行政半径的最外沿,并不直接到达基层群众,这就缺少了基层治理"自治"与"法治"之间的有效承接,在政府与群众之间形成了一定的"治理空白"。而《中国共产党

---

① 张娅:《党建引领基层社会治理的逻辑、现状及优化路径——以湖北省为例》,《湖北行政学院学报》2019 年第 3 期。
② 《李强:创新社会治理体制和基层社会治理创新》,中国社会科学网,2014 年 6 月 18 日,http://www.cssn.cn/zt/zt_xkzt/shxzt/shxrzlxy/zjfy/lb2/201406/t20140619_1217813.shtml?url_type=39&object_type=webpage&pos=1。

章程》明确规定,党的基层组织可以到达每一个有党员的地方。这就决定了实现基层社区治理创新,必须发挥基层党建对基层自治组织的引领作用,把党的基层组织作为联结政府与基层群众的桥梁,一方面在基层治理实践中坚持正确方向,确保国家大政方针与党的路线方针政策有效落实,牢牢把基层群众团结在党的周围;另一方面也能深入了解民情,及时上传群众利益诉求,为下一步基层治理发展创新提供基础性支撑。因此,加快城市社区治理模式创新,必须以基层党建引领基层社会治理,有效填补治理空白。

(三)当前基层党建短板对城市基层社会治理创新形成了新的制约

城市社区作为国家治理的基本单元,其治理能力提升是实现国家治理能力现代化的基础。我国城市社区的治理结构主要由党的基层组织、政府行政组织和社会自治组织三大类组织构成,党的基层组织是社区党建的主体,也是社区治理的领导力量。[①] 但目前社区党建工作仍处在探索阶段,缺乏权威性、民众认可度较低等问题产生的社区党建"悬浮化"已经对城市社区治理的进一步完善创新形成阻碍。一方面,基层党建工作存在不足导致基层社会治理权威碎片化与分散化。由于目前一些社区党组织自身组织力不强、党员先锋模范作用发挥不明显,相较于社区党组织,其他社会组织在社区治理中存在感更强,降低了社区的治理权威,削弱了社区整体统筹协调能力。另一方面,基层党建工作开展与基层社会治理需求统一度不够,使党建工作与社会治理出现"脱节"。当前,城市社区治理模式的日趋社会化、法治化、智能化、专业化,对社区党组织在治理平台搭建、培育社会组织参与、引入社工专业队伍等具体事务中的统筹、协调工作提出了更高的要求,但目前一些社区党组织观念陈旧,不能有效推动党建资源参与社区治理,已经使社区党建与社区治理出现"脱节"现象,也使党建短板成为社区治理效能提升

---

① 杨妍、王江伟:《基层党建引领城市社区治理:现实困境 实践创新与可行路径》,《马克思主义政党建设》2019年第4期。

的新的约束。因此，完善和提升现有的社区党建方式，也是打破现有短板束缚的必然举措。

二 郑州市以党建引领城市基层社会治理的创新实践

郑州市目前共下辖6个市辖区、5个县级市、1个县。党的十九大以来，郑州市各个核心城区以学习贯彻党的十九大精神为遵循，深入开展基层党建引领城区基层社会治理的创新实践，形成了一批具有代表性的模式经验。

（一）金水区花园路街道"三三三"党建工作法

花园路街道是典型的郑州市中心城区街道，基层党建工作水平相对较高，但新时期以来面对社会形态变化发展也出现了一些薄弱环节，在基层治理领域也存在被"边缘化"风险。鉴于此，金水区花园路街道办提出了以"三领、三创、三化"为统领的党建工作法。一是突出"三领"，即党组织统领、党建引领和党员带领。建立党组织四级组织架构以及五级互联网络贯通组织引领并深化党建主题活动开展，举办"先锋讲堂""书记讲坛"等系列特色党建活动，同时广泛组织吸收社区内的直管党员、退休党员和辖区单位党员组成社区治理参与队伍推进社区治理工作，突出党员带领作用。二是推动"三创"，即创建星级楼院、自治家园，以创建评比为导向，推动和谐楼组、楼院文化、社区自治等创建工作。三是开展"三化"，即推动社区治理区域化、项目化、常态化建设，通过搭建工作平台，吸收辖区大单位和有代表性"两新"组织不断扩大党建区域规模，同时设置"项目菜单"，以"点菜对接"方式推动项目认领落地，[①] 最后再以制度方式实现工作常态化、常例化。花园路街道"三三三"党建工作法通过创新党建工作与党

---

① 《河南郑州市金水区花园路街道：坚持党建引领 创新社会治理 建设和谐有序共建共享的幸福街区》，中国共产党新闻网，2018年10月30日，http://dangjian.people.com.cn/n1/2018/1030/c420318-30370558.html。

员组织方式，有效提升了党员在社区治理中的影响力，同时把党建与解决群众实际问题相结合提升群众参与度，效果显著，整体推动和提高了街道党建工作水平。

（二）二七区五里堡街道"党建联合体"模式

二七区五里堡街道位于郑州核心城区，属于典型的老城区，随着社会经济的发展也出现了老城区典型的"五多一落后三难"问题，即破产倒闭企业多、下岗困难群众多、无主管楼院多、流动人口多、不稳定因素多，基础设施较为落后，街道面临楼院管理难、街区管理难、人群管理难问题，① 给社区治理带来了很大困难。因此，五里堡街道以街道党工委为主体，推动各驻区单位党组织党建联合体建设，通过区域化党建整合资源推动社区治理创新。首先，完善党建体系建设。采用"网格式"党建架构方式，在纵向上设置"街道党工委—社区党支部—楼院党小组"三级垂直管理体系，在横向上采用"街道社区党组织—驻区单位党组织—非公党组织"三级覆盖手段，形成"三纵三横"党建组织架构。其次，开展"四联共建"活动，通过思想工作联做、公益事业联办、环境品质联抓、党建资源联用，将社区党员思想建设与社区居民"四德"教育相结合、党建工作与"温暖二七"相融合，以党建引领组建城市管理志愿者队伍，以资源整合建立孵化基地，初步形成"街道一盘棋"的党建新格局。通过联建共建，五里堡街道辖区37家公共单位主动认领"红色项目"，有效推动了社区治理项目的快速落地，使一大批长期困扰社区居民生活的难题得到解决，社区治理面貌得到有效改观。五里堡街道"党建联合体"工作法通过发挥党建联建优势模式整合社区有限治理资源，为老旧城区提升社区治理效能提供了启发。

---

① 《河南郑州市二七区五里堡街道：区域化党建引领开启社会基层治理新模式》，中国共产党新闻网，2018年11月2日，http://dangjian.people.com.cn/n1/2018/1102/c420318-30378924.html。

（三）管城区西堡社区"红色街区"模式

管城区西堡社区是位于郑州市核心城区的典型回迁安置社区，在"村庄治理"向"社区治理"转变的过程中，也面临着很多治理困难与矛盾。管城区采用以街道党工委为统筹核心、以社区党组织为基础力量的区域化党建模式，把城区内街道社区、企事业单位、"两新"组织等各行业领域的党建工作统筹来抓，以实现党建效能最大化，整体化解服务管理矛盾。一是完善党建组织架构。管城区西堡社区采用社区"大党委"直接统筹的"大党委—基层党组织"二级垂直管理架构，实行社区"大党委"对辖区内非公有制企业党组织、新经济社会组织等垂直管理，对辖区公共单位、企事业单位、上级政府职能部门及其派出机构党组织等双重管理的管理体制，[①] 通过简化管理层级，有效提升了党建工作效能。二是强化服务管理覆盖。以社区为综合平台，在每个楼院、楼栋单元设置"社情民意工作站"并建立服务回馈机制；以社会组织为服务载体，在街区创办"爱心银行"；以社工人才作为重要补充，设立党员诚信经营户、邻里和睦互助志愿服务岗等12类志愿岗。[②] 通过构建多元主体参与联动格局，有效提升了社区治理服务质量。三是强化思想引领。一方面通过以街区为单位开展红色文化艺术节、工艺大赛、体育比赛等多种形式文体活动，丰富街区党员群众精神文化生活；另一方面通过定期开展"街区形象大使""街区十大先锋人物"等先进典型评选与文明创建活动，发挥社区道德示范引领作用，引导社区居民价值观向善向好。管城区西堡社区以"红色元素"为抓手，通过理顺组织架构、整合区域资源构建社区"大党委"党建格局，并以全方位服务有效破解安置社区由"村庄治理"向"社区治理"转变提升的难题，在当前我国高速城镇化发展现实背景下具有很强的借鉴意义。

---

① 《郑州市管城区 创建"红色街区" 推进城市基层党建》，《河南日报》2017年6月20日，第8版。
② 《郑州市管城区 创建"红色街区" 推进城市基层党建》，《河南日报》2017年6月20日，第8版。

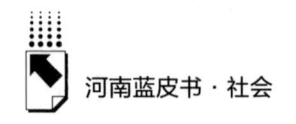

三 新时代以党建引领城市社会治理创新的制约因素

通过上述实践模式可以看到,随着城镇化的快速发展与社会经济结构的快速转型,实现以基层党建引领城市社会治理的制约因素主要集中在体制机制、平台搭建、价值认同等几大方面,对这些制约因素加以归纳分析,能够为下一步总结提升形成创新路径奠定基础。

(一)体制机制因素

就目前来看,在以党建引领城市基层社会治理实践中,很多地方普遍采用区域化党建方式即成立街道"大党委"统领整个街道与社区党组织,以街道或社区为单位实行"大党建"。这样的模式虽然能够整合区域党建资源,有利于充分调动有限的社会治理资源,提升治理效能,但如果不能够理顺管理体制机制,也有可能产生"多头考核、多头管理"的问题,反而影响基层治理效能,在实际运行中容易出现两个方面的问题:一方面是基层党组织的职责定位不明晰,有些城区街道在没有充分理解街道大党委功能作用的情况下仓促整合区域资源成立街道大党委,但又与本地区的街道党工委在权责划分上出现重叠,同时辖区内各类"两新"组织与部分企事业单位党组织和街道大党委之间并不存在隶属关系,也导致街道大党委在实际工作中无法进行有效的统筹协调,不能够很好地发挥领导核心作用;另一方面是区域化党建机制平台与其他治理平台功能重合,有些城区街道组织的党建联席会议与党员代表会议等其他机制功能尚未明确区分,造成参加党建联席会议的各个单位党组织往往还需要同时参加党员代表会议以及社区代表会议,而议会主题又互有重合,造成会议效率低下,出现一定程度的形式主义问题。

(二)党建基础因素

基层社会治理范围广、内容复杂,以党建引领城市基层社会治理,党组织自身必须有强大的党建基础,才能在城市基层特别是各个社区树立有效的治理权威，发挥治理领导核心作用。而就目前来看，很多城区的党建基础仍然较为薄弱，这也是制约党建引领城市基层社会治理作用发挥的一项核心因素。首先是认识因素。对工作具备清醒的认识是做好这项工作的前提，如果对党建引领城市基层治理的作用理解不够充分，那么在实践中就有可能出现工作积极性缺乏、工作落实不到位的情况。就目前来看，一些社区党组织也确实存在认识不足的问题，特别是一些社区内"两新"组织对开展党建工作认识较为功利，在对自身发展短期内没有直接利益的情况下参与意愿较低，工作落实也较为消极被动，影响工作的有效开展。其次是能力因素。基层治理工作千头万绪，对治理工作者的知识储备、协调能力等都有较高要求，但就目前来看，一些城区特别是老城区的社区党务工作者学历较低、年龄偏大、工作能力有限的情况还较为常见，这就导致一些社区工作者在面对多头复杂工作任务时不能够较好地落实完成，影响工作质量。最后是保障因素。一方面是人员待遇保障，与农村治理工作者不同，城市基层社区党务工作者大多为脱产专职人员，待遇薪酬是其收入的核心，而现在很多城区特别是老城区的社区工作者薪酬还比较低，很多社区也没有"五险一金"作为保障，导致很多年轻人不愿意扎根社区、服务社区。另一方面是场地保障，目前很多城区社区党群服务中心建设还较为滞后，如果社区内缺乏具有较强经济实力的新经济组织，党建活动场地往往很难得到保证，一些社区内的网格党支部也没有独立的办公场所与活动场所，这些都制约了党建工作的顺利开展。

（三）价值认同因素

以党建引领城市基层社会治理的根本目标，是通过党建引领将"党的领导深深植根于广大人民群众当中，实现党对社会治理的领导，依靠群众加强社会治理"。[①] 因此，实现群众的价值认同与自我管理就成为提升社区治理效能的重要因素。但是就目前来看，很多地方城市基层社区群众参与社区

---

① 孙涛：《新时代城市基层党建引领社会治理创新路径探析》，《新疆大学学报》2018年第6期。

治理的热情有待提高。一方面群众共同体意识不强，对于城市的核心城区而言，社区居民成分较为复杂，外来人口占比较大且以青年群体为主，这些人来自各行各业，平时多以自身工作为重，居民之间很少沟通，也普遍没有形成通常意义上的"熟人社会"。而老旧城区社区居民又以城中村居民为主，由于生活习惯等原因更注重自身利益实现，缺乏集体意识。其中一些政府机关、事业单位从业人员更对参与公共活动存在诸多顾虑，害怕"抛头露面"对所在单位造成不良影响，对参与公开性的协商、调解活动较为抵触。这些都导致群众参与社区治理意愿不高。另一方面社区志愿活动形式单一，就目前来看，很多城区社区仍多以清洁打扫、健康问诊等形式简单的活动为主，有时活动内容并不符合群众实际需求，加之某些老旧社区对于社区治理中的一些痛点、难点问题长期无力解决，就会导致其他社区活动开展得不到居民认可，也就难以提升社区居民参与度。因此，通过基层党组织价值引领，提高社区单位与居民的共同体意识，不断激发社区治理的内生动力，就成为新时代以基层党建引领城市社区治理路径创新的一项重要内容。

四 新时代以基层党建引领城市社区治理创新的路径分析

新时代以基层党建引领城市社区治理创新，要以构建多方联动、"一核多元"的社区治理格局为目标，通过优化党建组织架构、发挥服务效能、塑造社区精神等具体举措，发挥基层党建应有的引领治理作用，引导城市社区治理向善向好。

（一）完善体制机制，强化基层党组织建设

就目前情况看，以成立"街道大党委"推动区域化党建与社区网格化管理仍然是基层党组织引领社区治理的较好方式，在下一步工作中要在原有基础上通过明晰功能定位、完善平台建设等方式进一步健全基层党组织，为激活党组织组织力创造条件。一是要明晰职责功能。各地应出台明确的政策性文件，对街道党工委的权责进行进一步的明确划分，使基层党组织在统筹

协调各方资源时能够有理可依、有章可循。二是完善党建联席机制。各个街道、社区要秉持实事求是的原则，依据自身实际治理需要合理安排党建联席会议内容，同时可尝试将街道、社区内容相近，涉及单位重合的会议内容并入党建联席会议，提高会议效率。同时还要建立完善包点联系和党建联络员制度，做到社区内企业、"两新"组织定期有人看、有人管。三是完善社区党建平台建设。可通过"学习强国"等现有具备党员管理功能的 App 强化对社区内"口袋党员""流动党员"的吸纳管理，在此基础上，以退休干部、退役军人等群体党员为重点，依据其专长吸纳引导其参与社区治理，畅通参与渠道，壮大社区党建力量。

（二）发挥枢纽作用，推进基层党建与社区治理结合创新

推进基层党建与社区治理结合创新，关键是要发挥基层党组织在城市基层治理过程中的枢纽作用，一方面基层党组织根据基层群众需要联络社会组织完善相应公共服务，另一方面基层党组织为群众搭建参与平台引导群众广泛参与社会治理。因此，在下一步工作中，基层党组织首先要推动社会组织有效落地，提升基层社区服务质量。在通过走访、与小区业主委员会对接等方式充分了解社区居民生活需求的基础上，利用党建联席会议与街道办、社区代表等联合确定社会组织引进方向。在项目引进过程中充分发挥监督协调作用，协调化解基层社区社会组织落地过程中可能出现的各种意见矛盾，做到公开公正。在社会组织落地后，基层党组织还要做好对社区社会组织的培育孵化与监督指导工作。除对社区社会组织中那些责任心强、工作能力强的青年工作者加强关注并及时吸收入党外，也要在社会组织中及时发展建设党支部，推动基层党建工作向下延伸，同时还要以社会组织党建工作为抓手，对社会组织的服务效能与服务质量进行监督。其次，基层党组织要搭建群众参与平台。在充分走访沟通的基础上，积极拓宽群众参与社区治理渠道。除了在社区党群服务中心设置专门的群众意见搜集室外，还可以通过问卷调查，设置意见箱、社区邮箱等方式，及时收集群众意见，并予以反馈。

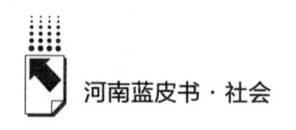

（三）深耕社区文化，强化社区群众价值引领

厚植良好的社区文化是打破城市基层群众"原子化"状态、打造多元主体参与社区治理的重要内容。要充分发挥基层党组织价值引领作用，通过深耕社区文化、强化价值导向，使社区群众树立正确的是非观、价值观，以先进思想把社区群众团结凝聚到社区治理实践中。首先，培植社区先进道德风尚。社区党组织要充分发挥自身思想宣传优势，根据社区实际情况，在社区开展"文化讲堂""道德讲堂"等先进文化宣讲活动，同时要在日常工作中加强对社区不文明行为的批评与监督，可以借助社区网站、公众号等平台载体，定期对社区内不文明行为进行曝光批评，实现警示效果，更为重要的是，要在社区日常活动中多发掘社区好人好事，特别是那些不辞辛苦、乐于奉献的社区专职工作者和社会组织从业者，对其事迹进行宣传嘉奖，发挥引领示范作用。其次，大力培育社区群众自组织。群众自组织是基层党建引领基层治理的重要抓手，社区党组织可以根据社区居民的兴趣爱好，以社区网格党员和社区代表为发起人，发动社区群众成立诸如"棋牌社团""广场舞团"等群众自组织，由社区党组织协调提供活动场地与器材，引导群众走出家门，参与到社区兴趣活动中来。在此基础上，抓住重要节日等时间节点，组织社区群众自组织开展诸如踏春、野餐等文娱交流活动，通过不断的协作互动加深群众之间的了解交流，培育社区新的"熟人圈子"。

（四）强化队伍建设，完善人才培养制度保障

以基层党建引领城市基层社会治理各项创新举措的最终落实，最终是靠每一位党员个体即每个"人"的发挥，因此，一支高素质的党建队伍一定程度上直接决定了基层党组织引领城市基层社会治理实现完善创新。要从制度着手，通过完善人才发展渠道、人才保障工作让社区招得进人才、留得住人才。首先，要完善社区党支部书记培养制度。社区党支部书记是城市基层党建队伍的核心力量，对整个社区的党建工作开展具有强烈的塑造与影响作用。一方面，要完善社区党支部书记的选拔任用机制，各地市可在辖区街道

设置社区专职党务工作者信息库,对辖区内所有社区的党务工作者进行实时考察追踪,从具有一定工作年限的社区党务工作者中选择适合担任社区党支部书记的候选人。另一方面,要完善社区党支部书记的个人成长培育机制。上级党委和政府要为社区专职党务工作者与社区党支部书记搭建个人成长晋升渠道,对于那些在本职岗位工作一定年限、群众评价较好的社区党支部书记,可在参加公务员考试、企业事业单位招聘考试时给予一定的倾斜照顾,提高社区专职党务工作者的获得感。其次,要强化社区专职工作者队伍培养建设。社区专职工作者是社区服务工作中的中坚力量,一方面各地市民政部门要与人力资源部门合作,加快探索本地区社区专职工作者的职称评定方式与办法,并建立与职称职级、职业资格等挂钩的薪酬制度;另一方面要加强社区专职工作者的薪酬保障,除要对工作达到一定年限的社区专职工作者落实"五险一金"保障外,还要对那些家庭收入较低、子女较多的社区专职工作者设置专门的岗位补助津贴,保障社区专职工作者的基本生活质量。最后,要努力营造激励氛围。各地市要科学运用社区党建工作考核结果,要对于那些工作突出、群众评价高的基层党组织给予充分的宣传嘉奖。对于社区治理工作中涌现出的先进个人,要设置专门奖项予以肯定,在社会上营造出一种尊重、崇尚社区工作者的良好氛围。

B.19
河南省城市社区新冠肺炎疫情防控调查报告

——以郑州市高新区紫竹社区为例

徐京波*

摘　要： 紫竹模式主要包括四项内容：瞄准需求，精准施策；设楼层长，拓展网格；党建引领，志愿服务；链接资源，多元联动。基于以上模式，紫竹社区新冠肺炎疫情防控取得了以下成效：创新防控策略，有效化解了疫情风险；培育社区居民主体意识，提高了社区认同感；居民互动加强，提升了社区凝聚力；开展志愿服务，促进了社会组织的发育。紫竹社区在疫情防控中之所以能够取得明显成效，最主要的原因是其在疫情之前已经形成了"横向联合、纵向延伸、多元参与"的社区治理模式。最后，紫竹社区疫情防控给我们的启示是坚持以居民为中心的防控宗旨、将管理和服务向基层社区下移、统筹发挥社会力量协同作用。

关键词： 城市社区　疫情防控　紫竹模式

---

* 徐京波，博士，郑州轻工业大学政法学院副教授、硕士研究生导师，主要研究方向为社会治理。

河南省城市社区新冠肺炎疫情防控调查报告

一 紫竹模式的主要做法

(一)瞄准需求,精准施策

新冠肺炎疫情期间,紫竹社区为了提高疫情防控的精准度,对所在辖区居民通过网络问卷的形式进行了调查,主要调查内容为"居民最想做什么、最需要什么、最担心什么"。

调查结果显示,在疫情初期,居民最需要的是生活物资,因为疫情的突发性和持续性,居民长期居家,不能外出,家庭物资紧张。家庭物资主要包括两部分:一是药品、消毒品、口罩等防疫物资;二是蔬菜、水果、米面等日常生活物资。基于以上两种需求,紫竹社区分类施策。对于防疫物资,紫竹社区采取"跑腿代购"服务。社区经过前期对周围药店的考察,确定好定点采购商家,居民将药品相关信息提交给社区,社区组织志愿者为其购买。针对居民日常生活用品购买需求,紫竹社区最初采取"跑腿代购"和物业联系商家的模式。但是随着疫情的持续,居民居家生活时间延长,对日常生活用品的需求量加大,以上两种模式不能满足居民较大需求。因此,紫竹社区创新性地建立了"爱心蔬超",与京东便利店进行合作,提供预订服务,居民将需要的生活物品清单提交社区,社区转接给超市,超市将蔬菜按照居民清单打包送到小区。另外还设置了不同价位的蔬菜包。为了方便居民领取,社区在小区公共广场临时建立了蔬菜取货点,由志愿者进行有序引导。

进入疫情防控的中期阶段,紫竹社区工作人员再次对社区居民进行网络问卷调查和实地入户走访。调查发现,居民长期居家,缺乏家庭之外的社会互动,导致精神生活和心理健康存在一定的问题。基于此,紫竹社区通过网络平台举行了"多彩紫竹"系列文化活动,主要包括"厨艺比赛""歌唱比赛""绘画比赛"。居民将自己的作品通过短视频形式上传微信群,积极参与线上互动,丰富了精神生活。除此之外,社区还对居民心理健康状况进行

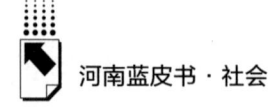

调查，重点关注老年人和青少年，通过与辖区内心理咨询专家合作开展心理疏导工作。

（二）设楼层长，拓展网格

网格化治理是社区治理的重要方式，目前网格化管理体系主要由街道、社区、楼栋长三级组成。但是目前的商品房小区楼层较高、户数较多，而且疫情防控与传统社区治理不同，需要迅速掌握住户相关信息和需求，因此楼栋长面临巨大挑战。对此，紫竹社区将网格进一步向楼层延伸，每层6户设置一个楼层长，并建立微信群，总共设置了324个楼层长岗位。在社区范围内形成了社区、物业、楼栋长、楼层长四级联动机制。

楼层长的主要职责有三项。一是对所在楼层住户外出信息进行收集。疫情初期，政府部门需要迅速掌握社区居民疫情相关信息，楼层长负责所在楼层所有人员的信息采集，对每家每户进行入户调查，将掌握的信息汇总转发楼栋长。二是对居民从外地返回住户隔离期间所在楼层进行监督。春节假期之后陆续有居民从外地返郑，来自高风险区的居民要隔离14天，楼层长对楼层居民隔离情况进行监督，及时掌握居家隔离居民的动态信息，并定期向楼栋长传达。三是组织楼层居民进行互助。对所在楼层中生活困难、有心理问题的居民进行排查，并将排查信息及时上报社区。另外，对居家隔离的居民进行帮助，因为隔离期间不能外出购物，楼层长就帮其代购。更为重要的是，楼层长的设立使同层邻居之间加强了互动，彼此更加熟悉，构建了邻居之间的情感纽带。

（三）党建引领，志愿服务

社区是疫情防控的主要阵地，要发挥社区党组织在疫情防控中的核心作用。紫竹社区党支部成员在疫情初期对社区疫情形势进行了分析，并且制定了"社区党建与志愿服务相结合"的疫情防控思路。党建引领志愿服务主要体现在以下几个阶段。

第一阶段，动员社区内的党员参与疫情防控志愿服务。党员志愿者积极参与到社区疫情防控志愿者招募和宣传工作中。撰写宣传标语，在小区宣传栏、门岗、各楼栋进行张贴，并且在小区业主微信群、QQ群发布疫情防控信息。第二阶段，社区连续发布两份《志愿倡议书》，在倡议书中阐述了疫情防控形势的严峻以及志愿服务在疫情防控中的重要性。更多社区居民参与到志愿者队伍中，发挥各自特长，链接各种资源，为社区疫情防控服务。第三阶段，在疫情防控初期，志愿服务主要以中老年为主，青年参与较少。不过随着青年人上班和上学不断延迟，许多青少年在父母的动员下也参与到了疫情防控中。通过以上三个阶段的发展，截至2020年5月，参与疫情防控的志愿者人数达200余名。

通过三个阶段的动员宣传，形成了一支庞大的志愿者服务队伍。志愿者根据各自优势，进行不同的志愿服务。第一，小区门口执勤。协助门卫对进出小区人员进行检查、信息登记、测量体温等，志愿者24小时轮流值班。第二，协助运营"爱心蔬超"，"爱心蔬超"是紫竹社区疫情防控期间生活用品主要集散地，大部分的生活物资由其供应，搬运蔬菜和维持秩序需要大量人员，志愿者成为主力。第三，青年志愿者发挥互联网技术优势参与线上疫情防控工作，在线上发布疫情防控信息，编辑短视频和制作电子海报，组织居民进行线上文化活动。总之，紫竹社区在疫情防控中发挥了社区党组织的核心作用，积极动员辖区内的党员成为社区志愿者骨干，通过党员志愿者的示范引领作用，使更多社区志愿者参与到疫情防控中。

（四）链接资源，多元联动

社区疫情防控并不是封闭进行的，而是需要辖区周围单位的支持。因为社区居民生活所需要的许多资源在小区之外，紫竹社区针对蔬菜供应紧张问题，加强与外部农贸市场对接，为社区居民与商户之间搭建桥梁。疫情初期，快递服务停止，物流不畅，导致蔬菜短缺。另外，居民外出不便，甚至出现居民大量囤货，导致物价大幅上涨。对此，社区工作人员并没有盲目链接商家，而是对周围农贸市场进行考察、筛选，最终与价格便宜、质量有保障、送货上门的商家进行对接，建立"爱心蔬超"。针对疫情后期居民心理问题，紫竹社区与郑州轻工业大学进行沟通，邀请心理学老师对辖区内有心理障碍的居民进行心理疏导。

在社区层面，加强社区、物业、楼栋长和楼层长之间协作联动。在横向上加强社区与物业之间的联系。小区消毒、门卫执勤、垃圾清理等工作主要以物业为主，但是特殊时期，物业工作量加大，社区会让志愿者给予配合。社区在信息收集过程中，物业将原有住户信息共享给社区。在"爱心蔬超"选址过程中，社区多次征求物业意见和配合。在纵向上加强社区、楼栋长和楼层长之间直线双向互动。一是社区层面的通知会通过楼栋长传达给楼层长，楼层长再将相关信息传达给居民。二是楼层长会将日常生活中发现的问题通过楼栋长及时反馈给社区。因此，紫竹社区对疫情防控的政策执行效率极高，对疫情防控中存在的问题也能及时掌握。

另外，社区、物业和楼栋长之间也会定期召开议事会，对一段时间内疫情防控的情况进行总结，对下一步疫情防控工作进行讨论。主要程序是，楼栋长将楼层长发现的问题提交给社区，社区进行分类整理，将具有代表性的问题在议事会上进行分析，社区、物业、居民合力进行解决。社区层面不能解决的，上报街道，争取街道的支持。

二 紫竹疫情防控模式的成效

（一）创新防控策略，有效化解了疫情风险

疫情突如其来，对原有社区治理模式提出较大挑战，许多传统治理手段在突发性公共卫生事件中难以发挥作用。针对这一问题，社区主动求变，创新工作方法。紫竹社区基于疫情形势的变化和对居民需求的调查，不断创新疫情防控手段。具有代表性的防控策略分别是设立了楼层长岗位、建立了"爱心蔬超"、培育了庞大的志愿者服务队伍。有270名志愿者和324名楼层长主动参与疫情防控，同时紫竹社区9324名群众积极支持。可以说真正

实现了群防群治。

不断创新防控策略，使紫竹社区疫情得到有效控制。首先，对社区居民信息进行采集，通过动员楼层长和志愿者积极参与，第一轮排查沟通率达90%以上，对不到10%未被排查住户进行二次排查，最终实现全覆盖、零差错。居民疫情信息普查为社区疫情防控提供了重要数据支撑。其次，全员参与，为疫情期间居民生活提供了重要保障。为了使社区生活有序推进，紫竹社区投入大量人力参与社区秩序维护。紫竹社区志愿者积极投入执勤、采购、消毒等工作。最后，疫情防控进入"常态化"阶段，紫竹社区对疫情防控策略不断调整，从而适应新的疫情防控形势。从"治"转向"防"，一方面对高风险区流入人口进行监测，另一方面对社区居民在饮食、环境卫生、人员聚集等方面进行宣传和规劝。

（二）培育社区居民主体意识，提高了社区认同感

紫竹社区所辖小区属于商品房小区，居民之间不存在血缘、地缘和业缘等社会关联，呈现出个体化特征，属于陌生人社会。由于小区建立时间较短，居民缺乏身份认同，在主观层面并没有将自己视为社区一分子，将更多精力和时间投入家庭和工作场所，对社区缺乏归属感。

疫情防控的一个重要原则是"不外出"，居民不能正常上班和上学，更多的时间在社区内生活。而且由于生活物资短缺，家庭难以独自应对，需要社区的支持和帮助。首先，社区内每一位居民都要配合社区疫情防控工作，做到"不聚集、少外出、不扎堆"，而且要清楚所有社区居民都是疫情防控网络中的一个结点，一个结点出现问题将会使疫情扩散传播。这种危机感使居民无形中感觉到自己是社区人，社区在疫情防控宣传中也强调"社区是我家，疫情防控靠大家"。其次，居民在做好自我防护的同时，也走出家庭，积极参与社区疫情防控工作。争当志愿者和楼层长，并且积极捐献物资。最后，第一批参与志愿服务的居民还会动员家庭成员和邻居参与疫情防控，当许多居民的工作得到其他居民的认可，更加强化了其社区认同感。

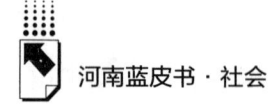

社区居民主体意识的形成是社区参与的前提，也是社区治理的必要条件。[①] 社区主体意识应该包括两部分：一是社区自觉意识，二是社区参与意识。在疫情防控中，两种意识都逐步形成，当然社区主体意识的形成是一个循序渐进的过程，但是疫情促使社区主体意识快速形成。而在疫情防控常态化阶段，要继续巩固和培育居民社区主体意识。

（三）居民互动加强，提升了社区凝聚力

社区成员之间互动是构建社区关系网络和社会信任的基础，而关系网络与信任有助于居民之间合作、互惠和团结，真正融入社区。[②] 商品房社区居民彼此交往较少，彼此不熟悉，缺乏信任感，在日常生活中将更多时间投入工作和家庭，对社区内的公共事务参与程度较低。

在疫情防控期间，紫竹社区居民互动多元，在形式上，既有面对面互动，也有线上互动。面对面互动按照互动主体分为楼层住户之间的互动，楼层长、楼栋长与社区之间的互动，志愿者与社区之间的互动，社区与物业之间的互动。

首先，居民互动提高了信息传递效率，疫情防控需要准确的一手信息，居民信息通过楼层长、楼栋长传达到社区，社区工作人员对其进行研判，然后将决策建议按照楼层长、楼栋长层层传达。其次，互动增强了居民之间的情感交流。特别是楼层长的设立，使得楼层居民之间沟通交流更加深入，长期居家生活会对心理健康产生不良影响，居民之间互动交流有助于缓解心理障碍。最后，居民互动有助于互助关系的建构，在疫情期间，许多居民发挥各自优势，捐赠物品，投入抗疫一线，链接社区资源。

总之，由于疫情，居民在较短时间和较小空间内形成了利益共同体，以个人和家庭为单位的生活难以正常进行，因此需要居民之间的互动、联合。这种高强度、高频率的互动增强了社区凝聚力，但是如果社区互动不能继续

[①] 袁媛：《社区能力构建：拆迁安置社区新的治理逻辑》，《管理观察》2018年第11期。
[②] 刘宝：《农村社区建设的范式转换与实践路径》，《福建论坛》（人文社科版）2013年第6期。

维持，凝聚力将会离散，因此在疫情防控常态化这一新阶段，社区互动模式要进行巩固和完善。

（四）开展志愿服务，促进了社会组织的发育

疫情期间的志愿服务，使居民从家庭进入社区公共生活，从被动管理到主动参与社区治理，这一转变是社会组织形成的基础。在疫情防控期间，社区根据志愿者的特长和优势，建立临时性、非正式志愿组织。有的志愿者负责采购，有的志愿者负责执勤信息核对，有的志愿者负责线上防控平台运营，有的志愿者策划文化活动。并且每个临时志愿组织都选举出了负责人，产生临时社区组织领袖。

2020年5月16日，紫竹社区举行了疫情防控优秀志愿者表彰大会，对志愿者进行表彰和奖励。并且采取措施，继续巩固志愿服务，培育社会组织。一是对志愿服务目标进行调整，由应对疫情转向社区治理，主要涉及楼栋管理、养老服务、助残服务、文体活动等领域。二是构建志愿服务激励机制，设计了学雷锋志愿服务爱心积分超市方案，实现物质奖励和精神激励相结合，进一步提高志愿者参与志愿服务的积极性。三是完善志愿组织结构，引导志愿者组织从临时性、非正式性组织向规范化、正式组织转变。首先，对志愿服务的整体架构进行了设计。其次，将志愿服务内容设计为两大部分，分别是常态化志愿服务和主题性志愿服务。再次，发现组织骨干，培育组织领袖。组织领袖的选拔标准是主动参与社区公共事务，具有一定的组织能力和协调能力，更为重要的是使组织具有凝聚力。在选拔社区领袖之后，社区对其进行相关专业培训。最后，要制定完善的志愿组织规章制度，对机构职责、志愿者注册与管理、志愿者权利与义务进行了明确规定。

（五）协调联动，提升了社会资源链接能力

城市社区主要是生活单位，不具备生产能力。另外，目前城市社区的治理模式属于自治，政府对社区的财政支持主要用于居委会的日常办公支出。

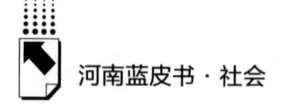

当疫情暴发，社区的资源有限，难以应对，因此需要与社区之外的单位建立联系，链接资源。紫竹社区在疫情期间与周围商家、学校、卫生院建立合作。另外，紫竹社区动员社区居民发挥在社区之外的资源链接能力，将居民链接的资源用于社区疫情防控。

疫情期间的协调联动对紫竹社区资源链接能力提升主要体现在以下几个方面。第一，加强了社区与社区周围单位的联系。社区周围许多单位具有较强的社会责任心，具有为社区居民服务的意愿，但是缺乏与社区对接的途径。疫情防控使二者实现了有效对接，在合作中形成了信任，为疫情之后的常态化合作提供了保障。第二，拓展了社区资源获取路径。之前，社区将更多精力投入社区内部，对社区外部缺乏关注。在社区治理中遇到资源不足问题时，要不就停止项目，要不就是向街道层面争取资源。疫情期间社区与周围单位联动，拓展了资源获取路径，将更多的社会资源用于居民服务，具备链接社会资源能力。在今后实践中，应该提高链接社会资源的能力，发现更多的社会资源；对社区周围单位多走访，多沟通；建立社会资源库，更新社会资源库。

三 紫竹模式取得明显成效的原因

紫竹社区在疫情防控中之所以能够取得明显成效，最主要的原因是在疫情之前已经形成了"横向联合、纵向延伸、多元参与"的社区治理模式。

（一）构建了"一核四维多元化"党建模式

紫竹社区所属沟赵街道办事处制定了《沟赵办事处"一核四维多元化"区域化党建工作实施方案》，加强与辖区企事业单位党支部结对共建，立足需求，共享资源。2019年以来，紫竹社区与辖区内万科城小学、沟赵卫生院、万科物业等5家单位签订共建协议，同时与辖区祥营村、五十八中学以及商户中的馨灵瑜伽、象玛美术、阅开心书店等在内的十余家单位建立联系。这些单位在疫情防控中为紫竹社区提供了重要支持。

如果在疫情之前没有建立相关联系，之后再去联系共建，是很难取得成效的。第一，在疫情防控的强大压力下不可能有更多时间和精力去发展相关资源；第二，疫情使周围许多单位不能正常运营，甚至停止运营，难以与相关企事业单位建立关联；第三，与辖区企业建立共建合作关系，是一个循序渐进的过程，需要频繁互动，并建立信任机制。而紫竹社区经过与辖区单位一年多的互动合作，已经建立了稳定的联系，在疫情期间许多辖区单位主动参与社区疫情防控。另外，在原有共建单位基础上，结合社区资源不足领域，与超市、农贸市场建立合作关系。总之，紫竹社区围绕"共同需求、共同目标、共同利益"，将辖区内企事业单位有效整合，共同参与社区治理。

（二）建立了三级基层动态分析会议制度

紫竹社区所属沟赵街道办事处建立了三级基层动态分析会议制度，定期举行会议。参加会议人员主要包括街道办事处工作人员、社区工作人员、居民代表。会议坚持问题导向，居民代表将社区内存在的问题，主要是社区公共问题，在会上提出进行集中讨论。需要社区层面解决的上报居委会，需要街道层面解决的上报街道各科室，街道层面不能解决的由街道办事处上报上级政府。

不同主体在同一空间内协商社区事务，提高了办事效率。以前社区事务需要层层上报，不断转接，效率不高，甚至在传递中被中断，不能及时解决，加剧了社区矛盾。三级动态分析制度使信息传递路径更加通畅，也使得街道、社区和居民之间关系更加亲密。更为重要的是使社区参与从"形式参与"向"实质参与"转变。在疫情防控中，紫竹社区仍然延续纵向信息传递途径，及时收集居民反映的问题，及时征求街道、社区、居民不同主体的建议，形成具体的疫情防控方案。"爱心蔬超"的建立就是多元主体参与协商的成果。总之，三级基层动态分析会议制度使得政府自上而下的治理重心下移与社区居民自下而上的需求表达之间实现了有效对接和整合。

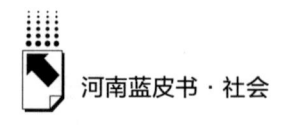

（三）实现志愿服务与社区议事有机结合

紫竹社区是在所属街道较早重视志愿者培育的社区，紫竹社区志愿服务的特色是志愿者骨干是"楼栋长、单元楼栋长"，总计85人。他们与传统的楼栋长不同，不仅帮助社区做一些信息采集、卫生检查等行政性工作，而且作为志愿者真正参与到社区治理中。他们是社区公共事务问题的搜集者、发现者，也是社区公共问题解决的参与者。

因此，紫竹社区为了楼栋长志愿者更顺利地分享问题和为解决问题出谋划策，成立了社区议事会。社区议事会与三级动态分析会不同，参与主体主要是社区工作人员与楼栋长志愿者，涉及问题更加微观，更加贴近居民生活。一些小的问题将会在会上解决；一些大的问题以及针对这些问题的相关诉求，居委会汇总整理，在三级动态分析会上讨论或直接上报街道办事处。在疫情防控期间，这一制度发挥了重要作用。一方面，在志愿者招募过程中发挥了重要作用，特别是楼层长招募。另外对青年志愿者招募也发挥了重要作用，他们利用自己的关系网络，积极动员自己子女参与志愿服务；另一方面，在疫情防控初期，疫情较为严重，居委会工作人员对其也较为陌生，因此需要居民积极参与。疫情防控期间，紫竹社区召开议事会的频率增加，通过线下议事之外，还增加了线上议事。

四 启示

首先是坚持以居民为中心的防控宗旨。一是重视居民需求。对居民生活需求进行实地调查，针对居民需求做出具有针对性的防控策略，并且不断调整。二是尊重居民意见。不仅了解居民需求，而且征求其意见，了解居委会如何做才能满足其需求，许多居民意见在疫情中被采纳，发挥了重要作用。三是引导居民参与。紫竹社区疫情防控基本上是全员参与。一部分居民主动投入社区疫情防控一线，另一部分居民积极遵守社区疫情防控要求，积极配合社区疫情防控工作。

其次是将管理和服务向基层社区下移。管理下移使得政府能够更加直接和有效地解决基层治理问题。服务下移则通过政府与社区居民的高密度、近距离的接触，直接快速获知居民真正需求，从而提高服务提供的针对性和有效性。[1] 在疫情防控期间，紫竹社区沟赵街道办事处走出办公室，进入社区指导疫情防控工作。将原来的纵向管理转为横向协商式治理，利用三级动态分析会，使不同社区主体参与到疫情防控中，为其出谋划策，街道将对社区汇总的居民需求进行讨论，及时将问题化解。

最后是统筹发挥社会力量协同作用。疫情防控期间，紫竹社区充分动员和整合辖区内的企事业单位、市场主体和其他社会力量参与，形成了共建共享共治的疫情防控格局。社区治理的主体不仅包括社区居民，也包括辖区范围的所有单位组织和个人。如辖区内农贸市场与社区居民，在日常生活中，农贸市场出售农副产品满足居民需求，居民购买农贸市场中的产品能够为商户增加收入。但是疫情使两者之间关联割裂，如果不能将两者有效衔接，商户收入会减少，居民生活将难以保障。紫竹社区设立"爱心蔬超"将两者有机结合，实现了资源整合。

总之，在疫情防控中，以居民的需要为中心，通过不同的动员方式，对辖区内的人和组织实现了有效动员。动员过程中不同主体之间建立关联，彼此信任，从而分享资源、技术，提高疫情防控效率，更为重要的是提升了社区的凝聚力。之后，应该继续巩固疫情防控中形成的社区治理模式，并且不断创新和完善。特别是要提升社区治理专业性，进行专业培训，引入社工专业人才，购买社会工作服务，培育专业社会组织。以党建为引领，实现社区、社会组织、社会工作三者之间有效联动，让社区"活"起来。

---

[1] 唐亚林：《社区治理的逻辑》，复旦大学出版社，2020。

B.20 新型城镇化背景下河南省外出务工人员的压力与幸福感调查报告*

谢娅婷 吴颖**

摘 要： 本报告基于新型城镇化的背景，对河南省外出务工农民工进行调查，运用描述性的分析方法，重点分析农民工群体的压力来源和幸福感状况。研究发现，农民工在家乡生活的幸福感高于在务工地生活，不同性别的农民工群体幸福感差异非常显著，不同代际的农民工幸福感差异显著，不同婚姻状态的农民工在幸福感方面没有显著差异。本报告论述了农民工群体压力与幸福感的表现与差异，继而从四个方面提出缓解压力和提高幸福感的策略：第一，合理安排农民工群体的工作时间，为其适当提供岗位培训；第二，提高农民工群体的薪资水平，依法维护各项权益；第三，完善农民工社会保障制度，提高他们的住房、医疗、文化娱乐水平；第四，加强对留守老人、儿童的扶持，减少农民工城市建设的后顾之忧。

关键词： 农民工 压力源 幸福感

---

* 本报告受河南省社科规划项目"可持续生计视角下河南省农村贫困家庭的脱贫与政策创新研究"（2018CSH019）的支持。
** 谢娅婷，博士，河南农业大学社会治理创新研究中心讲师，主要研究方向为农民工问题研究；吴颖，河南农业大学文法学院社会工作专业本科生，主要研究方向为农村社会学。

新型城镇化背景下河南省外出务工人员的压力与幸福感调查报告

一 引言

　　新型城镇化是现代化的必由之路，推进农业转移人口市民化，解决好人的问题是推进新型城镇化建设的关键。作为新型城镇化建设的主体，农民工为城市繁荣、农村发展和现代化建设做出了巨大贡献，保障这一群体的利益，符合新型城镇化以人为本的要求。但近年来，伴随着工作与生活的步伐越发加快，人们所面临的生活压力、工作压力和社会压力也与日俱增，作为工作层级普遍偏低的农民工群体，情况尤其严重。与城市职工不同，农民工群体由于自身的知识水平、职业技能较低，在就业市场上往往处于不利地位，工资低，工作强度大。在迁移过程中工作生活环境发生了改变，但文化与习惯难以迅速改变以更好地融入务工地的生活，同时由于远离家乡，农民工面临子女教育、老人赡养等众多问题。这些复杂的情况都会增加他们已有的压力，削弱他们的幸福感。所以在深入推进新型城镇化建设的大背景下，进行农民工群体的压力和幸福感研究并有针对性地提出解决措施，意义重大。金瑜指出，压力往往被认为是影响幸福感的重要因素。[①] 但农民工群体究竟在哪些方面感受到压力？农民工的压力与幸福感之间是否存在一定的关系？不同群体在幸福感的表现上是否相同？应如何制定相关措施减轻农民工群体的压力，增强他们的幸福感？这一系列问题的解决对于改善农民工现状、增强他们新型城镇化建设的动力和信心具有重要意义。因此，本报告对河南省部分地区的外出务工农民工开展问卷调查，运用心理学和人口学等跨学科研究方法，描述农民工工作压力现状，分析不同婚姻状况、不同性别、不同代际农民工在幸福感上表现是否存在显著差异，从而为提高我国农民工幸福感提供一定建议。

---

① 金瑜：《生活质量研究的新探索——测量幸福：主观幸福感测量研究》，《理论学刊》2007年第1期。

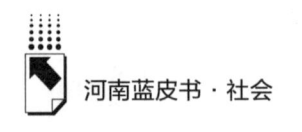

二 研究方法

（一）问卷开展

此次调查利用农民工春节返乡期间，在河南省郑州市、驻马店市、信阳市、赣州市等21个市的53个村展开。调查采用配额抽样和方便抽样相结合的方法，共发放问卷583份，包括530份个人问卷和53份村问卷。其中回收有效个人问卷490份，有效回收率92.45%。问卷内容包括农民工基本情况、生计与就业、城镇化政策、社会融合与公共服务、婚姻与家庭、养老与保障六大类。问卷数据的收集和分析为我们了解全省农村外出务工人员的压力源与幸福感的现状与差异提供了重要依据。

（二）样本信息

表1列出了调查对象的基本信息。在回收到的490份有效问卷中，男性调查对象有301人，女性调查对象有189人。在样本配额上，调查尽量保持男女被调查对象比约为6∶4，避免男女比例的极端差异，这样既有利于减少分析误差，也有利于后期基于性别视角分析农民工幸福感差异。在农民工年龄分布方面，年龄为18~25岁的占总人数的27.3%，年龄为26~30岁的占16.1%，年龄为31~45岁的占49.6%。我们将被调查对象按照30岁这一界限划分成新生代农民工和老一辈农民工两类群体，其中新生代农民工占比为43.4%，老一辈农民工占比为56.6%，两类群体占比均衡，有利于后面基于代际视角的幸福感差异分析。值得注意的是，此次调查被调查对象以中青年为主，年龄基本在45岁及以下，他们正逐渐成为新型城镇化建设的主力，是完成城镇化的目标人群。在受教育程度方面，被调查对象中有48.2%是初中学历，约占总人数的一半；高中占比18.0%，技校、中专及以上占比22.3%。由此可见，农民工群体整体文化水平仍较低，部分只接受了九年义务教育。但由于职业化技能的需要，部分农民工是技校毕业，甚至有7.8%为本科及以

上学历，这说明农民工的职业技能素质正逐渐提高。婚姻状况方面，被调查农民工初婚占比最多，为63.4%，从未结过婚的占比30.3%，仅有不到10%的人离婚、丧偶和再婚。过去一年务工地这一选项，有38.5%的农民工选择到外省工作，这可能是由于外省能够获得更多的工作机会和工资。在本镇、本县、外县打工的农民工占比依次为14.4%、22.0%、5.1%，累计占比41.5%，这可以从另一方面反映出由于农村的发展以及在外务工压力增大等原因，就近务工逐渐成为农民工务工地选择的一个新的方向。

表1 农民工样本统计性描述

单位：%

项目	样本量	占比
性别		
男性	301	61.4
女性	189	38.6
合计	490	100.0
年龄		
18~25岁	134	27.3
26~30岁	79	16.1
31~45岁	243	49.6
46岁及以上	34	7.0
合计	490	100.0
受教育程度		
不识字或很少识字	7	1.4
小学	50	10.2
初中	236	48.2
高中	88	18.0
技校/中专	37	7.6
大专	34	6.9
本科及以上	38	7.8
合计	490	100.0
婚姻状况		
从未结婚	148	30.3
初婚	310	63.4
再婚	18	3.7
丧偶	5	1.0
离婚	8	1.6
合计	489	100.0

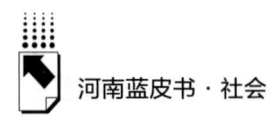

续表

项目	样本量	占比
过去一年务工地		
本镇	70	14.4
本县	107	22.0
外县	25	5.1
外市	97	20.0
外省	187	38.5
合计	486	100.0

（三）变量描述

对于农民工压力源问题，调查问卷借鉴陈惠雄编订的中国城乡居民幸福状况调查表，将压力源分解为九个选项，分别为：不好找工作，面临失业；收入低；住房条件差或不好找房子；没有家人和朋友，感情上孤独无依；养家负担重；工作强度大；婚恋问题（不好找对象或婚姻破裂）；赡养老人；子女上学难。本报告按照职业状况、家庭负担状况、收入状况、情感状况、住房状况对九个问题进行分类。同时问卷利用 EPIDATA 软件进行录入，使用 SPSS 进行数据分析。

对于农民工的幸福感，调查问卷设置了两道题，分别为"您觉得您在务工地生活幸福吗？""您觉得您在老家农村生活幸福吗？"，使用李克特量表，设置"非常幸福""比较幸福""一般幸福""不太幸福""很不幸福"五个选项。被调查者可以按照主观感受填入 1~5 的任意数字，"1"代表非常幸福，"5"代表很不幸福。

三 描述与分析

（一）农民工压力源表现

1. 职业方面

在这里我们将职业压力划分为"不好找工作，面临失业"和"工作强

新型城镇化背景下河南省外出务工人员的压力与幸福感调查报告

度大"两个选项。在"不好找工作,面临失业"这一选项中,选择"不太有压力"的农民工最多,占比达到30.2%,选择"一般"的占比24.6%,"比较有压力"的占比22.5%,"非常有压力"的占比8.5%。在"工作强度大"这一选项中,选择"一般"和"比较有压力"的人数明显增加,占比分别为40.0%和28.7%(见表2)。我们可以猜想在现今就业环境中,尤其是在经济发达地区,劳动力资源依然非常珍贵甚至短缺,劳动力在春节等假期处于供不应求的状态。因此,农民工群体在就业失业方面面临的问题相对较小。但这一群体在职业方面面临最大的问题应该是囿于其自身的职业素质、文化水平,他们的就业质量相对较差,就业岗位往往集中于劳动密集型产业,工作强度大,工作枯燥,付出的体力和收入往往不对等。因此我们可以看出即使农民工能够快速就业,但其就业质量差、劳动强度高是我们必须关注的一个重要问题。

表2 农民工职业压力状况

单位:%

项目	样本量	占比
不好找工作,面临失业		
完全没有压力	68	14.2
不太有压力	145	30.2
一般	118	24.6
比较有压力	108	22.5
非常有压力	41	8.5
合计	480	100.0
工作强度大		
完全没有压力	34	7.0
不太有压力	72	14.8
一般	194	40.0
比较有压力	139	28.7
非常有压力	46	9.5
合计	485	100.0

2. 家庭负担方面

在这里我们将家庭负担方面的压力状况划分为"养家负担重""赡养

老人""子女上学难"三个选项。在"养家负担重"这一选项中，选择"比较有压力"的农民工占比最多，达到32.8%，"一般"占比28.0%，"非常有压力"占比14.7%，选择"完全没有压力"和"不太有压力"的累计占比仅24.5%。这说明农民工群体在养家问题上负担较重，这也是他们选择离开家乡亲人来到务工地工作的重要原因。在"赡养老人"和"子女上学难"这一问题上，被调查农民工的选择较为分散，选择"完全没有压力"和"非常有压力"的占比较小，选择大多集中在"不太有压力"、"一般"和"比较有压力"这三个选项上。考虑到被调查农民工多数年龄较小且未婚，养老和子女上学问题相对已婚的中年农民工群体来说较小（见表3）。

表3 农民工家庭压力状况

单位：%

项目	样本量	占比
养家负担重		
完全没有压力	36	7.5
不太有压力	82	17.0
一般	135	28.0
比较有压力	158	32.8
非常有压力	71	14.7
合计	482	100.0
赡养老人		
完全没有压力	70	14.6
不太有压力	112	23.3
一般	149	31.0
比较有压力	121	25.2
非常有压力	28	5.8
合计	480	100.0
子女上学难		
完全没有压力	79	17.2
不太有压力	78	17.0

续表

项目	样本量	占比
一般	125	27.3
比较有压力	122	26.6
非常有压力	54	11.8
合计	458	100.0

3. 情感方面

在农民工情感方面的调查中，在"没有家人和朋友，感情上孤独无依"这一选项上，选择"完全没有压力""不太有压力""一般"的人较多，占比分别为33.2%、29.7%、27.2%，仅有10.0%的人表示"比较有压力"或"非常有压力"。这可能与农民工群体外出务工时往往和同乡、朋友一起外出，或夫妻同时外出有关，因此并不感到孤独。在对婚恋问题的看法上，有62.1%的被调查对象表示完全没有压力或不太有压力，感到有压力的累计仅占比15.4%，这说明已婚和未婚被调查对象基本对婚恋问题持乐观态度（见表4）。

表4 农民工情感压力状况

单位：%

项目	样本量	占比
没有家人和朋友，感情上孤独无依		
完全没有压力	160	33.2
不太有压力	143	29.7
一般	131	27.2
比较有压力	41	8.5
非常有压力	7	1.5
合计	482	100.0
婚恋问题		
完全没有压力	196	41.3
不太有压力	99	20.8
一般	107	22.5
比较有压力	54	11.4
非常有压力	19	4.0
合计	475	100.0

4. 收入方面

从表5中可以看出，超过50%的被调查对象表现出对于收入状况的压力，比较有压力的占比高达39.9%，有12.5%的被调查对象表示非常有压力；完全没有压力的仅有14人，占比2.9%；不太有压力和完全没有压力的占比合计不足20%。对于远离家乡，甚至远离父母子女家庭的农民工群体来说，追求更高的经济收入是他们来到城市最重要的原因。但是农民工自身由于知识技能欠缺、职业素质较低等，在就业市场上往往处于不利地位，面临收入低等种种问题，同时由于农民工自身维权意识不强，往往不签订就业协议，在面对工资方面的问题时难以维权。

表5 农民工收入压力状况

单位：%

项目	样本量	占比
收入压力		
完全没有压力	14	2.9
不太有压力	82	17.0
一般	133	27.7
比较有压力	192	39.9
非常有压力	60	12.5
合计	481	100.0

5. 住房方面

从表6中可以看出，农民工在住房压力选择上答案相对分散。其中选择"完全没有压力"的仅有12.3%，选择"比较有压力"和"非常有压力"的共占比38.0%，可以看出在住房问题上农民工群体确实面临不小的压力。在城市务工不可避免需要面临住房的问题，他们或者选择居住在住房条件相对较差，大多没有冰箱、空调等电器的集体宿舍，或者选择个人租房、工友合租等，但城市住房高额的租金以及难以寻找的房源也成为他们巨大的负担，削弱了他们的幸福感。

表6　农民工住房压力状况

单位：%

项目	样本量	占比
住房条件差或不好找房子		
完全没有压力	59	12.3
不太有压力	104	21.7
一般	135	28.1
比较有压力	126	26.3
非常有压力	56	11.7
合计	480	100.0

（二）农民工幸福感表现

1. 农民工在家乡生活幸福感现状

从表7可以看出，被调查农民工在家乡幸福感普遍较高。其中选择"非常幸福"的有94人，"比较幸福"的有221人，"一般幸福"的有150人，感到幸福的农民工累计占比为96.1%。仅有19人选择"不太幸福"或"很不幸福"，累计占比不到5%。结合问卷的其他部分我们可以推测，农民工群体在家乡，一方面与老人和子女居住，便于赡养老人、照顾子女；一方面可以更好地维系夫妻感情，在家庭和情感方面面临的压力较小。同时，农民普遍有一定的耕地和住房，不用面临巨大的工作压力和租房压力。根据社会支持理论，良好的人际关系能提升幸福感和保持身心健康。费孝通先生曾说，乡村社会是有人情味的。农民在家乡居住相比城市来说能获得来自亲戚、朋友更多的社会支持，这些支持包括精神和物质等方方面面，形成了全面的社会支持网络，这一网络可以有效减轻他们的生活压力，增强他们的幸福感。而在城市居住，农民工的收入普遍较低，居住和饮食条件较差，工作强度高，同时由于娱乐活动较少和强烈的自卑心理，农民工群体的城市融入感普遍较低，这在一定程度上加重了他们的不幸福感。

表7　家乡生活幸福感

单位：%

项目	样本量	占比
家乡生活幸福感		
非常幸福	94	19.4
比较幸福	221	45.7
一般幸福	150	31.0
不太幸福	15	3.1
很不幸福	4	0.8
合计	484	100.0

2. 农民工在务工地生活幸福感现状

从表8可以看出，被调查对象中在务工地感到"非常幸福"的有44人，"比较幸福"的有143人，"一般幸福"的有213人，累计占比82.6%，整体幸福感水平相对较高，但对比农民工在家乡的幸福感来说，这一比例明显偏低。同时仍不能忽视的是选择"不太幸福"和"很不幸福"的农民工分别有65人和19人，占总体被调查对象的17.3%，这一部分群体未能在务工地感受到在家乡相同的幸福感，这可能与其在职业、家庭、婚恋情感、住房等多方面的压力有关。被调查农民工的幸福感主要集中在"一般幸福"，将近占总人数的一半，这部分群体一方面需要面临来自各方面的压力，但不能忽视的是城市方便的交通、优质的教育和医疗资源，以及相比于农村来说更高的收入，会在一定程度上使他们选择留在城市。

表8　务工地生活幸福感

单位：%

项目	样本量	占比
务工地生活幸福感		
非常幸福	44	9.1
比较幸福	143	29.5
一般幸福	213	44.0
不太幸福	65	13.4
很不幸福	19	3.9
合计	484	100.0

（三）农民工幸福感的差异

1. 不同代际农民工幸福感差异

就我国劳动力市场而言，在长期的发展过程中，逐渐呈现出这样一大特点，即老一代农民工渐渐退出整个市场，新生代农民工逐步变成劳动力市场上的最大组成部分。据国家统计局公布的数据，截至2018年，我国外出打工的农民工数量已经超过了2.88亿，且存在老一代与新一代的划分。因此，本报告将新调查对象按照30岁这一年龄界限分为新生代农民工和老一辈农民工，新老农民工分别有273人和212人，比例相当。

由表9可以看出，新老农民工在幸福感问题上呈现出显著差异。新生代农民工更多地关注婚恋等问题，尤其男性农民工群体面临择偶难、彩礼贵等问题，而老一辈农民工由于受体力和知识技能的限制，在就业市场上往往处于不利地位、就业难、工资低、职业不稳定，同时需要面临子女婚嫁、老人赡养、自身健康等问题。因此，在日益激烈的就业环境中，新生代农民工不仅在价值观、知识水平等方面与老一辈农民工存在明显差异，而且各自还需要面对来自家庭和社会各方面不同的压力，在幸福感方面存在一定的差异。

表9 不同代际农民工幸福感的差异分析

在务工地是否幸福	老一辈 频次	老一辈 占比（%）	新生代 频次	新生代 占比（%）	合计 频次	合计 占比（%）	LR检验
非常幸福	20	7.3	24	11.3	44	9.1	
比较幸福	79	28.9	64	30.2	143	29.5	
一般幸福	125	45.8	89	42.0	214	44.1	*
不太幸福	33	12.1	32	15.1	65	13.4	
很不幸福	16	5.9	3	1.4	19	3.9	
样本量	273		212		485		

注：*** 表示 $p<0.001$；** 表示 $p<0.01$；* 表示 $p<0.05$；+ 表示 $p\leq0.1$；ns 表示 $p>0.1$。

2. 不同婚姻状况农民工幸福感差异

问卷中将农民工的婚姻状况划定为从未结婚、初婚、再婚、丧偶、离婚五个选项。由于样本中再婚、丧偶和离异人群所占比例过小，不具有统计学意义，因此本报告选择将被调查对象进行合并整理，分为未婚和已婚两组，其中未婚147人，已婚337人。从表10可以看出，已婚调查对象和未婚调查对象在幸福感方面未呈现出显著差异。我们可以对这一现象稍做猜想，未婚农民工群体会面临找对象难、彩礼高等压力，这一部分群体选择一般幸福的比例较高，选择非常幸福和比较幸福的比例相对较小。已婚调查对象同样在婚后需要面临来自家庭的各方面压力，包括夫妻两地分居、子女无暇照顾、老人赡养困难等众多问题，这些压力也同样会削弱他们的幸福感，因此已婚群体选择幸福的比例较高。已婚和未婚群体面临的压力各不相同，但面对幸福感体验的选择大致相同，即幸福感不高。

表10 不同婚姻状态下农民工幸福感的差异性分析

在务工地是否幸福	未婚 频次	未婚 占比(%)	已婚 频次	已婚 占比(%)	合计 频次	合计 占比(%)	LR检验
非常幸福	16	10.9	28	8.3	44	9.1	
比较幸福	44	29.9	99	29.4	143	29.5	
一般幸福	65	44.2	148	43.9	213	44.0	*
不太幸福	20	13.6	45	13.4	65	13.4	
很不幸福	2	1.4	17	5.0	19	3.9	
样本量	147		337		484		

注：*** 表示 $p<0.001$；** 表示 $p<0.01$；* 表示 $p<0.05$；+ 表示 $p\leq0.1$；ns 表示 $p>0.1$。

3. 不同性别农民工幸福感差异

从表11中可以看出，298名男性被调查农民工和187名女性被调查农民工在幸福感的表现上呈现非常显著的差异。其中一般幸福、不太幸福、很不幸福这三个选项中男性比例远大于女性，男性农民工群体对比女性农民工群体的幸福感更低。这可能是由于在外出务工的农民工中，男性仍占大部分，他们往往要承受更高强度的工作。同时中国传统的一家之主、顶梁柱的观念使他们面临来自家庭、社会的各种压力，幸福感较低。另外，男性新生代农民工由于自身社会地位、经济实力不足等原因，相较于女性群体在婚姻市场中往往处于不利地位，恋爱难、彩礼高使他们的幸福感相对较低。而女性农民工群体在家庭中往往承担辅助的工作，她们失业往往不会使家庭马上陷入经济危机，因此，其承受的来自经济、家庭、社会的压力也相对较小。

表11 不同性别农民工群体幸福感的差异分析

单位：%

在务工地是否幸福	男性 频次	男性 占比	女性 频次	女性 占比	合计 频次	合计 占比	LR检验
非常幸福	25	8.4	19	10.2	44	9.1	
比较幸福	75	25.2	68	36.4	143	29.5	
一般幸福	130	43.6	84	44.9	214	44.1	*
不太幸福	52	17.4	13	7.0	65	13.4	
很不幸福	16	5.4	3	1.6	19	3.9	
样本量	298		187		485		

注：*** 表示 $p<0.001$；** 表示 $p<0.01$；* 表示 $p<0.05$；+ 表示 $p\leq0.1$；ns 表示 $p>0.1$。

（四）农民工压力源与幸福感的关系

为了了解被调查农民工的压力表现与幸福感之间是否存在相关性，我们对两组顺序变量做了相关性分析。从表12可以看出，压力的九个表现与"在务工地是否幸福"这一选项之间均存在显著相关性。收入低、住房条件差、赡养老人困难、子女上学难等都是造成农民工压力大的重要原因，这和大多数的压力与幸福感的研究分析结果相一致。通过这一相关性分析，我们可以更好地分析造成农民工幸福感低的原因，也可以依据压力源表现，从减轻农民工群体的各方面压力入手，更有针对性地提出提升农民工幸福感的策略。

表12 压力源与幸福感的相关分析

	样本量	Person 相关系数
不好找工作，面临失业	477	0.281**
收入低	478	0.297**
住房条件差或不好找房子	477	0.191**
没有家人和朋友，感情上孤独无依	479	0.226**

续表

	样本量	Person 相关系数
养家负担重	478	0.297**
工作强度大	482	0.333**
婚恋问题(不好找对象或婚姻破裂)	472	0.213**
赡养老人	477	0.215**
子女上学难	455	0.257**

注：** 表示在 0.05 水平（双侧）上显著相关。

四 研究结论

本报告通过对河南省部分地区 490 名农民工的研究，得出以下结论。

（一）农民工工作强度大、养家负担重、收入低、住房压力大

由于劳动力资源短缺以及近几年的农民工回流现象，农民工群体在就业市场上大多处于主动地位，找工作压力相对较小，但由于知识水平和职业素质低的限制，他们的工作往往工资低、强度大、工作环境和住房条件差，同时远离家乡，赡养老人和子女教育的负担重。

（二）家乡生活的幸福感高于务工地生活的幸福感

农民普遍有一定的耕地和住房，不用面临巨大的工作强度和租房压力。同时根据社会支持理论，良好的人际关系能提升幸福感。农民工在家乡居住相比城市来说能获得来自亲戚、朋友更多的社会支持，这些支持包括精神和物质等方方面面，形成了全面的社会支持网络，可以有效减轻他们的生活压力，增强他们的幸福感。而在城市居住，农民工的收入普遍较低，居住和饮食条件较差，工作强度大，同时由于娱乐活动较少和强烈的自卑心理，农民工群体的城市融入感普遍较低，这在一定程度上加重了他们的不幸福感。

（三）男性农民工群体幸福感低于女性农民工

不同性别的农民工群体幸福感差异非常显著，不同代际的农民工幸福感差异显著，不同婚姻状态的农民工之间幸福感差异不显著。男性新生代农民工由于自身社会地位较低、经济实力不足等原因，相较于女性群体在婚姻市场中往往处于不利地位，恋爱难、彩礼高，使他们的幸福感相对较低。而女性农民工群体在婚姻市场中往往处于有利地位，因此承受的来自经济、家庭、社会的压力也相对较少。不同代际的农民工由于价值观以及自身条件的差异在幸福感方面也表现出了一定差异。不同婚姻状态的农民工所处的状况不同，但都需要面对来自职业、家庭、社会各方面的压力，幸福感表现大致相同。

（四）压力表现与幸福感之间存在显著相关性

农民工的各方面压力是导致其幸福感较低的重要原因，因此要想提高农民工的幸福感，可以从压力入手，通过减轻农民工群体的压力来提升他们的幸福感。

五　建议

（一）合理安排工作时间，适当提供岗位培训

农民工的工作压力主要来自工作时间长和工作强度大。用人单位应根据实际情况合理安排农民工工作时间，降低其工作强度。对于普遍存在的加班现象应当有所限制。对于新进员工和一些工作内容复杂的工种，政府和用人单位都有义务进行培训。政府可专门建立针对部分工种的培训机构，对农民工群体进行职业技术培训，改善他们在劳动力市场中的不利地位。

（二）提高薪资水平，依法维护各项权益

农民工群体离开家乡来到城市打工更多是追求较高的经济收入，但是现

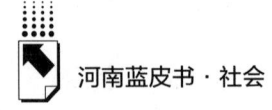

阶段，农民工工资水平较低且难以提高，同时农民工群体维权意识差，用人单位往往不与其签订劳动合同，其遇到工伤等问题时难以维权。因此，政府有必要制定相关政策，提高农民工最低工资，惩治工资拖欠、不签订劳动合同等现象。

（三）完善农民工社会保障制度，提高住房、医疗、文化娱乐水平

相对于城市的其他职业来说，农民工的社会保障工作还有很多地方需要完善，例如推进户籍改革制度，改善农民工的住房、医疗状况，提供公共娱乐活动场所等。只有农民工的社会保障跟进了，农民工的幸福感才能提升。

（四）加强对留守老人、儿童的扶持，减轻农民工的后顾之忧

从前面的分析中我们可以看出，农民工的压力很大一部分来源于养家负担重、赡养老人、子女上学难等三个方面，因此，要想减轻其压力，提升他们的幸福感，必须从他们的家人入手。如开通农民工群体子女入学的绿色通道，提高农村60、70岁以上老年人的补助水平等，只有减轻了农民工群体的家庭负担，他们才能没有顾虑地投入城镇化建设。

参考文献

蒲德祥、杨卫星、冯学银：《企业员工工作压力相关因素研究》，《信阳师范学院学报》（哲学社会科学版）2004年第1期。

张建卫、刘玉新、金盛华：《大学生压力与应对方式特点的实证研究》，《北京理工大学学报》2003年第2期。

金瑜：《生活质量研究的新探索——测量幸福：主观幸福感测量研究》，《理论学刊》2007年第1期。

B.21
县域视角下河南乡村中老年人灵活就业问题调查报告[*]

刘忠魏　王麒梦　余梦[**]

摘　要： 乡村中老年人的灵活就业以家庭分工和家庭协作为基础，以农业的弹性生产、地方企业灵活就业、商业和社会服务业的灵活就业等为基本形态。乡村中老年人灵活就业有三大核心机制，即以家庭伦理和家庭成员间的分工合作为纽带的动力机制，以乡村的经济和社会文化生态为依托的协作机制，以地方特色产业或外出务工为支撑的生产机制。其面临的主要问题有：人口结构不均衡发展和老龄化社会加速发展形成的叠加性挑战，外部市场变化和产业调整带来的风险和挑战，家庭伦理和家庭分工合作的代际变化对乡村社会的挑战。对此，本报告提出，高度重视县域社会的经济社会生态和整体发展；充分整合县域社会的经济社会资源，在巩固农业的基础性社会保障地位的同时，形成特色产业和特色资源协调发展的经济社会格局；尊重乡村和村民的主体地位，鼓励乡村文化的建设和发展。

---

[*] 本报告受到河南省哲学社会科学规划项目（2018BSH005）的支持。同时，感谢红旗渠乡村治理研究院的大力支持。

[**] 刘忠魏，博士，河南农业大学文法学院社会学系专业教师，红旗渠乡村治理研究院研究员，主要研究方向为农村社会学；王麒梦，河南农业大学文法学院社会学系2018级本科生，主要研究方向为农村社会学；余梦，河南农业大学文法学院社会学系2018级本科生，主要研究方向为农村社会学。

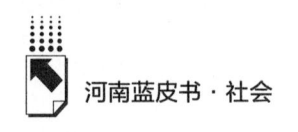

关键词： 县域社会　乡村中老年人　灵活就业　家庭分工　家庭合作

作为民生之本的就业议题备受政府和社会各界关注，而相对弱势的乡村中老年人的就业问题引发了我们的关注和思考。为了深入剖析这一问题，课题组于2020年7月至8月在河南省林州市进行了为期一个月的专题调研。其间，课题组围绕县域乡村社会中老年人的就业议题，对三个乡镇和三个行政村进行了集中调研，对其他乡镇和街道进行了广泛调研，对县域社会中乡村中老年人灵活就业问题做了分析。

一　县域社会中老年人灵活就业的现状与社会条件

（一）县域社会中老年人就业的现状

"灵活就业"主要是指以非全日制、临时性和弹性工作等灵活形式实现的就业或价值创造。对于中西部县域的乡村社会而言，随着经济社会的发展，农业生产的科技含量和社会支持力度越来越大，机械化作业日益普及和提升，劳动强度逐渐减小，劳动自由度相对提升，这为乡村社会的灵活就业提供了一个基础性条件。同时，随着土地流转等经营活动的开展，农业本身也成为一种新型的灵活就业方式。

灵活就业的另一个基础是乡村社会的家庭分工和家庭合作。围绕家庭的分工合作，各种富有弹性、临时性的就业机会得以实现。就乡村社会的现状而言，这些灵活就业形式主要由有富有弹性的企业就业、相对灵活的个体经营就业、相对灵活的公益岗位就业、社会服务性就业等。

根据调研，乡村社会灵活就业的主体为中老年人。原因主要在于，县域社会青壮年劳动力大多流向了省外或省内的中心城市或经济发达区域。由此，乡村中老年人的灵活就业本身就是以家庭分工和家庭合作为基础的，而县域社会的产业构成和经济社会形态是理解灵活就业的另一个角度。

在改革开放的持续推动下，当代县域社会经济运行的外向性和开放性日益深化。就产业而言，其产出往往与更大区域或时空的产业相结合，而诸如旅游等景观资本也需要相当规模的外来游客的支撑。同时，对于中西部县域社会而言，外出务工人口的比例相对较高，这是一种以人口或劳动要素的流动为基础获取财富的社会机制。对于流动人口而言，能否形成更具竞争力或资本属性的经济组织则是其价值创造的另一个重要的考察维度。

城市是地方人口、商业和公共服务等资源的聚集地，并由此转化为县域社会的一个资本中心。此外，由中心村和特色村环绕的乡镇所在地也具有类似功能，成为次级的人口和商业聚集地，由此构成县域社会的次级资本中心。县域社会的资本中心和次级资本中心构成了地方经济社会运行机制的若干主轴。

对于县域社会而言，农业仍然具有基础性地位。对于国家和地方社会而言，它是粮食安全和社会稳定的基石。对于为数众多的农户而言，土地产出仍具有最基本的保障功能，土地产出至少可以解决粮食和部分蔬菜需求。不仅如此，在乡村家庭的代际分工合作中，尽管土地收益虽然早已经无法和经营性、务工性收入相提并论，但仍然是中老年群体价值实现的一个途径，也有助于缓解家庭的支出压力。

而县域社会的特色农产品则可以进一步参与经营性收益，成为地方社会的资本构成部分。在旅游业发达的地方，这一点更为突出。而随着人们对绿色、健康生活方式的追求，对味道的偏爱，县域社会的特色农业有望获得更大的盈利空间。

县域社会还存在个体、私营经济形式的农业经营者，以及农业合作社形式的集体农业。它们的运营模式不同，成功的社会条件也各异。总体来说，能够形成独特识别标志或品牌，并拥有稳定市场或销售空间的经营者更容易获利。

蕴含社群的时空是特定社会机制的载体，不同类型的行动者是社会机制的核心构成。而社群则内在于县域的乡村、产业和家庭伦理环境之中。因此，以县域为视角，讨论县域社会的中老年人灵活就业议题，其核心脉络在

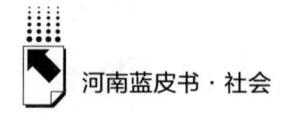

于县域社会的乡村类型和产业构成，二者构成了乡村中老年人灵活就业的直接而具体的社会条件。

（二）县域社会的乡村类型：灵活就业的不同社会条件

根据产业、就业和公共服务等维度将县域社会的乡村划分为四个基本类型或理想型，分别是城中村、中心村或产业特色村、空心村，以及老宅村。

第一，城中村。相对而言，县城是县域社会的政治、经济和文化中心。资本相对密集，就业机会相对较多，公共服务相对完善。因为地域优势，城中村总体上可以分享县城快速发展带来的各类经济社会红利。城中村的基础设施和公共服务基本上实现了城市化，村民或居民的生产、生活方式也基本脱离了农业。

第二，中心村或产业特色村。中心村或产业特色村具有一定的产业或特色资源支撑，可以提供部分或相当数量的就业岗位。农业的经济地位相对薄弱，主要起着补充或改善生活质量的作用。个体、私营经济相对发达，集体经济有一定的保障。中心村或产业特色村的基础设施和公共服务相对完善，日常居住人口相对较多。

在此，中心村特指以产品外销为产业支撑的村落，它的产业或经济构成具有县域社会之外或更大范围时空的产业分工或经济合作意义。而产业特色村主要指旅游资源丰富的村落，它的自然资源或景观本身构成了一类资本，主要以外来游客的消费作为经济支撑。

因此，中心村和产业特色村既是县域经济社会的一部分，并直接或间接地支持了县域和县城的经济社会发展（如人们会进城置业、消费以及接受教育等），同时也是县域或区域之外经济社会网络的一个资本节点。对于中心村而言，农业只具有辅助作用；而对于产业特色村或旅游村而言，农业特别是特色农产品则具有积极的产业意义。因此，产业资本和景观资本分别是中心村和产业特色村的基础性支撑。

第三，空心村。空心村缺乏产业支撑和特色资源（如景观资本），经济收入主要靠外出务工或经商获得，集体经济相对薄弱，日常居住人口以中老年人为主，公共服务相对短缺。人力资源的大规模外流是空心村的基本状态。而由于公共服务的短缺，人们在条件允许的情况下会更加积极地向城市（首选）或中心村转移资产或家庭。

第四，老宅村。概括来说，老宅村已经成为村民的记忆，要么仅剩下些断壁残垣或地基石头，要么就只有很少的老人于兹厮守。对于外人而言，老宅村是即将或已经消失的乡村。同时还有一系列现实问题，如宅基地的产权和处置权便是一个容易引发争议的问题。作为县域时空的有机构成，老宅村不应被忽略。

二 中老年人灵活就业的动力与社会机制

除了外在的条件约束，县域社会或乡村中老年人灵活就业或劳动的动力是什么？这是理解乡村中老年人灵活就业的另一个关键议题。作为地方文化的核心构成，县域社会或者说乡村内部的家庭伦理是理解地方社会的主体或社群动力的关键所在。就当前的乡村社会而言，有劳动能力的父母及其成年子女有责任为家庭的赡养、子女教育和家庭建设做出积极贡献，彼此也会形成特定的分工合作关系。例如，子女外出打工时，父母在条件允许的情况下可以为子女照料孩子；而成年子女也有义务赡养并照料需要照料的老人。不仅如此，作为拓展内容，乡村社会中的成员还要维系各类社会关系，诸如亲戚、朋友和邻里之间的人情往来以及社区内的公共服务等。这些内容虽然不是家庭伦理的核心内容，但也是乡村社会的文化构成，并直接或间接地与家庭伦理发生作用。也因此，它们共同构成了乡村社会的动力。

家庭成员的分工合作、地方社会的经济社会形态和乡村的各类社会文化要素的组合，或说社会文化生态是理解灵活就业中的灵活内涵的关键所在。对于乡村社会来说，如果一个人外出务工，远离家乡，那么尽管他或她可能获得较为丰厚的收入回报，但对于家庭而言，他或她的工作或就业形态很难称为灵活就业。因为身处异乡的成员很难及时参与诸如家庭照料、乡村活动和农业生产等重要事务。因此，本报告把乡村社会中的灵活就业与家庭照料、乡村活动和农业生产等事务联系了起来。由此，本报告提出，以家庭伦理和家庭成员间的分工合作为纽带的动力机制，以乡村的经济和社会文化生态为依托的协作机制，以地方特色产业或外出务工为支撑的生产机制是理解县域社会中老年人灵活就业的三大核心机制。在此，我们提供一个中心村中老年人灵活就业的案例。

案例1　中心村的中老年人灵活就业

姚丰村（化名）在当地属于有产业基础的一类中心村。人口较多，共5376人。2019年被授予全国乡村治理示范村、河南省乡村振兴示范村。农业方面，耕地共有3800亩，西部山坡1万亩左右。土壤肥力不高（产量不高），分布散乱，地块小，细碎不平，土薄石厚，村民大多兼顾农业生产，农产品多为自家消费。工业方面，村里收入主要靠企业（个体私营企业，村东有产业园区）。2019年，村内工业总产值为2亿多元，向国家纳税超过1000万元。主要经营汽车配件、矿产品（铸钢）等，可吸纳就业人数约600人。工厂员工分"包工"和"理工"，包工按件数计算工资（计件），理工按小时数计算工资。服务业方面，村里有卫生所1个，各类超市20多家，烧饼摊、蛋糕房、豆腐坊等各1个，文艺表演队伍多个（具有公益性和营利性）等，同时，还有政府出资的公益性岗位（环卫保洁等），由某企业具体运营。

姚丰村的经济社会生态为当地中老年人灵活就业提供了支持。即当地中老年人可以根据自身实际情况，相对灵活地选择从事工厂劳动和服务业劳动，同时兼顾家庭照料和农业生产。人们也有机会参与村内的公共活动。例如，文艺表演，村内有广场舞、军乐队、秧歌队、鼓号队等多个队伍，成员以女性为主。军乐队有三四十人，还有"后备人员"；秧歌队每班都有20多人，一共3个班。姚丰村有娶媳妇儿时扭秧歌的传统，主家会请人来打鼓、扭秧歌，请军乐队来表演，会有一定的酬劳。再如，烧饼摊摆摊时间比较固定，每天下午3点左右出摊，偶尔家里有事便不出摊。

经营摊位的是婆媳两人，孙女放假时也会来帮忙。这种类似"地摊经济"的劳动方式，既照顾到了孩子、家庭，也同样增加了收入。

值得一提的是，尽管姚丰村有一定的产业基础，但外出务工（经商、工作或劳务）人员仍然占据了相当大的比例，其中，30岁以下的适龄劳动人口外出务工人员的比例更高，粗略估计占到60%以上。由此，也形成了一种中青年在外地、中老年在家乡的就业格局。

案例2 空心村的中老年人灵活就业

东河村（化名）四面环山，南高北低。以前交通不便，土地贫瘠，产业稀少，发展相对滞后，户籍人口3000多人，其中，常年在外务工人员1000多人。随着收入的增长，有条件的村民逐渐在县城买房定居，村中人口日趋减少，平时村里大多为留守在家的老人、妇女和部分儿童，因此成为当地的空心村。村里有一家以特色小米经营为主的企业，一家以肉牛养殖为主的企业。两个企业可以提供的就业岗位有限，各自不超过10人。同时，村里的服务业也相对欠缺，摆摊经营等生计活动难以维持。此外，村里也有部分公益性岗位（政府出资、企业经营）。因此，东河村的人们除了家庭照料和农业经营外，家里的经济收入主要靠外出务工获得。

当然，空心村的消费能力还是有的，但其消费的相当部分流向了城市或外地，并主要为购房和教育支出。总体而言，空心村因为缺乏产业支撑，村民对于农业和外出务工的经济依赖相对更强。因此，空心村对中国的经济社会发展的贡献同样不容忽视，而其相对滞后的公共服务也是亟待解决的问题。

案例3 旅游村的中老年人灵活就业

石板村（化名）群山环绕，位于国家5A级风景区内，主要产业为特色旅游业，村里致富基本靠发展旅游业及相关产业，如民宿、农家乐、写生基地等，可以吸纳本地大部分人口就业。对于石板村而言，人们的收入主要有以下几类：一是资产性收入，如房屋或门面房出租；二是经营性收入，如经营旅店或农家乐等；三是劳务性收入，也包括公益性岗位的收入；四是农特产品收入，值得一提的是，这里的农特产品除了自家消费外，可以比较顺畅地转化为特色商品。

作为特色产业村，石板村的旅游资源成为当地人的主要经济资源，服务业成为当地的主导性产业，游客或消费者的消费是这类乡村的主要收入来源，由此形成一个地方性的市场环境，并激发了当地的经济社会活力。相比之下，其他类型的产业村或中心村则主要依托外部市场，产业的发展状态直接或间接地影响着地方的经济社会发展。而即使是县域社会的经济中心也不能完全满足诸如城中村的经济社会需求，仍然会有部分人口外出务工、经商或工作。而空心村则主要通过劳务或人力资源的输出获得经济收入。

值得一提的是，女性或中老年妇女对于乡村社会的贡献较大。调研中发现，乡村女性较为普遍地承担了家庭照料、农业生产和乡村公共服务的职能，并且很大程度上已经形成了县域社会的一道亮丽的文化景观。乡村女性不仅是半边天、多面手，也是学界称为"半耕半工"社会现象的基础性支撑力量。

"俺孩身体不好，在家里。儿媳妇在附近上班。我在家里帮他们看孩子。俺老头在东北打工，一年有三五万收入。""广场舞也跳，也有表演，唱戏的，说快板的，唱流行歌的，重阳节慰问老人，还有文艺活动，就是志愿者！"（整理自田野笔记）

这种家庭分工和社会参与的背后则是某种观念或文化力量的积极作用。对于这样的文化力量，在互联网日趋普及的乡村社会，人们也有所察觉："咱们中国人就是这样，照顾老的，还要照顾小的。"这种以家庭分工或合作为基础的观念不仅维系着乡村社会的日常，也会随着城市化而进入城市。例如，在姚村镇西丰村，不少青年人考上大学或做生意后进了城，他们的父母也会阶段性地进城照料孙辈。在这些发挥"余热"的人群中，中老年女性的作用尤为突出。（整理自田野笔记）

这种带有传统色彩的家庭分工也促使我们思考工业化、城市化对个体行为的塑造。

但无论哪种类型的乡村，以家庭伦理和家庭成员间的分工合作为纽带的动力机制，以乡村的经济和社会文化生态为依托的协作机制，以地方产业或外出务工为支撑的生产机制是理解县域社会中老年灵活就业的三大核心机制。理解三大核心机制的运行现状、经济社会意义和问题是积极推进乡村治理和乡村振兴战略、积极回应中西部社会县域治理"三起来"基础性议题之一。

三 县域社会中老年人灵活就业的潜在问题与挑战

县域社会中老年人灵活就业的三大核心机制，其动力在于家庭伦理和家庭成员之间的分工合作，而以乡村的经济和社会文化生态为依托的协作机制则是其另一个重要的社会条件，同时，以外部市场为支撑的生产机制也是理解县域经济社会形态的关键所在。目前，乡村中老年人的这种就业形态直接或间接地支持了中国经济社会的产业发展、区域社会分工和社会稳定，并创造了有形和无形的社会财富。与此同时，也面临着若干潜在的问题或挑战。

首先，人口结构的不均衡发展和老龄化社会的加速发展形成的叠加性挑战具有较大的不确定性。目前，我们仍很难评估其社会影响，但随着中老年人口的进一步老龄化，县域社会对于医疗、养老的需求势必进一步增强，而有效地满足这种需求是无法回避的社会问题。

目前来看，乡村社会的人力资源配置已经达到了其可能承载经济社会运行的极限或临界点，如何进一步优化人力资源配置的结构，增强其经济社会可持续发展的活力，补齐公共服务的短板，是亟待破解的难题所在。

其次，随着全球经济不确定性增加以及中国经济发展速度放缓和经济结构调整，县域社会的经济运行也面临着外部市场变化和产业调整带来的风险和挑战。同时，对于某些"未富先老"的乡村家庭和人口而言，这种挑战更加严峻。

最后,家庭伦理和家庭分工合作的代际变革或未来变化对乡村社会的可能挑战。改革开放四十多年来,中国的经济社会已经发生了巨大的变革,成就有目共睹。其中,家庭伦理和家庭分工合作的变革同样显著。20世纪50年代以来,尤其在"土地革命"和"集体化"之后,传统的宗族组织解体,家庭的生产功能一度被集体取代,而女性也开始以集体成员的身份参与各类社会活动,并开始进入国家和集体的各类组织。改革开放以来,家庭作为生产或财富获取的单位再次确立。女性不仅可以进入各类社会组织,而且已经开始在家庭决策、子女教育、老人赡养等方面发挥不可替代的作用。此外,女性也有机会建立自己的社会圈子,并在社会公共事务中发出自己的声音。这就是当代"夫妻关系"的社会脉络和意义所在。[①]

同时,我们也注意到,这种变化并未停止,而是继续在缓慢地变化。由此,原来已经形成的家庭伦理构成和家庭权利义务观念很有可能持续变化。同时,因为代际的教育、成长、工作经历和社会经验的不同,现有的家庭分工和乡村社会文化生态可能面临着新的挑战和冲击。如现有的家庭农业经营方式是否能够得以维系,现有的代际分工和合作模式能否延续,现有的赡养方式能否得以维系等等,均面临着诸多挑战和不确定性。

四 对策与建议

首先,要高度重视县域社会的经济社会生态和整体发展,充分发挥中央和各级地方政府的积极性,形成政策合力,多渠道、多方面推进县域社会的经济社会发展,以县域社会的整体发展作为国家的地方经济社会政策的聚焦点。

在今后较长时期内,县域社会的基本经济社会格局将会保持稳定,同

---

① 《刘忠魏:中国文化经历"夫妻主轴"转向》,中国社会科学网,2015年8月26日,http://www.cssn.cn/shx/201508/t20150826_2135494.shtml。

时，人口、社会资源向县城、中心村或特色资源村集聚的趋势会继续加强，空心村的经济社会发展和公共服务问题会进一步突出。因此，政府有必要未雨绸缪，适度超前布局，更加积极有效地引导县域经济社会发展，发挥乡镇中心和中心村的产业聚集效应，提升县域经济社会活力。同时，县域社会已经成为中国整体经济或市场运行的构成部分，外出务工（经商或劳务等）的经济收入仍是县域社会的重要收入来源。国家和地方政府应进一步采取有力措施切实保障外出务工人员的合法权益，并积极引导，在技术、政策和社会保障等方面给予更加有效的支持。

其次，充分整合县域社会的经济社会资源，在巩固农业的基础性社会保障地位的同时，形成特色产业和特色资源协调发展的经济社会格局。

尽管对于绝大多数的乡村家庭而言，农业收入在家庭的总体性收入中所占比例居于次要地位，但农业仍然发挥着基础性社会保障作用，对于人们的粮食安全和日常生活具有积极的兜底或保障作用。同时，在乡村家庭的代际分工合作中，土地收益仍然是中老年群体价值实现的一个途径，也有助于缓解家庭的支出压力。同时，县域社会的产业布局应该进一步集聚和优化，充分发挥县域社会的空间、劳动力等资源优势，并积极开发特色资源，如特色农产品、特色村镇或特色旅游资源等。

最后，尊重乡村居民的主体地位，切实发挥乡村社会的积极性，即发挥村民个体和家庭的积极性，保护其合法经营的权益，并鼓励乡村文化建设和发展。家庭伦理和乡村文化是人们生产的动力所在。只有切实把乡村社会文化建设好、发展好，才能更加有效地巩固乡村社会在国民经济社会发展中的基础地位，保持社会的稳定和繁荣，才能更加有效地发挥乡村社会的积极性和创造性，实现县域治理"三起来"，推进乡村振兴战略向纵深发展。

参考文献

李培林：《中国改革开放40年农民工流动的治理经验》，《社会》2018年第6期。

王思斌：《社会生态视角下乡村振兴发展的社会学分析——兼论乡村振兴的社会基础建设》，《北京大学学报》（哲学社会科学版）2018年第2期。

谢立中：《未来中国城镇化的理想水平与乡村治理的中国方案》，《武汉大学学报》（哲学社会科学版）2020年第3期。

徐勇：《历史延续性视角下中国农村调查回眸与走向——再论站在新的历史高点上的中国农村研究》，《吉林大学社会科学学报》2018年第3期。

B.22
中原旅游扶贫攻坚模式调查报告

——基于齐王寨的个案调查

陈妍娇 卫润润*

摘 要: 在国家宏观层面积极部署扶贫和精准脱贫的政策导向下,辉县齐王寨积极发挥深居太行山的地理优势,充分挖掘其丰富的自然和人文旅游资源,历经20多年的探索,形成了独具特色的中原旅游精准扶贫模式。该模式以旅游扶贫为主,外加产业扶贫,实现了户均10万元收入的脱贫目标。在具体的实践过程中,齐王寨也遇到了一些发展中的问题,比如双重管理机制下权责不清、扶贫项目持续性不够、缺少系统化旅游管理,以及经济开发和环境保护失调等。可以通过以下措施应对和解决发展中的问题:进一步明确权责、落实主体责任,增强地方的积极性与主动性;实施动态化管理机制,完善扶贫机制;改善旅游精准扶贫管理;加大宣传教育力度,优化农村生态环境;等等。

关键词: 旅游扶贫 中原模式 齐王寨

---

* 陈妍娇,博士,河南师范大学社会事业学院副院长、讲师,主要研究方向为贫困治理、社会治理;卫润润,河南师范大学社会学专业2017级本科生,主要研究方向为贫困治理。

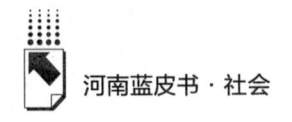

一 齐王寨地理区位及致贫原因分析

（一）齐王寨地理区位分析

齐王寨位于河南省辉县市南寨镇境内，西邻山西陵川县，西北毗邻山西壶关县，距辉县市区45公里。为挖掘齐王寨在辉县市脱贫工作中的重要作用，笔者统计了辉县市扶贫办的建档立卡情况，调查结果显示全市共有13个贫困乡镇63个贫困村（见表1），辉县市的贫困人口集中分布在南寨镇、西平罗乡、南村镇这三个乡镇，其中齐王寨的脱贫攻坚取得了显著成效，并成为辉县市实施精准脱贫的典范，具有突出的研究价值与意义。

表1 辉县市建档立卡确定的贫困村

单位：个

乡镇	贫困村数量
南寨镇	9
沙窑乡	2
西平罗乡	8
南村镇	9
高庄乡	6
黄水乡	4
上八里镇	3
薄壁镇	4
百泉镇	3
张村乡	6
拍石头乡	3
常村镇	2
吴村镇	4

资料来源：新乡市扶贫办。

（二）齐王寨致贫原因分析

1. 地理环境制约

辉县市位于太行山与华北平原的交接处，对于拥有绝大多数农业人口的辉县市来说，自然环境以及相应条件的好坏，是影响人们的收入水平和生活水平的重要因素。齐王寨位于太行山区，多山地、陡坡，平原面积狭小，且分布较分散。如此地形对农业种植和生产来说是大为不利的，一方面在山地和陡坡上进行农业生产，土壤肥力不高，且土壤营养易随雨水流失，再加上平原分布较分散，呈片状、块状，不宜进行规模化种植，限制了农业产业化、规模化的进一步发展；另一方面从事农业耕种的仍然是人力和畜力，农业种植效率低下且受自然灾害的影响较大，机械化程度低，土地生产力和劳动生产力都很难提高。

2. 基础设施匮乏

齐王寨在交通、商业服务、环境保护、文化教育、卫生事业等市政公用工程设施和公共生活服务设施等方面存在不同程度的问题。由于物流运输不方便，当地的特色农产品与市区的市场联系不紧密，一定程度上阻碍了齐王寨农业经济的发展。

3. 教育水平偏低

齐王寨的年轻一代为了给予后代更好的教育资源，选择离乡打工；而齐王寨人口则日益老龄化，村民素质不高的问题加剧。教育水平低，很大程度上导致村民思想较封闭、落后，不开放、创新意识薄弱，缺乏带领大家脱贫致富的人才。基于此，村委会及相关部门应"加强对基础教育的支持力度，办好学前教育，均衡发展九年义务教育，基本普及高中阶段教育"的要求，[①]改善村民思想落后的局面，除掉扶贫道路上的"拦路虎"。

二 齐王寨脱贫实践及实施效果

（一）旅游扶贫的形式

随着人民生活水平的提高，在满足基本物质需求的前提下，人们愈加重

---

① 《习近平谈教育发展：教育兴则国家兴，教育强则国家强》，人民网－中国共产党新闻网，2018年9月10日，http：//cpc.people.com.cn/n1/2018/0910/c164113-30282062.html。

视精神生活的享受，对旅游的需求也日益增加。而原本因复杂多变的自然风貌致贫的齐王寨，如今利用千姿百态的峰峦峡谷打造旅游村，成为其脱贫致富的主要动力。

齐王寨旅游资源丰富，目前主要有齐王楼旧址、妃子池、梦泉、响泉、齐王故道、峰屏洞、龙湾洞、秀水峡等多个风景点遗址。齐王瀑布一明一暗，倾尽亘古绝唱；响泉、梦泉一南一北回荡历史足音。借助这三大景点，齐王寨打造了国内画家及美术院校学生写生采风的绘画长廊。因自然风光秀丽，著名导演冯小宁带领剧组到这里拍摄喜剧电影《举起手来》，随后又有《峰回路转》《李向阳》《虹雨》《朱元璋》《夙愿》等十余部影视剧在这里拍摄。影视剧的拍摄带动了当地旅游业、服务业、农业的再发展。

旅游业的发展也给当地的贫困户带来了就业机会，加快了当地脱贫的步伐。齐王寨贫困户参与乡村旅游扶贫主要有五种形式：一是直接参与乡村旅游经营，如开办"农家乐"和经营乡村旅馆等；二是在乡村旅游经营户中参与接待服务；三是通过乡村旅游出售自家的农副土特产品或开设小卖部获得收入；四是通过参加乡村旅游合作社和土地流转获取租金；五是通过资金、人力、土地参与乡村旅游经营获取入股分红。

（二）产业扶贫措施

产业扶贫措施共分为五方面内容，分别是百企万户、农业产业、贴息贷款、电商奖励以及光伏扶贫。

第一，百企万户。一是建点扶持，对直接到乡、村新建扶贫就业点的投资主体，每建一处扶贫就业点，对符合要求的给予一次性建点补助，最高不超过10万元；二是用工扶持，企业带动5人以上（含5人）建档立卡贫困人口就业的，市财政按带贫人数每年给予企业奖补。

第二，农业产业。一是对吸纳建档立卡贫困人口5人以上（含5人）就业的新型农业经营主体（农业企业、农业专业合作社、家庭农场），按贫困户人口在就业单位年收入的35%进行奖补，脱贫攻坚期内，每年奖补一次。二是对发展种植（含林果、蔬菜、花卉等）、养殖等特色农业和旅游产业自主创业的建档立卡贫困户，经市农牧局组织相关部门认定为自主创业项目，且签订脱贫协议后，给予自主创业投资额50%的资金奖补，最高不超过1万元。三是土地流转，对流转建档立卡贫困户土地的新型农业经营主体（包括种植粮食作物50亩以上的种粮大户），由市财政给予每年每亩300元的奖补；对流出耕地的建档立卡贫困户，由市财政给予每年每亩200元的奖补。四是种植优质强筋小麦补贴，自种、流转土地或者托管土地用于种植强筋小麦的贫困户，按亩给予一定的补贴；贫困户出售强筋小麦的按斤给予一定的资金补贴。

第三，贴息贷款，建档立卡贫困户发展产业项目可享受"免抵押、免担保，5万元以下，三年以内"贴息扶贫小额贷款。

第四，光伏扶贫，建设户用分布式光伏发电或村级小电站，建档立卡贫困户可以享受分红。

第五，电商奖励。一是电商企业在市域内建设电商扶贫运营公共服务中心的给予其投资额50%的补贴，在贫困村建设电商网店的给予1万元奖励；建设综合性扶贫特色产品体验馆的，按每平方米200元给予一次性奖补，最高不超过20万元；二是企业在贫困村、户建设运营网点及贫困村群众、贫困户经营物流快递网点的，对符合条件的给予2000元，贫困村群众、贫困户3000元一次性奖补。

（三）齐王寨脱贫成效

齐王寨村借助"旅游扶贫+产业扶贫"，并以乡村休闲旅游扶贫为主导的模式，采取了一系列扶贫措施，人们的生活水平不断提高。由于旅游脱贫成效明显，齐王寨村入选河南省"2018年首批乡村旅游特色村"[1] 以及"中国传统村落名录"[2]，入围中国传统村落名录。这些是一种荣誉，更意味着村落保护将在资金、规划、设计等方面得到扶持和督导，进一步推动了当

---

[1] 《河南省35个乡村被认定为2018年首批乡村旅游特色村》，河南省人民政府网站，2018年9月19日，http://www.henan.gov.cn/2018/09-19/691966.html。

[2] 《第五批列入中国传统村落名录的村落名单》，中国传统村落网，http://www.chuantongcunluo.com/index.php/home/gjml/gjml/wid/2247.html。

地旅游产业的发展。

齐王寨村民的物质生活和精神生活都有了进一步的改善。在农业方面，村民在自给自足的基础上把家里的特色农产品出售给游客或者销往城市，进一步推动特色农产品流入市场；在生活方面，水电条件明显得到了改善，家居用水都是干净的自来水，电路采取双轨电路，基本不会出现停水停电的现象；在家庭收入方面，参与旅游扶贫的贫困户，大部分村民年均收入达10万元以上，完全可以维持家庭的生活支出和教育支出。

目前齐王寨旅游业的快速发展吸引了一些外出打工的年轻人回乡发展，特别是在旅游旺季，外出务工或者在外居住的年轻人会回村经营旅游相关的商业。此外，为了解决孤寡老人的养老问题，齐王寨建立了养老院，并且从2010年起成为新农保试点县以后，齐王寨居民通过参保缴费可以获得养老金。当时每位老人一个月领92元钱，一天大概花2元，一个月花60元，还能攒下30元，① 在满足基本生活的前提下还略有节余。

总体上来看，齐王寨脱贫效果显著。

三 齐王寨脱贫经验、问题

在旅游扶贫和产业扶贫双管齐下的政策引导和实践中，齐王寨以旅游产业为主，实现了脱贫。自20世纪90年代开始，齐王寨个别家户开始建农家乐并率先致富，在村内起到了良好的示范效应和带头作用。贫乏的农业生产资源在过去是齐王寨致贫的主要原因；而如今利用其丰富的自然、人文景观，又在创造一个村落致富的神话。农民的积极性和主动性被充分调动起来，尤其是先富者的带动示范效应，为村支部和相关政府部分开展工作起到了良好的铺垫和支撑作用。

齐王寨的扶贫工作进行至今，经过政府、企业、村民等多方面的共同努力，已经取得了很大的进展，扶贫成绩有目共睹，大部分群众已经脱贫，但

---

① 数据来源于新乡市扶贫办。

依旧存在一些问题,如精准扶贫工作不到位,存在只喊口号但效果不佳的现象;资金缺乏导致基础设施薄弱,难以进行下一步的脱贫工作;传统旅游业发展受到制约,不能很好地助力脱贫;等等。具体表现在如下几方面。

(一)双重管理机制权责不清,难以激发地方主动性和积极性

新乡市政府为了统一加强南太行的旅游管理,成立了南太行旅游公司,其管辖范围就包括齐王寨,但在行政区划上齐王寨又属南寨镇政府管辖。成立公司统一规划旅游资源,初衷是好的,但在实际工作开展的过程中,南太行旅游公司和南寨镇政府对所辖地区的业务和工作职责范围并没有进行明确的分工和划定清晰的界限,这就导致了很多问题。如齐王寨所在景区门票的收入基本上是归南太行旅游公司统一管理,而据当地居民反映,他们并没有切身感受到景点规划、道路修建等改善民生和提升旅游品质的具体措施。

(二)扶贫项目持续性有待提高

齐王寨村采取产业扶贫与旅游扶贫相结合,以乡村休闲旅游扶贫为主导的模式带领村民脱贫致富,但是据笔者的统计,扶贫项目的进展较为缓慢,效果明显大打折扣。

扶贫项目持续性不强的原因主要是项目资金持续力度不足。一方面,政府的资金投入没有完全满足群众的需求,各个贫困村庄的基础设施基础薄弱,交通、物流运输以及其他的一些资源尚不能满足当地居民的基本生活需求。由于扶贫项目资金投入不足,从而影响扶贫项目应有作用的发挥。如果扶贫项目资金中每年只有15%用于基础项目的建设,就无法解决较大的工程项目,成效就不显著。另一方面,随着经济的不断发展,各地区之间发展不平衡,大多数年轻人选择外出打工,而不是留乡发展。青壮年劳动力外出务工较多直接导致空巢老人和留守儿童增加,而老人和儿童自身的发展能力较低,缺乏相应的知识和技术,再加上受到市场、信息和科技的制约,产业发展没有达到预期的效果。

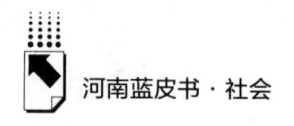

（三）旅游扶贫缺乏系统化管理

1. 旅游资源配置不合理

一方面，部分景点之间相距较远，一些游客为了赶时间，只选择到附近的景点游玩；另一方面，景区内部缺乏相应的指示牌、旅游路线宣传栏以及观光游览车，导致一些游客不清楚方向，得去找当地居民问路。

2. 民宿有待进一步完善

齐王寨开设了较多的民宿，室内设施和居住环境总体上达标，但是还存在一些问题。首先，随着游客的增多，一些民宿想要扩大规模，但是缺乏统一的建设标准，具体还要根据村委会及相关部门的统一规定才能进行扩建；其次，民宿整体上达到了住宿要求，但是一些安全和卫生细节还需进一步改善；最后，民宿整体上主题较单一，类似于酒店设计，缺乏当地的特色，难以让游客真正产生回归大自然的感觉。

（四）经济开发与环境保护失调

景区的环保需要依靠三大主体进行维护，分别是投资主体、当地居民以及游客。近年来齐王寨旅游业的不断发展，吸引了一些企业和合作社来这里进行经济开发，但是在建设开发的过程中不注重环保，一定程度上破坏了当地的生态环境；当地居民缺乏长远的大局意识，对垃圾分类、污水整治、景区清洁、村庄风貌的重视度不高，缺乏相应的环保体系和队伍建设；一些游客在游玩和住宿的过程中，不注重个人行为，乱扔垃圾、破坏民宿墙壁整洁等现象层出不穷，应加大重视力度。

四 提高脱贫开发成效的对策与建议

（一）明确权责，落实主体责任，增强地方积极性与主动性

厘清南太行旅游开发公司与南寨镇政府及其他基层政府的关系与权责，

把村落旅游门票及其他相关产业收入有规划、有步骤地投入可持续发展中，切实打造良好的旅游生态环境，增强地方政府和村民的积极性与主动性，形成良性的资金和生态循环。

（二）实施动态化管理，完善扶贫机制

政府部门应提高扶贫政策衔接的协调度，加大对扶贫对象的精准识别度，健全动态管理与退出机制，不断提高扶贫资源的配置效率，完善扶贫效益。其中扶贫机制不完善，就会产生利益相争、工作推诿、责任推脱的不良现象。因此，政府相关部门应积极献力献策，完善扶贫机制。在此基础上，各个贫困村的资金扶持问题才能得到改善。只有解决了各个贫困村的扶贫资金分配比例和分配金额问题，各个贫困村的基础设施及产业建设才有可靠的资金来源，发展才有保障，才能发挥扶贫政策原有的效果。

（三）改善旅游精准扶贫管理

要想充分发挥旅游扶贫在我国扶贫工程中的作用，切实帮助需要帮助的人，首先要明确旅游扶贫的根本目的在于为贫困人口服务，借助旅游业提升贫困人口的幸福感和满足感，而不是脱离贫困人口一味地发展当地的经济；其次需要树立正确的旅游扶贫理念，挑选恰当的扶贫方式；最后是采取合适有效的措施把贫困人口纳入旅游扶贫体系，发挥贫困人口自身的作用，真正依靠自身的力量实现脱贫，降低返贫率。依托旅游扶贫让贫困人口实现脱贫，需要多方主体共同参与，部分的力量是有限的，需要树立全局观念，立足整体，统筹全局，达成最终的目标。

需要先动员村民参与到当地旅游业的运营，鼓励其他社会公众和贫困人口把旅游业开发过程中的问题反馈给村党组织，并进行监督。然后按照齐王寨重大事项决策程序一步步推进，在讨论结果公布后把具体情况反馈给市政府。在此期间，村委会应加大反馈力度，增强市政府对此项工作的重视程度。市政府在接收到贫困村的反馈情况后，应及时进行决议、反馈意见，以推动下一部扶贫工作的实施。

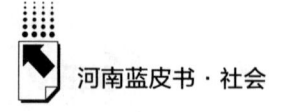

（四）加大宣传教育力度，优化农村生态环境

习近平总书记在十九大报告中指出，坚持人与自然和谐共生，必须树立和践行"绿水青山就是金山银山"的理念，坚持解决资源和保护环境的基本国策。因此，在旅游扶贫的开发过程中，不能以牺牲环境为代价来发展旅游业，要有长远发展的战略意识。

在开发旅游资源的过程中，应注意保护当地的生态环境和原始风貌，达到人与自然的和谐发展；在发展旅游业的过程中，应加大宣传，广设宣传栏，提高游客的环保意识，规范自身行为；在进一步延长旅游业的产业链上，应充分挖掘当地的民俗节日、风土人情、特色农副产品、历史文化等精神文化财富，促进乡村特色农副产品、手工艺品、旅游纪念品产业化，打造"旅游＋民俗风情＋民俗体验＋特色农业"或"旅游＋田园风景＋民俗文化＋乡村历史＋特色餐饮"等多样化产业链条，延伸乡村旅游产业链和农副产品价值链，发挥产业间的联动效应。

Abstract

This book, compiled by Henan Academy of Social Sciences, systematically sums up the achievements received in the social-construction field in Henan Province during the recent years and especially in 2020, comprehensively combs the characteristics of the social development at present, analyzes the hot、difficult and focused problems faced with nowadays, makes a scientific analysis of the trend of social development in the future in Henan, and puts forward some proposals for social development in 2021 in Henan.

Based on the spirit of the 19th National Congress of the Communist Party of China and the main line of accelerating the modernization of people centered social governance, *Society of Henan Analysis and Forecast* (2021) comprehensively and systematically interprets the major issues in Henan Province, such as people's livelihood construction, network public opinion, poverty alleviation, social security, social governance, rural revitalization.

The book is composed of four parts: general report, hot topics, special topics and investigations. The general report written by the group of Analysis and Forecast of Social Situation from the Henan Academy of Social Sciences represents the basic ideas of analysis and forecast of social situation of Henan in this book. According to the report, 2020 will be the year to complete the building of a moderately prosperous society in all respects, win the battle against poverty and conclude the 13th Five-Year Plan. Over the past year, in the face of sudden outbreak and complicated and changeable environment, both at home and abroad under the strong leadership of the party, the provincial people's in the heart of fear, battle stance, fighting spirit, promote the epidemic prevention and control of strategic achievements continuously consolidate and stabilize the good development momentum, get continue to promote reform and development of social programs, "six priorities" "six stability" fruitful work, earnestly safeguard and improve people's livelihood, to be completed by the end of runoff crucial goal task to build a well-off society in an all-round way, the final out of poverty, implement the 13th Five-Year Plan well packaged laid a solid foundation. But we must clearly see that henan's social development is still facing a series of problems and challenges that cannot be ignored. For example, under the impact of the epidemic, economic and social operations are facing many difficulties, the employment situation is extremely severe and complex, the task of overcoming deep poverty is arduous, the quality of urbanization is not high, and the pressure of an aging population is intensifying. The 2021 is the first year of the 14th Five-Year Plan. Henan should persist in turning crises into opportunities, seeking opportunities in the midst of crises, and overcome the negative impact of the epidemic situation and the general environment with indomitable momentum and a spirit of seize the day, we will continue to press ahead with innovation in social governance mechanisms, further strengthen the construction of a new type of urbanization, continue to increase people's livelihood protection, accelerate efforts to make up for shortcomings in rural governance, strengthen efforts to improve the ecological environment, and strive to gain development opportunities, to promote the overall social harmony and stability and sustainable and healthy economic development, and write a more brilliant chapter in the new era of Central Plain.

The reports on hot topic, special topic, investigation analyze thoroughly the significant items in the social field in Henan from different fields and points of view by some invited experts and scholars in Henan province, objectively reflect the basic situation of the social development、contradictions and problems in Henan, put forward the countermeasures and suggestions to promote the reform and development of social undertakings, effectively improve the security and people's livelihood, and promote the Central Plains to be more outstanding in the new era. And looks forward to the development trend of Henan social situation in 2021.

Keywords: Henan; Social Construction; People's Livelihood Security

Contents

I General Report

B.1 Promote the Reform and Development of Social Programs to Ensure and Improve People's Wellbeing

—Study and Forecast on Social Development Momentum of Henan Province in 2020 – 2021

Research Group of Analysis and Forecast of Henan Social Situation / 001

Abstract: The year 2020 will be the final year for completing the building of a moderately prosperous society in all respects, winning the battle against poverty and the 13th Five-Year Plan. Over the past year, in the face of sudden outbreak and complicated and changeable environment, both at home and abroad under the strong leadership of the party, the provincial people's in the heart of fear, battle stance, fighting spirit, promote the epidemic prevention and control of strategic achievements continuously consolidate and stabilize the good development momentum, get continue to promote reform and development of social programs, "six priorities" "six stability" fruitful work, earnestly safeguard and improve people's livelihood, to be completed by the end of runoff crucial goal task to build a well-off society in an all-round way, the final out of poverty, implementation "much starker choices-and graver consequences-in planning well packaged" laid a solid foundation. But we must clearly see that Henan's social development is still facing a series of problems and challenges that cannot be ignored. For example, under the impact of the epidemic, economic and social operations are facing many difficulties, the employment situation is extremely severe and complex, the task of overcoming deep poverty is arduous, the quality of urbanization is not high, and the pressure of an aging population is intensifying. The 2021 is the first year of the 14th Five-Year Plan. Henan should persist in turning crises into opportunities, seeking opportunities in the midst of crises, and overcome the negative impact of the epidemic situation and the general environment with indomitable momentum and a spirit of seize the day, we will continue to press ahead with innovation in social governance mechanisms, further strengthen the construction of a new type of urbanization, continue to increase people's livelihood protection, accelerate efforts to make up for shortcomings in rural governance, strengthen efforts to improve the ecological environment, and strive to gain development opportunities, to promote the overall social harmony and stability and sustainable and healthy economic development, and write a more brilliant chapter in the new era of Central Plain.

Keywords: Social Undertakings; Social Construction; People's Livelihood; "13th Five-Year Plan"

Ⅱ Reports on Hot Spots

B.2 The Analysis Report of Henan Ten Social Hot Issues in 2020

Research Group of Henan Academy of Social Sciences / 030

Abstract: Hot social events are a concentrated expression of the enthusiasm of the masses and public opinions. As a kind of social evaluation, social public opinion has always been an intuitive window to see the state of economic and social development. Analyzing the top ten social hotspot events of Henan in 2020, it can be found that public opinion is still based on public interests, focusing on social governance, education, and people's livelihood construction. Including Henan "hard core epidemic prevention", General Secretary Xi Jinping's reply to Yuanfang Group, Guo Moumou's outbound diagnosis and concealment, "children buried and killed" and "jumping of reporters", poverty management, "college promotion exam leaking questions", and old towns Community reconstruction, anti-domestic violence issues, urban management violence law enforcement, farmland protection issues.

Keywords: Henan; Social Hot Issues; Social Governance

B.3 Henan Province Internet Public Opinion Event Analysis Report

Yin Lu / 045

Abstract: The following are the characteristics of Henan's online public opinion incidents in 2020: The COVID -19 epidemic has become the focus of public opinion throughout the year; negative incidents involving officials have decreased, and incidents related to education, people's livelihood, and public morality have increased; background factors no longer dominate the trend of events; the explosive power and continuity of online public opinion incidents are weakened. At the same time, the Internet public opinion incident also reflects some new problems: the "information plague" interferes with the overall anti-epidemic situation; self-media chaos frequently occurs; the entertainment color of the network space is becoming more and more intense; the grassroots management department focuses on skills but neglects the essence in the response to public opinion. The correct response to online public opinion is part of social governance, so governance concepts need to be introduced. Giving play to the role of the "community of public opinion", realizing common governance, and clarifying the truth of the incident are the fundamental responses to public opinion.

Keywords: Internet Public Opinion; Response to Public Opinion; Community of Public Opinion

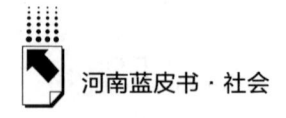

B.4 Analysis Report on the Guidance of Public Opinion on the Prevention and Control of the COVID -19

Research Group of Henan Academy of Social Sciences / 056

Abstract: In 2020, a sudden COVID -19 swept the world, and had a huge and far-reaching impact on my country and the world. In the fight against the epidemic, news and public opinion guidance has played a huge role in mobilizing and organizing 1.4 billion people to form a city, step in step, strengthen confidence, and work together to fight the epidemic. It has played an irreplaceable importance in effectively influencing international public opinion and gaining support from the international community. Made a positive contribution. This report, based on a comprehensive review of the effective and specific practices in the public opinion guidance for epidemic prevention and control in my country, systematically summarizes the Chinese experience accumulated in the practice of public opinion guidance for epidemic prevention and control, the formed Chinese model, and the displayed Chinese power, and finally the post-epidemic era my country has put forward several suggestions on how to further strengthen the work of public opinion guidance.

Keywords: COVID -19; Media Guide; Epidemic Prevention and Control

Ⅲ Reports on Special Subjects

B.5 A Research Report on the Change of Population Situation and the Structure of Labor Force in Henan Province

Zhou Quande / 070

Abstract: According to the relevant demographic data, the author makes a comprehensive and in-depth analysis on the population changes in Henan Province at this stage. From the perspective of demography, economics and sociology, this paper discusses the basic trend of population situation change in Henan Province and its influence on the structure of labor force in Henan Province, and makes relevant forward-looking prediction. Based on the above data analysis and exploratory thinking, this paper puts forward some policy suggestions for the government and the relevant social departments from the following aspects: Timely update the traditional ideas and cognitive habits; Comply with the general trend of national supply side structural reform, actively respond to various contradictions and problems caused by the change of population structure; Actively respond to the aging population with the idea of "dynamic demographic dividend"; Further promote the transfer of rural labor force employment in Henan under the background of accelerating the construction of new urbanization.

Keywords: Henan; Population Situation; Structure of Labor Force

B.6 Research on Improving the Income Level of Urban and Rural Residents in Henan Province from the Perspective of Stabilizing Employment　　*Ren Xiaoli* / 085

Abstract: The report of the 19th National Congress of the Communist Party of China pointed out that one of the basic strategies of socialism with Chinese characteristics in the new era is to insist on ensuring and improving people's livelihood in development. To better meet the people's growing needs for a better life, to attach great importance to improving people's livelihood, and to effectively increase the income level of the residents of the province is the essential requirement for Henan to win the building of a well-off society in an all-round way. Henan actively responds to the complicated domestic and international economic situation and economic downward pressure, actively implements the "six stability" and "six guarantees" work general policy proposed by the central government, aims to increase the income level of urban and rural residents, and does everything possible to ensure people's livelihood around employment. Urban and rural residents in Henan Province Income has grown steadily, and residents' sense of gain, happiness, and security have further improved. In the future, it is necessary to adapt to the new changes in the new era, pay attention to the problems and shortcomings in the increase of residents' income, adopt more targeted, wider coverage, more direct and more effective measures and countermeasures to reduce the income gap between urban and rural residents and increase the income level of residents improves the quality of life of residents.

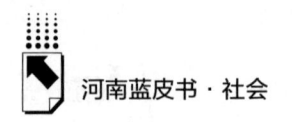

Keywords: Henan; People's Livelihood; Employment; Income of Urban and Rural Residents; Quality of Life of Residents

B.7 Natural Disaster Risk Evaluation for Henan Province: The Application of the Universal Risk Model

Wang Yuan, Chen An / 098

Abstract: The suddenness and severity of natural disasters have attracted the attention of the international community and policy makers, and become the focus of academic research at home and abroad. This paper is based on the index system in the world risk report, constructed the natural disaster risk evaluation index system in line with the objective reality of Henan Province, including 5 second-level indexes and 23 third-level indexes, and establishes the index weight by using the analytic hierarchy process (AHP) and expert scoring method. On this basis, the comprehensive risk index of natural disasters of 18 cities in Henan Province in 2019 is calculated by using the all-risk model of nonlinear model, and the risk status of each city is reflected in the form of comprehensive risk index ranking and risk map. The risk assessment of natural disaster in Henan Province can not only provide scientific and technological support and decision-making basis for disaster prevention and reduction in Henan Province, but also enrich and develop the theories and methods of natural disaster risk assessment.

Keywords: Natural Disaster; Universal Risk Model; Risk Assessment; Regional Disaster

Contents

B.8 A Study on Relative Poverty in Henan Province

Cui Xuehua / 112

Abstract: At present, all poverty-stricken counties in Henan Province have been listed, and a decisive victory has been achieved in the battle of poverty alleviation. Next, alleviating relative poverty will become the focus of poverty alleviation. Focusing on solving the problem of "Two no Worries and Three Guarantees" is the premise of alleviating relative poverty. Adhering to the "four not picking" and consolidating the achievements of poverty alleviation is the foundation of alleviating relative poverty. The key to alleviate relative poverty is to continuously increase the income of the poor population. The core of alleviating relative poverty is to stimulate the endogenous driving force of poverty-stricken households. Adhering to the pattern of large-scale poverty alleviation is an important support for alleviating relative poverty distribution pattern is an important means to alleviate relative poverty.

Keywords: Absolute Poverty; Relative Poverty; Large-scale Poverty Alleviation

B.9 Henan Province Population Development Research Report

Feng Qinglin / 121

Abstract: At this stage, Henan Province has entered the critical period of population development. In this special historical period, this paper comprehensively combs the development status and trend characteristics of Henan Province in terms of the total population, population structure and population distribution, and systematically analyzes the outstanding problems and challenges that Henan Province's population development. On this basis, the overall solution to the population problem of Henan Province is prospected from the aspects of how to improve the population development policy.

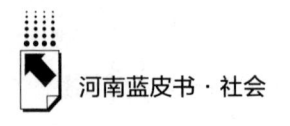

Keywords: Henan; Population Development; Population Structure; Population Policy

B.10 Exploration and Practice on Leading the Innovation of Community Governance of Grassroots Party Building in Henan Province
Zhang Pei / 137

Abstract: In recent years, various parts of Henan have vigorously promoted party building in urban and rural communities, actively explored the law of party building to lead community governance practices, and formed many effective empirical models, which have effectively improved the level of grassroots social governance and service to the masses. However, there are still insufficient ideological understandings. Problems such as insufficient leading ability, insufficient construction funding, and imperfect institutional mechanisms. Entering the new era, community party organizations need to grasp the key of party building leadership, give full play to the party's strong leadership advantages, and realize the precise connection between grassroots party building and community governance, so that the general public will have a sense of gain and happiness in community governance in the new situation.

Keywords: New Era; Party Building; Community Governance; Henan

B.11 Research on Ways to Realize Rural Revitalization in Henan Based on Government Finance for the People *Zhao Qi* / 152

Abstract: Governments at all levels gradually pay attention to the people's livelihood. Government finance for the people has gradually been given independent concepts and new connotations. In order to narrow the gap between urban and rural areas, increase farmers' income, and promote Henan's economic development, the government of Henan Province implemented the rural revitalization strategy based on government finance for the people. The government of Henan Province take various measures to optimize resource allocation such as protecting the basic rights and interests of the people, persisting in the disclosure of financial information and paying attention to people's livelihood. In recent years, the fiscal revenue and expenditure of Henan Province have been in a state of tension, and the level of policy planning and resource integration needs to be further improved. Governments at all levels in Henan should establish financial management and supervision systems, improve internal control mechanisms, and promote grassroots system reforms with local characteristics.

Keywords: Government Finance for the People; Rural Revitalization; Public Service; Urban-rural Integration; Social Governance

B.12 Research Report on Improving People's Livelihood in the Process of New-type Urbanization in Henan Province

Ma Yinlong / 165

Abstract: Since the construction of new urbanization in 2012, the urbanization process of Henan Province has entered a rapid development track, and the urbanization rate and economic and social level have been greatly improved. As the fundamental goal of urbanization, the improvement of people's livelihood is a decisive factor in measuring the level of urbanization development. In the process of urbanization, although great progress has been made in improving people's livelihood in Henan Province, there are also serious problems. This article analyzes the current situation and problems of the improvement of people's livelihood in Henan Province in the process of new urbanization from the perspectives of income level, basic education, medical health, social security, and labor employment, and summarizes experience and puts forward policy recommendations for Henan Province in the process of new urbanization Provide basic reference for improving people's livelihood.

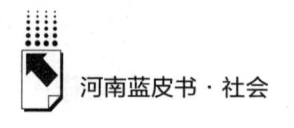

Keywords: Henan; New Urbanization; Improvement of People's Livelihood

B.13 Under the Background of Rural Revitalization Henan Rural Culture Governance Research Report　　*Liu Chang* / 177

Abstract: The practice of rural culture governance is an important part of the modernization construction of national governance capacity and governance system. The revitalization of rural culture is an important form for the inheritance and development of Chinese traditional culture. The formation of a standard, orderly and lively rural culture is also meant to meet people's needs for a better life. In the implementation of the Xi Jinping visit Henan important speech spirit on the basis of the general secretary, on the way of practicing their country revitalization, governance has made outstanding achievements in Henan rural culture, rural revitalization of the pattern to build complete on one hand, the harmonious development of agriculture and rural areas farmers, on the one hand, the public cultural service system constantly improve, farmers' basic cultural needs are met, on the other hand, rural cultural governance effect, raising start-up folkway look brand-new. At the same time, there are also some problems. To promote the modernization of Henan's rural cultural governance capacity and governance system requires not only top-level design, but also extensive participation. It requires not only a sound system, adequate organization and the introduction of talents, but also the inheritance of traditional Chinese culture and the cultivation of socialist culture with Chinese characteristics in the new era.

Keywords: Henan; Rural Revitalization; Cultural Governance

IV Reports on Social Survey

B.14 Investigation Report on High Betrothal Gifts in
Henan Province　　　　　　　　　　　*Yang Xudong* / 185

Abstract: Under the background of Rural Revitalization Strategy, rural civilization construction, precise poverty alleviation and marriage squeeze of rural older male youth all require to solve the social problems caused by high betrothal gifts. According to the questionnaire survey, more than 50% of the respondents pay more than 100000 yuan for betrothal gifts in Henan Province. However, the general attitude of the society towards betrothal gifts is not totally against it, but that it should be maintained at a reasonable price. Therefore, we should fully understand and respect the basic laws of customs, intervene appropriately, and strive to reduce the imbalance of gender ratio between men and women. At the same time, we should actively play the role of non-governmental organizations, cultivate new marriage customs, and gradually resolve the negative impact of high betrothal gifts.

Keywords: Betrothal Gifts; Changing Customs; Moderate Intervention; New Fashion

B.15 A Beneficial Exploration of Increasing Guarantees and
Improving People's Livelihood
—*Take Huixian City, Peizhai Village as an Example*
　　　　　　　　　　　　　　　　　　Du Huanlai / 199

Abstract: Under the leadership of Pei Chunliang, secretary of the Village Party Branch and director of the village Committee, Peizhai village earnestly implemented improving people's livelihood with the "Five Boosts". Party members have united as one and worked hard to turn a provincial-level poor village into a new type of rural community with an annual per capita income of nearly 20000 yuan, and realized the dream of "everyone has a job to do, every family has money to earn and every family is a shareholder". In addition, they have insisted the "Five Principles" in COVID -19 prevention and control, which has resulted in the rapid resumption of work and production without a single infection, which effectively ensured and improved people's livelihood and promoted community harmony and stability. This village has provided fresh experience for the rural areas to get rid of poverty and to become rich, to build a moderately prosperous society in all respects and to realize the rural revitalization.

Keywords: Peizhai Village; People's Livelihood Security; Shake off Poverty to Get Rich

B.16 Investigation Report on the Needs of Personalized Elderly Care Services in Henan Province   *Yan Ci* / 210

Abstract: The aging of the population is the product of economic and social progress and development. It is also accompanied by the acceleration of population transformation, which profoundly affects the development structure of social population, resources, and the environment. As far as our province is concerned, compared with the whole country, due to the huge population base and other influences, the population transformation has become more intense, leading to a rapid increase in the aging level of the province. With the individualization and diversification of the needs of elderly care services for the elderly, issues such as health protection, life care and humanistic care for the elderly have become increasingly prominent. This research will take the research on the personalized needs of the elderly as the starting point, and comprehensively implement strategies from the construction of elderly service institutions, service supply, technological innovation and optimization of resources, and strive to create a "Henan Plan" for personalized elderly service supply.

Keywords: Henan; Personalized Elderly Service; Pension Demand

B.17 The Present Situation and Optimization Strategy of the Non-supervised Buildings in the Old Residential Communities

——*Taking Zhengzhou as an Example*   Pan Yanyan / 221

Abstract: The courtyard without a supervisor is a residential building without a supervisor, without property management and without a person in charge. It is an important part of the old urban residential community. The non-supervised buildings in old communities have the characteristics of complex background, poor living environment, weak population structure and high heterogeneity of community culture, which are the key and difficult points of the reconstruction of the old districts and the weak link of community governance. In recent years, Zhengzhou city has made every effort to carry out the renovation and improvement of non-supervised buildings in old residential communities. It has actively explored and achieved remarkable results in improving policy design, strengthening party leadership, guiding residents' autonomy, and innovating governance mechanisms, but it also faces community ills is difficult to rectify, the shortage of fund problem, property management is difficult to settle, and the level of community autonomy needs to be improved. This article's suggestions for optimizing and improving the governance of the non-supervised buildings are: strengthen supervision to consolidate to and deepen the effect of remediation, establish a long-term mechanism for capital sharing; implement a differentiated model of property management; strengthen residents autonomy to improve the governance level of the buildings.

Keywords: Old Residential Communities; The Non-supervised Buildings; Resident Autonomy

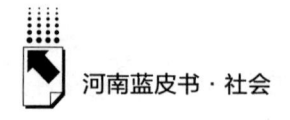

B.18 The Restrictive Factors and Innovation Path of Party Building Leading Urban Grassroots Social Governance

—*Taking the Practice of Party Building at the Grassroots Level in Zhengzhou as an Example*

Li Zhongyang / 233

Abstract: Socialism with Chinese characteristics has entered a new era, which puts forward higher requirements and expectations for urban grassroots social governance. At present, Zhengzhou City, as the representative of Henan Province, has carried out practical exploration on how to better lead the urban grassroots social governance with Party building, and achieved certain results. To lead the urban grassroots social governance with Party building, we should focus on breaking the restrictive factors of system and mechanism, Party building foundation and value identification, and innovate from the aspects of improving organizational structure, deeply cultivating community culture, and strengthening team building.

Keywords: Zhengzhou City; Party Building; Grassroots Governance

B.19 Investigation and Research on COVID-19 Prevention and Control in Urban Communities in Henan Province

—*Take Zizhu Community in Zhengzhou High-tech Zone as an Example*

Xu Jingbo / 246

Abstract: The pattern of Zizhu mainly includes the following four contents: aiming at the demand and taking precise measures; Set the floor length and expand the grid; Party construction guidance, voluntary services; Link resources, multi-linkage. Based on the above model, Zizhu community has made the following achievements in epidemic prevention and control: innovating prevention and control strategies and effectively defusing epidemic risk; Cultivate the community residents' main body consciousness and improve the community sense of identity; Strengthen community interaction and enhance community cohesion. The development of voluntary services has promoted the development of social organizations. The main reason why Zizhu community has achieved remarkable results in the epidemic is that the community governance model of "horizontal joint, vertical extension and multiple participation" has been formed before the epidemic. Finally, the inspiration from the epidemic prevention and control in Zizhu community is to stick to the principle of people-centered prevention and control, transfer management and services to grassroots communities, and give full play to the synergistic effect of social forces.

Keywords: Urban Communities; Epidemic Prevention and Control; Zizhu Model

B.20 Survey Report on the Stress and Well-being of Migrant Workers in Henan Province under the Background of New Urbanization

Xie Yating, Wu Ying / 258

Abstract: Based on the background of new urbanization, this paper investigates migrant workers who go out to work in Henan Province, and uses descriptive analysis methods to analyze the stress source and the well-being of migrant workers. It is found that the well-being of migrant workers living in their hometowns is higher than that of migrant workers living in work places; the differences in well-being among migrant workers of different genders are very significant; the well-being of migrant workers in different generations is significant; but there is no significant difference in well-being among migrant workers in different marital statuses. Through the description of this paper, the performance and differences of the pressure and happiness of migrant workers can be better understood, and then the corresponding strategies to alleviate the pressure and improve the happiness can be provided from four aspects more specifically. First, reasonably arrange the working hours of migrant workers and provide them with appropriate job training. Second, raise the salary level of the dense just group, safeguard various rights and interests according to law. Third, we will improve the social security system for migrant workers and improve their housing, medical care, cultural and entertainment standards. Fourth, we will strengthen support for the elderly and children left behind by migrant workers to reduce their worries about urban construction.

Keywords: Migrant Workers; Stress Source; Well-being

B.21 Flexible Employment of Middle-aged and Elderly People in the Perspective of County Society

Liu Zhongwei, Wang Qimeng and Yu Meng / 275

Abstract: The flexible employment of the middle-aged and elderly people in rural areas is based on family division of labor and family cooperation, and is based on flexible production in agriculture, flexible employment in local enterprises, flexible employment in commerce and social services, etc. There are three core mechanisms for the flexible employment of middle-aged and elderly people in rural areas, namely, the driving mechanism linked by family ethics and division of labor and cooperation among family members, the cooperation mechanism based on rural economy and social and cultural ecology, and the production mechanism supported by local characteristic industries or out-migrating for work. The main problems are as follows: the superimposed challenges caused by the unbalanced development of population structure and the accelerated development of aging society; the risks and challenges brought by the changes of external market and industrial adjustment; and the challenges posed by the intergenerational changes of family ethics and family division of labor and cooperation to rural society. In this regard, this report puts forward attaching great importance to the economic and social ecology and overall development of county society; To fully integrate the economic and social resources of the county society, to form an economic and social pattern of coordinated development of characteristic industries and characteristic resources while consolidating the basic social security status of agriculture; We will respect the dominant position of villages and villagers and encourage the construction and development of rural culture.

Keywords: County Society; Middle-aged and Elderly People in Rural Areas; Flexible Employment; Family Division; Family Cooperation

B.22 Report on the Poverty Alleviation Model of Tourism in Central Plains

—Based on the Case Study of Qiwang Village

Chen Yanjiao, Wei Runrun / 287

Abstract: Under the guidance of the policy that the national macro level area is extremely deployed to help the poor and get rid of poverty accurately, Huixian Qi Wang Zhai actively exerts the natural geographical advantages of Taihang Mountain deeply, and fully excavates its rich natural and cultural tourism resources. After more than 20 years of exploration, it has formed a unique mode of Targeted poverty alleviation in the Central Plains tourism. The mode is mainly tourism poverty alleviation, plus industry poverty alleviation, and achieves the goal of poverty alleviation with an average income of 100000 yuan per household per year. In the specific practice process, Qiwang village also encountered some developmental problems, which can be solved through some specific operational ways, and achieve a virtuous circle of local tourism targeted poverty alleviation and industrial poverty alleviation.

Keywords: Tourism Poverty Alleviation; the Model of Central Plains; Qiwang Village

社会科学文献出版社

皮 书

智库报告的主要形式
同一主题智库报告的聚合

❖ 皮书定义 ❖

皮书是对中国与世界发展状况和热点问题进行年度监测,以专业的角度、专家的视野和实证研究方法,针对某一领域或区域现状与发展态势展开分析和预测,具备前沿性、原创性、实证性、连续性、时效性等特点的公开出版物,由一系列权威研究报告组成。

❖ 皮书作者 ❖

皮书系列报告作者以国内外一流研究机构、知名高校等重点智库的研究人员为主,多为相关领域一流专家学者,他们的观点代表了当下学界对中国与世界的现实和未来最高水平的解读与分析。截至2021年,皮书研创机构有近千家,报告作者累计超过7万人。

❖ 皮书荣誉 ❖

皮书系列已成为社会科学文献出版社的著名图书品牌和中国社会科学院的知名学术品牌。2016年皮书系列正式列入"十三五"国家重点出版规划项目;2013~2021年,重点皮书列入中国社会科学院承担的国家哲学社会科学创新工程项目。

中国皮书网

（网址：www.pishu.cn）

发布皮书研创资讯，传播皮书精彩内容
引领皮书出版潮流，打造皮书服务平台

栏目设置

◆ **关于皮书**
何谓皮书、皮书分类、皮书大事记、
皮书荣誉、皮书出版第一人、皮书编辑部

◆ **最新资讯**
通知公告、新闻动态、媒体聚焦、
网站专题、视频直播、下载专区

◆ **皮书研创**
皮书规范、皮书选题、皮书出版、
皮书研究、研创团队

◆ **皮书评奖评价**
指标体系、皮书评价、皮书评奖

◆ **皮书研究院理事会**
理事会章程、理事单位、个人理事、高级
研究员、理事会秘书处、入会指南

◆ **互动专区**
皮书说、社科数托邦、皮书微博、留言板

所获荣誉

◆ 2008年、2011年、2014年，中国皮书
网均在全国新闻出版业网站荣誉评选中
获得"最具商业价值网站"称号；
◆ 2012年，获得"出版业网站百强"称号。

网库合一

2014年，中国皮书网与皮书数据库端口
合一，实现资源共享。

中国皮书网

权威报告·一手数据·特色资源

皮书数据库
ANNUAL REPORT(YEARBOOK) DATABASE

分析解读当下中国发展变迁的高端智库平台

所获荣誉

- 2019年，入围国家新闻出版署数字出版精品遴选推荐计划项目
- 2016年，入选"'十三五'国家重点电子出版物出版规划骨干工程"
- 2015年，荣获"搜索中国正能量 点赞2015""创新中国科技创新奖"
- 2013年，荣获"中国出版政府奖·网络出版物奖"提名奖
- 连续多年荣获中国数字出版博览会"数字出版·优秀品牌"奖

成为会员

通过网址www.pishu.com.cn访问皮书数据库网站或下载皮书数据库APP，进行手机号码验证或邮箱验证即可成为皮书数据库会员。

会员福利

- 已注册用户购书后可免费获赠100元皮书数据库充值卡。刮开充值卡涂层获取充值密码，登录并进入"会员中心"—"在线充值"—"充值卡充值"，充值成功即可购买和查看数据库内容。
- 会员福利最终解释权归社会科学文献出版社所有。

卡号：324336625777
密码：

数据库服务热线：400-008-6695
数据库服务QQ：2475522410
数据库服务邮箱：database@ssap.cn
图书销售热线：010-59367070/7028
图书服务QQ：1265056568
图书服务邮箱：duzhe@ssap.cn

S 基本子库
SUB DATABASE

中国社会发展数据库（下设 12 个子库）

整合国内外中国社会发展研究成果，汇聚独家统计数据、深度分析报告，涉及社会、人口、政治、教育、法律等 12 个领域，为了解中国社会发展动态、跟踪社会核心热点、分析社会发展趋势提供一站式资源搜索和数据服务。

中国经济发展数据库（下设 12 个子库）

围绕国内外中国经济发展主题研究报告、学术资讯、基础数据等资料构建，内容涵盖宏观经济、农业经济、工业经济、产业经济等 12 个重点经济领域，为实时掌控经济运行态势、把握经济发展规律、洞察经济形势、进行经济决策提供参考和依据。

中国行业发展数据库（下设 17 个子库）

以中国国民经济行业分类为依据，覆盖金融业、旅游、医疗卫生、交通运输、能源矿产等 100 多个行业，跟踪分析国民经济相关行业市场运行状况和政策导向，汇集行业发展前沿资讯，为投资、从业及各种经济决策提供理论基础和实践指导。

中国区域发展数据库（下设 6 个子库）

对中国特定区域内的经济、社会、文化等领域现状与发展情况进行深度分析和预测，研究层级至县及县以下行政区，涉及省份、区域经济体、城市、农村等不同维度，为地方经济社会宏观态势研究、发展经验研究、案例分析提供数据服务。

中国文化传媒数据库（下设 18 个子库）

汇聚文化传媒领域专家观点、热点资讯，梳理国内外中国文化发展相关学术研究成果、一手统计数据，涵盖文化产业、新闻传播、电影娱乐、文学艺术、群众文化等 18 个重点研究领域。为文化传媒研究提供相关数据、研究报告和综合分析服务。

世界经济与国际关系数据库（下设 6 个子库）

立足"皮书系列"世界经济、国际关系相关学术资源，整合世界经济、国际政治、世界文化与科技、全球性问题、国际组织与国际法、区域研究 6 大领域研究成果，为世界经济与国际关系研究提供全方位数据分析，为决策和形势研判提供参考。

法律声明

"皮书系列"(含蓝皮书、绿皮书、黄皮书)之品牌由社会科学文献出版社最早使用并持续至今,现已被中国图书市场所熟知。"皮书系列"的相关商标已在中华人民共和国国家工商行政管理总局商标局注册,如LOGO( )、皮书、Pishu、经济蓝皮书、社会蓝皮书等。"皮书系列"图书的注册商标专用权及封面设计、版式设计的著作权均为社会科学文献出版社所有。未经社会科学文献出版社书面授权许可,任何使用与"皮书系列"图书注册商标、封面设计、版式设计相同或者近似的文字、图形或其组合的行为均系侵权行为。

经作者授权,本书的专有出版权及信息网络传播权等为社会科学文献出版社享有。未经社会科学文献出版社书面授权许可,任何就本书内容的复制、发行或以数字形式进行网络传播的行为均系侵权行为。

社会科学文献出版社将通过法律途径追究上述侵权行为的法律责任,维护自身合法权益。

欢迎社会各界人士对侵犯社会科学文献出版社上述权利的侵权行为进行举报。电话:010-59367121,电子邮箱:fawubu@ssap.cn。

社会科学文献出版社